Word 2003

POUR LES NULS

2e édition

Dan Gookin

FIRST
> Interactive

Word 2003 pour les Nuls

Titre de l'édition originale : Word 2003 For Dummies
Publié par Wiley Publishing, Inc.
111 River Street
Hoboken, NJ 07030-5774
USA

Copyright © 2003 Wiley Publishing, Inc.

Edition française publiée en accord avec Wiley Publishing, Inc.
© 2006 Éditions First Interactive
27, rue Cassette
75006 Paris - France
Tél. 01 45 49 60 00
Fax 01 45 49 60 01
E-mail : firstinfo@efirst.com
Web : www.efirst.com
ISBN 10 : 2-75680-025-2
ISBN 13 : 978-2-7568-0025-7
Dépôt légal : 3ᵉ trimestre 2006

Collection dirigée par Jean-Pierre Cano
Edition : Pierre Chauvot
Maquette et mise en page : Edouard Chauvot
Traduction : Bernard Jolivalt

Imprimé en Italie

Sommaire

Deuxième partie : Que Word mette en forme le texte ! *117*

Chapitre 11 : Mettre en forme texte, caractères et polices 119

Chapitre 12 : Mettre en forme des paragraphes 129

Chapitre 13 : Définir des tabulations 139

Introduction

· ·

*W*ord fait bien plus que traiter du texte. Mais avez-vous besoin de tout savoir de ce qu'il fait ? Non ! Tout ce que vous voulez, ce sont des réponses à des questions simples. Une fois que vous les avez obtenues, vous pouvez fermer le livre l'esprit tranquille et vous mettre au travail.

À propos de ce livre

Chaque chapitre traite d'une tâche ou d'un thème particulier de Word, et vous y trouverez des sections autosuffisantes, chacune d'elles expliquant comment accomplir une tâche particulière ou obtenir un résultat. Vous pouvez ainsi rencontrer des sections comme :

- Enregistrer votre travail.
- Couper et coller un bloc.
- Aller rapidement où vous voulez.
- Aligner des paragraphes.
- Construire rapidement un tableau.
- Ouvrir un document à réparer.
- Utiliser un modèle de document.

Il n'y a pas de clés à retenir, pas de codes secrets, pas de tours de passe-passe, pas de dioramas. Chaque section donne les explications nécessaires sur un sujet, comme si c'était la première chose que vous lisiez dans le livre. Je ne présuppose rien, et tout ce qui peut faire l'objet d'une référence croisée est indiqué. Les indications techniques sont signalées par une icône dans la marge, ce qui vous permet d'éviter de les lire si elles ne vous intéressent pas. Le principe est que rien ne vous oblige à tout apprendre. Ce livre est fait pour vous permettre de trouver facilement ce qui vous intéresse, comprendre comment ça marche et vous remettre au travail.

Comment utiliser ce livre

Pour accomplir une action dans Word, on utilise la souris et les menus, c'est-à-dire ce qu'on est en droit d'attendre sous Windows, bien que des *combinaisons de touches*, ou *raccourcis clavier* (plusieurs touches à presser ensemble ou l'une après l'autre), soient parfois nécessaires. Vous trouverez dans ce livre des raccourcis clavier et des commandes de menu.

Voici un raccourci clavier :

Ctrl+Maj+P

Il signifie que vous devez presser et maintenir enfoncées en même temps les touches Ctrl et Maj, appuyer sur la touche P, puis relâcher les trois.

Les commandes de menu sont indiquées de cette façon :

Fichier/Ouvrir

Cette commande signifie que vous devez ouvrir le menu Fichier (avec la souris ou avec le clavier), puis sélectionner la commande Ouvrir. Les lettres que vous voyez soulignées dans les menus sont les "touches d'activation" utilisées par Windows. Vous pouvez utiliser la combinaison de touches Alt+F pour accéder au F de Fichier, puis appuyer sur O (la touche Alt étant maintenue enfoncée) pour accéder au O de Ouvrir.

Notez que sous Windows vous aurez peut-être à appuyer d'abord sur la touche Alt (seule) pour activer les touches de commande des menus, pour utiliser ensuite celles-ci pour accéder aux commandes des menus et des boîtes de dialogue.

Si je décris un message ou un autre élément que vous voyez à l'écran, il pourra ressembler à ceci :

```
Le lecteur sélectionné n'est pas en service.
```

Si pour utiliser votre ordinateur vous avez besoin d'une aide supplé-mentaire ou d'une bonne référence générale, je me permets de vous conseiller mon livre, *le PC pour les Nuls*, publié par les Éditions First Interactive. Il contient de nombreuses informations utiles en plus de ce que vous trouverez dans ce livre.

Ce que vous n'avez pas forcément besoin de lire

Ce livre est truffé de sections techniques spéciales, encadrées et tramées. Elles contiennent des informations techniques aussi ennuyeuses qu'interminables, des descriptions de méthodes avancées ou de commandes alternatives qu'il n'est vraiment pas indispensable de connaître, bien qu'elles soient parfois utiles. La lecture de tout ce qui est indiqué de cette manière n'est pas indispensable.

Hypothèses gratuites

Voici les hypothèses que je fais à votre sujet : vous utilisez un ordinateur, et il fonctionne sous Windows 2000 ou Windows XP (Edition Familiale ou Professionnelle). Pour ce dont nous parlons dans ce livre, il n'y a guère de différences entre ces deux versions.

Votre traitement de texte est Word 2003 de Microsoft. Dans ce livre, je l'appelle simplement "Word". Vous l'avez peut-être obtenu en achetant votre ordinateur, mais vous pouvez aussi l'avoir acheté séparément ou comme un élément de la suite de programmes Office de Microsoft. Peu importe, c'est toujours le même programme, c'est-à-dire Word.

Je ne suppose pas que vous avez installé Office. Ce livre ne parle pas de l'utilisation d'Office ou de toute autre application d'Office.

Enfin, cet ouvrage suppose que vous utilisez Word en désactivant la fonction du système de menu personnalisé. Pour en être certain, suivez cette procédure :

1. **Cliquez sur Outils/Personnaliser.**

   Vous ouvrez la boîte de dialogue Personnalisation.

2. **Affichez le contenu de l'onglet Options.**

3. **Cochez la case Toujours afficher les menus dans leur intégralité.**

4. **Validez par un clic sur OK.**

Désormais, tous les menus de Word afficheront la totalité de leurs commandes, et pas seulement celles que vous utilisez régulièrement.

Comment ce livre est organisé

Ce livre contient six parties principales, chacune d'elles étant divisée en plusieurs chapitres. Les chapitres eux-mêmes sont divisés en sections modulaires, plus petites. Vous pouvez ouvrir le livre à n'importe quelle section, et la lire sans nécessairement connaître ce qui a déjà été traité dans le reste du livre. Vous pouvez commencer où vous voulez.

Voici un bref résumé de ce que vous allez trouver dans chaque partie :

Première partie : Bonjour à tous !

Ce chapitre traite des fonctions basiques d'un traitement de texte. De la saisie de texte à l'enregistrement des documents en passant par la recherche, le remplacement, la vérification orthographique, le travail avec des blocs ou encore l'impression.

Deuxième partie : Que Word mette en forme le texte !

Cette partie étudie les fonctions de mise en forme d'un caractère, d'un mot, d'un paragraphe et de tout un document.

Troisième partie : Faire briller votre document

Au-delà de la mise en forme, vous pouvez ajouter toutes sortes de choses à votre document pour en améliorer la présentation. Cette partie du livre est un pot-pourri d'améliorations et de fioritures ésotériques que vous pouvez ajouter à votre texte : bordures, ombres, tableaux, figures, colonnes, notes de bas de page et autres.

Quatrième partie : Des documents auxquels on ne pense pas

Cette partie montre le potentiel de Word au travers de projets spécifiques étudiés pas à pas.

Cinquième partie : Plus loin avec Word

L'univers de Word est inépuisable. Vous pensez en avoir fait le tour et, dix ans après, vous découvrez encore des bidouilles, des astuces... Vous trouverez dans cette partie quelques techniques et manipulations qui pourront vous être utiles.

Sixième partie : Les dix commandements

Que diriez-vous des "Dix commandements de Word" ? Ou alors "Dix trucs vraiment bizarres", ou encore "Dix choses à retenir" ? Cette partie est une mine d'informations utiles. Sautez dessus sans hésiter.

Les icônes utilisées dans ce livre

Cette icône signale des conseils ou des raccourcis utiles.

Cette icône est là pour vous rappeler de faire quelque chose.

Cette icône est là pour vous rappeler de ne pas faire quelque chose.

Première partie
Bonjour à tous !

"Je comprends que ton ordinateur gère 256 couleurs, mais est-ce bien raisonnable de les utiliser sur une seule page ?!

Dans cette partie...

L'homme des cavernes poursuivait un rêve. Créer un ordinateur suffisamment puissant pour qu'un programme de traitement de texte puisse lui permettre d'exprimer sa pensée. Malheureusement, à l'aube de l'humanité, il n'y avait guère que des silex pour s'exprimer ! Donc, patiemment, notre ancêtre commença à graver des images sur les murs des cavernes.

Et puis, les civilisations évoluèrent. Les Egyptiens nous donnèrent le papier, les Phéniciens l'alphabet et Gutenberg l'imprimerie. Des centaines d'années plus tard, la machine à écrire permit d'écrire aussi vite que la pensée, avec des caractères compréhensibles de tous.

Aujourd'hui, le traitement de texte est tellement entré dans les mœurs que nos enfants ont oublié les Egyptiens et Gutenberg. Les mots naissent magiquement, s'effacent, se déplacent, se remplacent, s'enregistrent et s'impriment en toute simplicité.

Chapitre 1
Vue panoramique

· ·

Dans ce chapitre :

▶ Lancer Word.
▶ Lire l'écran de Word.
▶ Obtenir de l'aide.
▶ Utiliser le clavier.
▶ Quitter Word (ou pas).

· ·

C e chapitre est une introduction à Word. Je vais entrebâiller la porte pour vous permettre de jeter un coup d'œil et de voir où vous mettez les pieds. Il n'y a rien d'effrayant ni de dangereux. En tout cas, rien de très dangereux. Peut-être simplement des choses qui ne vous sont pas familières. Ce chapitre a pour but de les apprivoiser.

La bonne, la meilleure et la pire manière de commencer avec Word

Il existe probablement une bonne dizaine de manières de lancer Word. Au lieu de les décrire toutes, je commencerai par vous montrer les meilleures et les plus évidentes, puis celles que je préfère, et enfin rassembler le reste dans la catégorie des "pires", que vous pourrez lire à vos risques et périls.

Une manière satisfaisante et fiable de lancer Word

Il est abondamment prouvé que la manière la plus sûre de démarrer Word est d'utiliser le bon vieux bouton Démarrer de Windows. Suivez ces étapes :

4   Première partie : Bonjour à tous !

1. Faites apparaître le menu Démarrer.

Pour faire apparaître ce menu, cliquez sur le bouton Démarrer. Vous le trouverez à l'extrémité gauche de la barre des tâches, si elle est placée en bas ou en haut de l'écran ; en haut de la barre des tâches, si elle est placée sur un côté de l'écran.

2. Sélectionnez Tous les programmes/Microsoft Office/Microsoft Office Word 2003.

Regardez la Figure 1.1. Sachez que l'intitulé du programme peut changer en fonction de l'installation et des systèmes d'exploitation.

Figure 1.1 : Trouver Word dans le menu Tous les programmes.

Contemplez avec admiration votre ordinateur pendant qu'il répond à votre demande. Avant longtemps, Word apparaît sur l'écran. Il a l'air d'un parent éloigné arrivant en retard à un dîner de famille avec une bouteille de champagne à bon marché pour se faire pardonner.

La meilleure manière de lancer Word

Ma manière préférée de démarrer Word consiste à utiliser une icône de raccourci placée sur le bureau, ou à cliquer sur un bouton dans la palette de lancement rapide. L'une et l'autre méthodes sont plus directes que d'utiliser le menu Démarrer, et la palette de lancement rapide est la plus pratique, car il suffit d'un simple clic sur le bouton pour lancer Word.

Que vous mettiez une icône de raccourci vers Word sur le bureau ou dans la palette de lancement rapide, la première étape est la même : créer l'icône du raccourci. Comme cette opération peut paraître un peu technique, suivez scrupuleusement ces étapes :

1. **Trouvez l'élément de menu Microsoft Word.**

   Ne lancez pas Word maintenant ! Placez simplement la souris sur l'élément du menu, comme le montre la Figure 1.1.

2. **Cliquez du bouton droit de la souris sur l'élément de menu Microsoft Word.**

   Un sous-menu apparaît.

3. **Cliquez sur Envoyer vers/Bureau (créer un raccourci).**

   Et voilà ! Un raccourci de Word est maintenant sur le bureau.

4. **Cliquez sur le bureau avec la souris.**

   Le *bureau* est le fond de l'écran quand vous utilisez Windows. Un clic sur le bureau fait disparaître le menu Démarrer.

5. **Localisez l'icône du raccourci.**

   Elle représente un gros W bleu avec comme légende Microsoft Office Word 2003.

Vous pouvez maintenant utiliser cette icône pour lancer Word sans avoir à passer par le menu Démarrer.

Si vous préférez trouver Word dans la palette de lancement rapide, faites glisser l'icône de raccourci du bureau pour la déposer dans la palette : utilisez la souris pour faire glisser l'icône de Word jusqu'à la palette de lancement rapide, puis relâchez le bouton de la souris pour y déposer l'icône, comme le montre la Figure 1.2 (il vous faudra peut-être redimensionner la palette de lancement rapide pour que l'icône de Word soit visible). Vous n'êtes plus maintenant qu'à un clic de votre traitement de texte.

Démarrer Word en ouvrant un document

Tout document Word est un fichier stocké sur le disque dur de votre ordinateur. Comme tout fichier, il est identifié par une icône. Chaque fois que vous double-cliquez sur cette icône, le document correspondant s'ouvre directement dans Word. Voici comment procéder :

Icône du raccourci de Word sur le bureau

Figure 1.2 :
Mettre Word
dans la
palette de
lancement
rapide.

Placez l'icône de Word ici

1. **Double-cliquez sur le dossier Mes documents.**

 Mes documents   Le dossier Mes documents est l'emplacement de stockage par défaut de vos fichiers Word.

2. **Localisez un document Word.**

   Il s'identifie par l'icône d'une feuille cornée sur laquelle est imprimé un *W* bleu.

3. **Double-cliquez sur l'icône du document Word.**

   Cette action démarre Word dans lequel s'affiche le document. Au travail !

Word a l'écran

Juste après avoir lancé Word, je préfère agrandir la fenêtre pour lui faire occuper tout l'écran.

Pour faire occuper tout l'écran à la fenêtre de Word, cliquez sur le bouton Agrandir dans le coin supérieur droit de la fenêtre (c'est celui du milieu). Si la fenêtre a déjà la taille maximale, ce bouton contient deux carrés superposés. Dans ce cas, il est inutile de cliquer sur quoi que ce soit.

Maintenant que vous pouvez voir Word occuper tout l'écran, lisez ce qui suit et reportez-vous à la Figure 1.3 pour y repérer les éléments les plus intéressants.

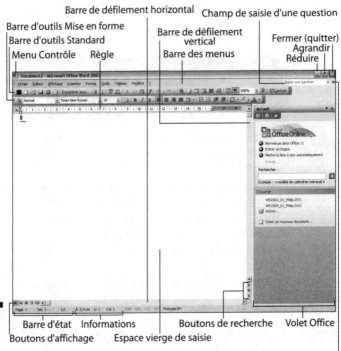

Barre de défilement horizontal   Champ de saisie d'une question

Barre d'outils Mise en forme   Barre de défilement vertical   Fermer (quitter)
Barre d'outils Standard   Agrandir
Menu Contrôle   Règle   Barre des menus   Réduire

Figure 1.3 :   Barre d'état   Informations   Boutons de recherche   Volet Office
Que Word   Boutons d'affichage   Espace vierge de saisie
soit !

Bouton de fermeture du document

Gadgets et ainsi de suite

La plus grande partie de la fenêtre de Word sert à afficher du texte (voyez la Figure 1.3).

Autour de la zone d'affichage du texte, vous pouvez voir toutes sortes de boutons, listes déroulantes et menus, dont certains seraient plus intéressants s'ils étaient comestibles. Un des avantages est qu'avec Word vous avez la possibilité de personnaliser tout cela (mieux vaut savoir de quoi il s'agit avant d'envisager de changer quelque chose) :

✔ **La barre de titre**, dans laquelle apparaît Document 1 - Microsoft Word jusqu'à ce que vous ayez enregistré votre document sur le disque.

✔ **La barre de menus**, qui contient tous les menus de Word.

✓ **Les barres d'outils Standard et Mise en forme**, qui apparaissent côte à côte dans la Figure 1.3, et que vous pouvez disposer à votre guise.

✓ **La règle**, qui permet de définir les marges et les tabulations.

✓ **Le volet Office**, qui affiche la liste des commandes pouvant s'appliquer à ce que vous êtes en train de faire dans Word.

Au-dessous de la zone d'affichage du texte, figurent deux éléments :

✓ **Les boutons d'affichage**, situés à gauche de la barre de défilement horizontal, permettent de contrôler l'affichage de votre document.

✓ **La barre d'état** affiche des indications diverses sur votre document, dont certaines sont intéressantes.

Les fonctions et l'importance de ces divers boutons, barres et menus sont décrites plus loin dans ce livre. Pour le moment, il vous suffit de connaître le nom de chaque chose pour ne pas risquer d'être perdu par la suite.

✓ La Figure 1.3 montre l'interface en mode Normal.

✓ Pour afficher les barres d'outils Mise en forme et Standard l'une en dessous de l'autre, cliquez sur la flèche de l'une des deux barres. Dans le menu local, sélectionnez Afficher les boutons sur deux lignes.

✓ Le Compagnon Office est un trombone animé toujours prêt à aider. Il n'est pas affiché d'office (si j'ose dire...). Vous apprendrez à le faire venir dans la section "Word comble vos désirs", plus loin dans ce chapitre.

✓ Le volet Office peut être ouvert et fermé. Sélectionnez Affichage/ Volet Office.

✓ La barre des tâches de Windows, en bas de l'écran, fait partie de Windows lui-même et non de Word. Toutefois, si vous ouvrez des documents dans Word, un bouton apparaît pour chacun d'eux dans la barre des tâches de Windows.

✓ Avez-vous remarqué le pointeur de la souris dans la Figure 1.3 ? C'est le *pointeur d'insertion*, en forme de I. C'est la forme que prend le pointeur de la souris quand il est dans la zone d'affichage du texte dans la fenêtre de Word. Il indique le point où commencera l'insertion du texte si vous cliquez avec la souris.

✔ Tout ce qui est situé après le point d'insertion (à droite ou au-dessous) fait partie de la fonction cliquer-et-saisir de Word.

✔ Vous pouvez utiliser la souris pour tester les fonctions des différents boutons.

La page blanche sur laquelle vous écrivez

Une fois que Word est lancé, vous êtes en face de la version électronique de la page blanche, celle-là même qui a causé de terribles angoisses à d'innombrables générations d'écrivains.

Le curseur d'insertion clignotant sert à indiquer où, dans la page, apparaîtra ce que vous taperez sur le clavier.

Dans la barre de menus, sélectionnez Affichage/Normal.

En mode Normal, une plus grande partie de la fenêtre est consacrée à l'affichage du texte. Toutefois, dans cet affichage, un trait horizontal apparaît au-dessous du curseur clignotant. C'est l'*indicateur de fin de document*. Tout votre texte apparaît au-dessus.

Dans la barre de menus, sélectionnez Affichage/Page.

En mode Page, l'indicateur de fin de document disparaît. Contrairement au mode Normal, le but est ici de montrer la présentation des mots sur la page. Personnellement, je préfère saisir le texte en mode Normal, puis passer en mode Page pour la mise en forme des modifications.

✔ Nous parlerons de la saisie au Chapitre 2.

✔ Tous les signes bizarres que vous pouvez voir sur l'écran (par exemple le signe ¶) sont les symboles secrets de Word. Le Chapitre 2 vous dira pourquoi il peut être utile de les afficher et comment les masquer s'ils vous ennuient.

✔ Le *curseur* montre l'endroit exact où sera affiché le texte que vous saisirez. On l'appelle aussi *point d'insertion* parce que le curseur de forme traditionnelle est plutôt un tiret de soulignement qui apparaît au-dessous des caractères. Dans la suite, je parlerai indifféremment de *point d'insertion*, de *curseur d'insertion*, ou tout simplement de *curseur*. Les caractères que vous saisissez apparaissent immédiatement à gauche de l'endroit où clignote le curseur, qui se déplace d'un cran vers la droite pour chaque caractère saisi.

Word comble vos désirs

Il y a de nombreux moyens d'obtenir de l'aide dans Word, dont la plupart sont décrits au Chapitre 2. Pour le moment, vous disposerez sur l'écran de deux endroits à partir desquels vous pouvez obtenir de l'aide.

Tout d'abord, à l'extrémité droite de la barre de menus, il y a un champ intitulé "Tapez une question", comme le montre la Figure 1.4. Saisissez-y une question, et appuyez sur la touche Entrée pour afficher une liste de réponses possibles.

Figure 1.4 :
Le champ
Taper une
question.

Le voilà !

Plus intéressant, vous disposez aussi du Compagnon Office.

Si le Compagnon Office n'est pas visible à l'écran, sélectionnez dans la barre de menus ?/Afficher le Compagnon Office. Apparaît alors un personnage qui gagne à être connu, normalement un trombone animé avec de grands yeux, mais que vous pouvez remplacer par un autre "compagnon" si ça vous chante (voir plus loin). Le Compagnon Office en forme de trombone, officiellement connu sous le nom de Trombine, est tel qu'il apparaît Figure 1.5.

Figure 1.5 :
Le trombone.

Le Compagnon Office est là pour vous aider. La plupart du temps, toutefois, il se contente de rester là pendant que vous tapez ou méditez sur ce que vous allez écrire.

Voici mes suggestions sur le Compagnon Office :

✔ Vous pouvez utiliser la souris pour déplacer le Compagnon Office sur l'écran. J'ai l'habitude de mettre le mien dans le coin inférieur droit de l'écran, où il ne me gêne pas et où je ne le gêne pas.

✔ Cliquez du bouton droit sur le Compagnon Office pour faire apparaître la liste des options qu'il vous propose. Ma préférée est Animer, qui lui fait faire quelque chose d'intéressant.

✔ Vous avez le choix entre plusieurs personnages : cliquez du bouton droit sur le Compagnon Office, puis sélectionnez Choisir un Compagnon dans le menu qui apparaît. Mon préféré est le chien (Toufou), mais j'aime bien aussi Bille de clown.

✔ Si vous détestez le Compagnon Office, cliquez dessus du bouton droit, et sélectionnez Masquer. Après tout, il y a déjà pas mal de choses sur l'écran.

✔ Quand vous passez de Word à une autre application, le Compagnon Office est masqué automatiquement.

✔ L'utilisation du Compagnon Office pour obtenir de l'aide est traitée au Chapitre 2.

Un coup d'œil au clavier

Le plus court chemin pour aller de votre cerveau à un document Word consiste à descendre le long de votre bras et d'atteindre vos doigts posés sur un clavier. Il vous aide alors à saisir du texte, à le modifier, et à utiliser différentes commandes qui améliorent votre productivité.

La Figure 1.6 montre le clavier type d'un PC, tel qu'il est utilisé au début du troisième millénaire.

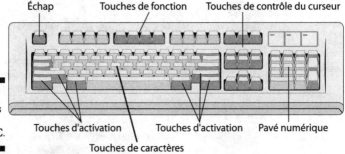

Échap   Touches de fonction   Touches de contrôle du curseur

Figure 1.6 :
Les célèbres
atouts du
clavier du PC.

Touches d'activation   Touches d'activation   Pavé numérique

Touches de caractères

Remarquez que le clavier est divisé en zones distinctes, chacune ayant une fonction particulière. Dans Word, vous pouvez utiliser chaque touche de ces différents groupes, soit seule, soit en combinaison avec d'autres touches :

- **Les touches de fonction :** Ces touches, de F1 à F12, sont situées dans la rangée supérieure du clavier. Elles peuvent être utilisées seules ou en combinaison avec les touches Ctrl, Alt et Maj.

- **Les touches de machine à écrire :** Ce sont les touches alphanumériques standard que l'on trouve sur toutes les machines à écrire. De A à Z et de 0 à 9, plus les symboles et autres caractères exotiques.

- **Les touches de curseur :** Ces touches permettent de déplacer le curseur en forme de I sur l'écran. On trouve également les touches Début, Fin, PgPr (Page précédente), PgSv (Page suivante), Insertion et Suppression, sans oublier les touches plus et moins du pavé numérique.

- **La touche Verrouillage numérique :** Cette touche fait basculer dans les deux sens les touches du pavé numérique, entre les chiffres et le contrôle du curseur (c'est l'un ou l'autre, mais pas les deux). La double personnalité de chaque touche est évidente, puisqu'on y voit apparaître un chiffre et un symbole. Le voyant lumineux associé à la touche Verrouillage numérique indique que le pavé numérique est actif (il permet de saisir des chiffres). Si le voyant n'est pas allumé, ce sont les touches de contrôle du curseur qui sont actives.

- **Les touches d'activation :** Ces touches ne font rien de spécial par elles-mêmes. Les touches Maj, Ctrl et Alt s'utilisent en combinaison avec d'autres touches.

Voici quelques touches à remarquer :

- **Entrée :** Indiquée par le mot Entrée et parfois identifiée par une flèche coudée pointant vers la gauche (↵), cette touche permet d'ajouter un paragraphe dans votre texte.

- **Echap :** La touche "échappe" n'exécute pas vraiment une action dans Word. Toutefois, lorsqu'une boîte de dialogue apparaît, il suffit d'appuyer sur cette touche pour la fermer sans exécuter la moindre commande. Cela revient à cliquer sur le bouton Annuler de ladite boîte.

- **Barre d'espace :** C'est la seule touche sur laquelle n'apparaît aucun symbole. Elle permet d'insérer des espaces dans le texte.

✔ **Tab :** Insère un caractère de tabulation, qui aligne le texte auquel il s'applique sur le repère de tabulation suivant. C'est une touche de mise en forme intéressante et d'usage parfois délicat (mais très bien décrite au Chapitre 13).

✔ **Retour arrière :** C'est votre touche de retour en arrière et d'effacement. Très pratique.

✔ **Suppression :** Souvent nommée Suppr, elle efface le caractère qui se trouve juste après le curseur, et ne fait donc pas revenir en arrière celui-ci. Nous en dirons plus à son sujet au Chapitre 4.

Enfoncer les touches

Quand je dis "appuyez sur la touche Entrée", regardez votre clavier, regardez la touche Entrée droit dans les yeux, appuyez dessus, puis relâchez-la. Physiquement, c'est un effort très raisonnable, et comme beaucoup de claviers font entendre un clic quand vous appuyez sur une touche, vous aurez l'impression de taper sur une vieille machine à écrire, et vous pourrez vous prendre pour un auteur de romans policiers du bon vieux temps.

Appuyer sur une combinaison de touches

En dehors de la saisie de texte ordinaire, vous pouvez avoir besoin de différentes combinaisons de touches pour demander à Word d'exécuter certaines commandes. Par exemple :

Ctrl+P

Prononcez "Contrôle P". C'est ce que vous obtenez en maintenant enfoncée la touche Ctrl tout en appuyant sur la touche P. On peut faire plus compliqué avec, par exemple :

Ctrl+Maj+F12

Autrement dit, "Contrôle Maj F12". Ces deux raccourcis clavier font apparaître la boîte de dialogue Impression (qui ne nous intéresse pas pour le moment). Ce qu'il faut retenir, c'est que pour obtenir ces combinaisons de touches, vous devez, respectivement : appuyer sur la touche Ctrl et la maintenir enfoncée tout en appuyant sur la touche P, puis relâcher les deux ; appuyer sur les touches Ctrl et Maj et les maintenir enfoncées tout en appuyant sur la touche F12, puis relâcher les trois.

Quitter Word

L'un des aspects importants du savoir-vivre est de savoir à quel moment prendre congé. Il est même parfois préférable de ne pas se montrer. Mais Word se fiche complètement du savoir-vivre. Une fois que vous avez écrit ce que vous aviez à écrire, le moment est venu de quitter Word :

1. **Sélectionnez Fichier/Quitter dans la barre de menus.**

   C'est la manière standard de quitter tout programme Windows.

2. **Enregistrez tout fichier encore ouvert, si Word vous propose de le faire.**

   Avant de se fermer, Word vous prévient toujours : si vous avez un fichier ouvert non enregistré depuis les dernières modifications, il vous propose de l'enregistrer. Vous voyez apparaître un avertissement sur l'écran. Si le Compagnon Office est visible, il explique cet avertissement dans une bulle de type bande dessinée, comme le montre la Figure 1.7.

Figure 1.7 :
Il ne lui
manque que
la parole.

Pour enregistrer votre fichier, cliquez sur Oui. Si vous ne l'avez pas déjà fait, il vous sera demandé de lui donner un nom (le Chapitre 2 vous dit comment faire).

Si vous ne voulez pas conserver ce que vous venez de taper, cliquez sur Non.

Si vous changez d'avis, vous pouvez cliquer sur Annuler pour "quitter" la commande Quitter, et retourner dans Word.

Si vous choisissez de quitter, Word disparaît de l'écran, et vous revenez au bureau de Windows, dans lequel vous pouvez toujours vous occuper avec l'un des jeux de Windows.

Comment fermer un document sans quitter Word ?

La commande Fichier/Quitter ferme tous les documents Word ouverts. Pour fermer un document spécifique, affichez-le puis cliquez sur Fichier/Fermer.

La commande Fichier/Fermer ferme le document actuellement sous vos yeux. L'espace blanc disparaît de la fenêtre de Word sans fermer le programme.

Créer un nouveau document

Après avoir fermé un document, vous pouvez en commencer un nouveau. Il suffit de cliquer sur Fichier/Nouveau. Instantanément, le volet Nouveau document apparaît sur le côté droit de l'interface de Word.

✔ Vous pouvez également commencer un nouveau document par un clic sur l'icône de la barre d'outils Standard représentée ci-contre.

✔ Vous pouvez aussi ouvrir un document existant. Cliquez sur Fichier/Ouvrir.

✔ Il n'est pas nécessaire de quitter Word quand vous désirez créer un nouveau document.

Chapitre 2

Comment la plupart des gens utilisent Word

Dans ce chapitre :

▶ Créer un nouveau document dans Word.

▶ Conseils de saisie.

▶ Mise en forme.

▶ Obtenir de l'aide.

▶ Enregistrer votre document sur le disque.

▶ Imprimer.

▶ Fermer votre document.

*L*es utilisateurs de Word n'en utilisent qu'une infime partie. Sans chercher davantage ou sans lire un ouvrage comme celui-ci, ils passent à côté de puissantes fonctions.

Ouvrir un nouveau document

Si vous avez besoin de créer un nouveau document alors que vous êtes déjà en train de travailler sur un document dans Word, procédez comme suit :

1. Cliquez sur Fichier/Nouveau.

Le volet Nouveau document s'ouvre sur le bord droit de l'interface. Seule l'option Document vierge de la section Créer vous intéresse.

2. Cliquez sur Document vierge.

Le volet se ferme et vous pouvez saisir votre texte.

Si vous êtes vraiment pressé pour créer un nouveau document, vous pouvez aussi cliquer sur l'icône Nouveau dans la barre d'outils.

Taper sur le clavier

Le texte que vous tapez est inséré juste avant le curseur clignotant. Vous pouvez par exemple taper ceci :

```
L'agriculture est le plus vieux métier du monde.
```

Pour modifier cette phrase, placez le curseur juste après "le". Tapez un espace, puis le texte suivant :

```
second
```

Le nouveau texte est inséré au fur et à mesure que vous le tapez, et tout ce qui se trouve après lui est décalé en conséquence vers la droite (et éventuellement sur la ligne suivante) pour faire de la place.

Nous obtenons donc la nouvelle phrase :

```
L'agriculture est le second plus vieux métier du monde.
```

✔ Chaque touche de caractère de votre clavier sur laquelle vous appuyez produit le caractère correspondant sur l'écran. C'est le cas pour toutes les touches de lettres, chiffres et symboles. Les autres touches, qui ont parfois une couleur différente sur le clavier, font des choses étranges et merveilleuses que ce livre tente d'expliquer au prix d'efforts considérables.

✔ Si vous utilisiez une machine à écrire, abandonnez quelques habitude pernicieuses héritées de cette antiquité : n'utilisez pas les touches "l" ou "I" pour obtenir le chiffre "1" ni la lettre "O" pour obtenir le chiffre "0". Ce n'est pas le même caractère et, outre l'aspect inesthétique, vous rencontrerez de sérieux problèmes lors d'un tri.

✔ La touche Maj permet d'obtenir les lettres majuscules, comme sur une machine à écrire.

✔ La touche Verr Maj (Verrouillage Majuscules) a la même fonction que sur une machine à écrire. Après avoir appuyé sur cette touche, le voyant Verr Maj s'allume (il est parfois libellé Caps Lock, même sur un clavier français), et tout ce que vous tapez est en MAJUSCULES.

✔ À l'extrémité droite du clavier, les touches des chiffres font partie du pavé numérique. Pour les utiliser, il faut appuyer sur la touche Verr num afin que le voyant correspondant soit allumé. Si ce voyant est éteint, ces touches servent au contrôle du curseur (les flèches).

TRUC

"Faut-il apprendre à taper ?"

Il n'est absolument pas nécessaire d'apprendre la dactylographie pour utiliser un traitement de texte, mais si vous le faites, vous en tirerez un avantage en temps et en efficacité. Il existe des logiciels qui permettent d'apprendre et je vous conseille de vous en procurer un. Savoir taper à la machine rend l'apprentissage de Word beaucoup plus agréable.

Quand appuyer sur la touche Entrée ?

N'appuyez sur la touche Entrée que quand vous avez atteint la fin d'un paragraphe.

Contrairement à la saisie totale d'un texte sur une machine à écrire, un programme de traitement de texte concerne les mots et les paragraphes. Il est essentiel d'indiquer à Word la fin d'un paragraphe. Et la ligne de texte ? Pas de problème ! Word la crée automatiquement quand il arrive en fin de ligne. En d'autres termes, saisissez au kilomètre, car Word créera autant de lignes qu'en nécessite votre texte. En revanche, appuyez sur la touche Entrée pour créer un nouveau paragraphe.

À titre d'exemple, tapez le texte suivant (tapez-le d'un bout à l'autre, "au kilomètre", sans jamais appuyer sur la touche Entrée) :

```
Dans le but de trouver les meilleurs virtuoses du clavier de la
galaxie, la Fédération vient d'embaucher l'instructeur de première
classe Maxime Kornhieser. Dans ses recherches à travers la galaxie,
M. Kornhieser a presque trouvé les candidats parfaits : avec leurs
douze doubles doigts à chaque main, les Doublezons de Plantax 9
sont capables de taper à une vitesse vertigineuse. Hélas, ils sont
```

```
dépourvus de toute colonne vertébrale, et M. Kornhieser les a
disqualifiés pour position non réglementaire.
```

Avez-vous remarqué comment le texte *passe à la ligne suivante* ? Ce qui dépasse la fin d'une ligne passe automatiquement à la ligne suivante. Pas de "ding !", et pas la peine d'appuyer sur Entrée à la fin de chaque ligne. N'appuyez sur Entrée qu'à la fin d'un paragraphe.

Le saut de ligne

On peut aussi introduire ce qui a l'air d'une fin de paragraphe mais ne l'est pas vraiment, en utilisant la combinaison Maj+Entrée qui produit un *saut de ligne*. Ce caractère permet de terminer une ligne et d'en commencer une nouvelle sans créer un nouveau paragraphe. Tapez la ligne suivante :

```
Tartarin de Tarascon
```

Puis, appuyez sur Maj+Entrée. Le curseur passe à la ligne suivante. Continuez à taper :

```
Ce rôle ne peut être joué que par un acteur d'exception. Il doit
être grand dans certaines scènes et petit dans d'autres, parfois
gros et parfois maigre, capable de rire ou de pleurer à la demande,
et doit être composé de 75 % de séduction, 30 % d'enthousiasme, et
10 % de répulsion.
```

Maintenant, appuyez sur la touche Entrée pour terminer le paragraphe.

Tout ce texte constitue un seul et même paragraphe, bien que `Tartarin de Tarascon` apparaisse sur une ligne distincte. Voilà ce qu'est un saut de ligne. On s'en sert principalement dans les tableaux, mais vous le trouverez peut-être utile si vous créez des formulaires, des pages Web ou d'autres documents dans lesquels cette mise en forme peut être nécessaire.

Quand appuyer sur la barre d'espace ?

La *barre d'espace* sert à insérer des espaces entre les mots ou les phrases. Sanselleletexteseraitdifficileàlire.

Dans Word, comme pour tout ce que l'on tape avec un ordinateur, on ne met qu'un espace entre deux phrases.

La seule chose que je déteste avec la barre d'espace est que beaucoup trop de gens s'en servent pour essayer d'aligner des colonnes ou pour mettre du texte en retrait. C'est justement ce qu'il ne faut pas faire et, comme vous le constaterez, le résultat sur le papier est franchement moche.

Au lieu d'utiliser la barre d'espace pour mettre du texte en retrait ou pour aligner du texte, utilisez la touche Tab. C'est le meilleur moyen d'organiser les informations sur l'écran. Contrairement à la barre d'espace, la touche Tab place le texte exactement à la position voulue, ce qui fait que, lorsque vous imprimez, tout est parfaitement aligné (pour en savoir plus sur la touche Tab, reportez-vous au Chapitre 13).

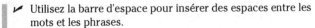

🖊 Utilisez la barre d'espace pour insérer des espaces entre les mots et les phrases.

🖊 Il est inutile de mettre plus d'un espace entre deux phrases. Chaque fois que vous pensez avoir besoin de plus d'un espace, par exemple pour disposer du texte dans des colonnes ou pour aligner du texte, utilisez plutôt la touche Tab (voyez le Chapitre 13).

🖊 Saviez-vous que dans le jargon typographique, le mot "espace" est au féminin ? On place *une* espace avant des ponctuations doubles comme le point-virgule, le point d'interrogation, le point d'exclamation et le deux-points, mais seulement *une* espace avant une ponctuation simple (la virgule, le point...).

Pendant que vous tapez...

... il se passe beaucoup de choses intéressantes, dont certaines peuvent vous intriguer, d'autres vous agacer, et d'autres encore vous consterner.

La barre d'état

La première chose à remarquer pendant que vous tapez est la barre d'état au bas de la fenêtre. Elle contient différentes informations sur votre document et sur ce que vous y tapez. La Figure 2.1 en donne la description, bien que les seuls éléments auxquels je me réfère soient le numéro de page (celle dans laquelle vous vous trouvez) et le nombre total de pages du document (le nombre qui apparaît après la barre de fraction dans le troisième élément de la Figure 2.1).

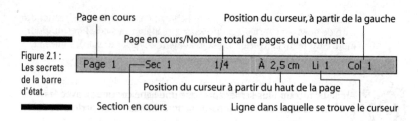

Figure 2.1 :
Les secrets
de la barre
d'état.

La vie secrète des pages

Pour savoir où commence la page suivante, Word place deux repères, qui varient selon l'*affichage* en cours.

Si vous sélectionnez Affichage/Page (qui montre la présentation véritable de la page), les contours des pages apparaissent à l'écran. La Figure 2.2 montre la séparation entre deux pages dans ce mode. Les pages sont blanches, et l'espace qui les sépare est gris.

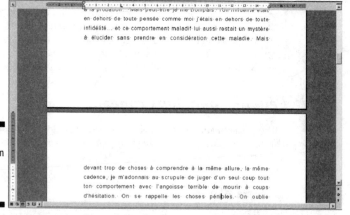

Figure 2.2 :
La séparation
entre deux
pages en
mode Page.

Si vous sélectionnez Affichage/Normal, ce qui est la manière dont j'utilise Word, chaque saut de page apparaît comme une colonne de fourmis traversant l'écran. *Ne leur faites pas de mal !*

Voilà comment se présente un saut de page en mode Normal. Le texte que vous voyez au-dessus des fourmis (les points) est dans la page précédente, et le texte que vous voyez au-dessous est dans la page suivante.

✔ On ne peut pas supprimer un saut de page automatique. Vous pouvez changer l'endroit où il se produit dans votre texte, mais si le texte est trop long pour la page, Word place automatiquement la suite sur la page suivante.

✔ Un saut de page manuel est indiqué par une ligne de points beaucoup plus serrés (presque une ligne continue), avec les mots Saut de page apparaissant au milieu. Nous parlerons du saut de page manuel au Chapitre 14.

Gare à la dernière page vierge d'un document

Que faire lorsque le document se termine par une page vierge ? La supprimer ! Appuyez sur Ctrl+Entrée pour placer le point d'insertion tout en bas du document. Appuyez ensuite à plusieurs reprises sur la touche Retour arrière jusqu'à ce que la page vierge disparaisse.

Des points entre les mots !

Il n'y a pas de quoi vous alarmer si vous voyez apparaître à l'écran des points ou autres symboles chaque fois que vous appuyez sur la barre d'espace ou sur la touche Entrée, comme ceci :

```
Ceci•peut•être•très•agaçant.
```

Ce qui se produit est simplement que Word affiche les caractères *non imprimables*. Word utilise différents symboles pour représenter les choses que vous ne voyez pas en temps normal : les espaces, les tabulations et la touche Entrée.

En affichant les caractères non imprimables, vous pouvez facilement identifier ce qui perturbe la mise en forme et serait difficile à voir autrement. Par exemple, deux taquets de tabulation sur une même ligne peuvent désorganiser votre texte. La seule manière de savoir qu'il y a deux tabulations sur une ligne est d'afficher les caractères non imprimables.

✔ Pour masquer les caractères non imprimables, appuyez sur la combinaison de touches Ctrl+Maj+8 (pour les faire réapparaître, appuyez à nouveau sur la même combinaison de touches). Utilisez le 8 du clavier principal et non celui du pavé numérique.

¶

- ✔ Vous pouvez aussi cliquer sur le bouton Afficher/Masquer dans la barre d'outils Standard pour afficher ou masquer les caractères non imprimables.

- ✔ Ces symboles apparaissent à l'écran mais pas dans le document imprimé.

Soulignements et ondulations

Il est facile comme bonjour de souligner du texte dans Word. Le Chapitre 11 vous dit tout à ce sujet. Il arrive aussi que Word souligne lui-même certaines choses, en rouge, en vert ou en violet, avec des ondulations ou des pointillés. Ces soulignements servent à vous avertir de certaines choses sur le texte concerné.

Les fautes d'orthographe sont signalées par un soulignement ondulé en rouge, quand la vérification d'orthographe au cours de la frappe est en action.

Les fautes de grammaire sont signalées par un soulignement ondulé en vert. Ces indications sont parfois intempestives.

En règle générale, ne vous préoccupez pas de ces soulignements en cours de saisie, puisque vous exécuterez une vérification orthographique et grammaticale de tout le texte une fois le document terminé.

- ✔ Pour en savoir plus sur la correction des fautes d'orthographe et de grammaire dans Word (et pour désactiver les soulignements ondulés), reportez-vous au Chapitre 7.

Surveillez le Compagnon Office

Au fur et à mesure que vous tapez, le Compagnon Office fait différentes choses intéressantes, que vous pourrez trouver amusantes. En fait, si vous restez trop longtemps sans rien faire, vous verrez que le Compagnon Office se manifeste. C'est le signe qu'il est temps d'arrêter de bayer aux corneilles et de se remettre au travail !

Zut ! Je me suis trompé !

Si vous avez fait une erreur, appuyez sur la touche Retour arrière pour l'effacer. Cette touche, qui se trouve au-dessus de la touche Entrée sur votre clavier, est généralement identifiée par une flèche horizontale pointant vers la gauche.

Maintenir enfoncée la touche Retour arrière vous met en mode d'effacement rapide (les caractères qui se trouvent à gauche du curseur sont effacés l'un après l'autre) jusqu'à ce que vous relâchiez la touche Retour arrière.

La touche Suppr avale aussi les caractères, mais ceux qui se trouvent à *droite* du curseur clignotant.

Pour les erreurs plus importantes, Word dispose d'une commande d'annulation. Sa fonction n'est pas d'effacer du texte, mais d'annuler la dernière commande, ce qui permet de faire revenir du texte accidentellement effacé. Pour en savoir plus sur la commande Annuler, reportez-vous au Chapitre 4.

Mettre en forme votre document

La mise en forme est ce qui donne une présentation professionnelle à votre document. Il y a différentes choses que l'on peut mettre en forme dans un document :

- ✔ Les caractères.
- ✔ Les paragraphes.
- ✔ Les tabulations.
- ✔ Tout le document.
- ✔ Les pages.
- ✔ Les colonnes.
- ✔ Les en-têtes et les pieds de page.

Votre premier travail de traitement de texte est la saisie du texte. À partir de là, vous pouvez y revenir pour le mettre en forme, ajuster les marges ou changer le style du texte. Tout cela est décrit dans la deuxième partie.

- ✔ Beaucoup de gens mettent le texte en forme au fur et à mesure de la saisie en usant de l'italique, du gras, du souligné... Vous pouvez vous aussi mettre en forme les paragraphes au fur et à mesure de la frappe, bien que certaines mises en forme soient plus faciles à appliquer *après* avoir achevé la saisie du texte (je donne des exemples de ces deux manières de faire dans la deuxième partie).

- ✔ Word permet aussi de mettre en forme votre document en y ajoutant des illustrations, des traits, des tableaux, des colonnes ou d'autres éléments qui peuvent en améliorer considérablement la présentation. Nous en parlerons dans la troisième et dans la cinquième partie.

Obtenir de l'aide

Vous pouvez obtenir de l'aide sur pratiquement tous les sujets en appuyant sur la touche F1. Vous accédez au volet Microsoft Word Aide. Vous pouvez saisir une phrase ou une question dans le champ Rechercher, ou cliquez sur le lien Table des matières. Vous accédez alors à un gigantesque manuel d'utilisation de Word, dont le contenu confus et touffu risque de ne pas être d'une très grande utilité.

Ou alors, aventurez-vous sur le site Microsoft.com et rechercher aide, assistance et formation en ligne. Toutefois, comme vous avez ce livre entre les mains, je ne vois pas de meilleur endroit pour y trouver les informations qui vous manquent.

Vous obtiendrez aussi de l'aide de la part du Compagnon Office (s'il est visible). (Voir Figure 2.3.)

Figure 2.3 :
Le
Compagnon
Office est
toujours prêt
à rendre
service.

Enregistrez votre travail !

Pour que votre ordinateur conserve ce que vous avez écrit, vous devez lui demander de l'enregistrer. Tout ce que vous créez dans Word doit être enregistré sur le disque et stocké en tant que document.

Pour enregistrer un document sur le disque, utilisez la commande Fichier/Enregistrer (Alt+F, S). Vous pouvez aussi cliquer sur le bouton Enregistrer (qui représente une disquette) dans la barre d'outils Standard.

Si c'est la première fois que vous enregistrez votre document, la boîte de dialogue Enregistrer sous apparaît, comme le montre la Figure 2.4.

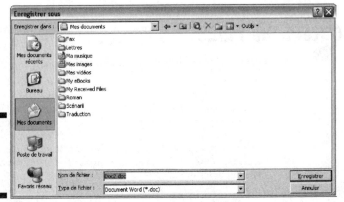

Figure 2.4 :
La boîte de dialogue Enregistrer sous.

Dans le champ Nom, saisissez un nom pour votre document. Si vous avez fait une faute de frappe, utilisez la touche Retour arrière pour la corriger.

Cliquez sur le bouton Enregistrer pour enregistrer votre document.

✔ Le Chapitre 8 vous donne des informations plus détaillées pour enregistrer votre document.

✔ Le nom de fichier vous permettra d'identifier votre fichier par la suite, lorsque vous voudrez le modifier ou l'imprimer à nouveau. Il est important de choisir un nom descriptif, qui permette de bien identifier le fichier voulu.

TRUC

✔ Une fois un fichier déjà enregistré, la manière la plus rapide de l'enregistrer à nouveau consiste à utiliser le clavier. La séquence de touches correspondant à la commande Enregistrer est Ctrl+S. Tout en maintenant enfoncée la touche Ctrl, appuyez sur la touche S (vous pouvez aussi utiliser Maj+F12).

✔ Lorsque vous enregistrez un document, surveillez la barre d'état : elle affiche temporairement un message vous signalant que Word est en train d'enregistrer votre document.

✔ Vous pouvez le nommer comme vous voulez. Le Compagnon Office indique les caractères interdits. Dans ce cas, cliquez sur OK et recommencez.

✔ Une fois le document enregistré sur le disque, son nom est affiché dans la barre de titre de la fenêtre de Word. La présence de ce nom dans la barre de titre indique que le fichier a été enregistré sur le disque.

✔ Si vous n'êtes pas en forme, vous pouvez donner à votre fichier le nom d'un fichier déjà stocké sur le disque. Ce n'est pas un bon choix, car le nouveau fichier remplace alors le précédent, en le faisant disparaître du disque. Par exemple, si vous décidez d'enregistrer votre nouvelle lettre en utilisant le nom Lettre, et qu'il y a déjà sur le disque un fichier nommé Lettre, le nouveau fichier prend la place du précédent en l'effaçant. Comme il n'y a pas moyen de récupérer le fichier effacé, il vaut mieux utiliser un autre nom pour le nouveau. Une boîte de dialogue vous prévient en proposant trois possibilités : Remplacer le fichier existant ; Enregistrer les modifications sous un autre nom ; Fusionner les modifications dans le fichier existant.

Coucher sur le papier (imprimer)

L'impression est la finalité de votre travail sur un traitement de texte. Il vous arrivera certes de transmettre un document en pièce jointe ou sur une disquette ou dans une clé USB, mais le plus souvent, c'est sur du papier qu'il sera couché.

Commencez par l'aperçu avant impression

Pour voir à quoi votre document va ressembler sans gaspiller une quantité de papier, utilisez la commande Aperçu avant impression. Sélectionnez Fichier/Aperçu avant impression, ou cliquez sur le bouton Aperçu avant impression dans la barre d'outils.

La Figure 2.5 montre le mode Aperçu avant impression. Votre document est affiché exactement comme il sera imprimé, y compris les images, les en-têtes et les pieds de page, ou les autres éléments qui peuvent ne pas être affichés correctement dans les autres modes.

Parfait. La présentation est bonne. Cliquez sur le bouton Fermer pour revenir au mode Normal ou au mode Page.

Le moment d'imprimer

Pour imprimer votre document dans Word – la totalité du document que vous voyez à l'écran – procédez ainsi :

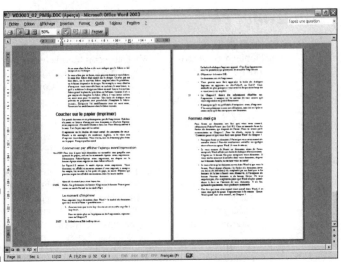

Figure 2.5 :
Le mode
Aperçu avant
impression.

1. **Assurez-vous que votre imprimante est en marche et prête à imprimer.**

   Pour en savoir plus sur la préparation de l'imprimante, reportez-vous au Chapitre 9.

2. **Sélectionnez Fichier/Imprimer.**

   La boîte de dialogue Imprimer s'affiche. C'est là qu'apparaissent tous les paramètres qui permettent de contrôler l'impression.

3. **Cliquez sur le bouton OK.**

   Le document sort de l'imprimante.

   Vous pouvez aussi faire apparaître la boîte de dialogue Imprimer en appuyant sur Alt+F-Alt+P ou Ctrl+P. Cette méthode est plus pratique si vous avez les doigts assez longs ou si votre souris est en grève.

   Remarquez qu'il est préférable d'enregistrer avant d'imprimer. C'est une précaution et non une obligation, mais on ne répétera jamais assez qu'il faut enregistrer son document.

Fermez-moi ça !

Pour fermer un document une fois que vous avez terminé, sélection-nez Fichier/Fermer (ou Ctrl+W). Cette commande ferme la fenêtre du document, qui disparaît de l'écran. Nous en avons parlé succinctement au Chapitre 1. Pour les détails, voyez la section "Comment quitter ce que vous faites sans quitter Word" du Chapitre 1.

✔ Pourquoi fermer un document ? Parce que vous avez terminé de travailler dessus ! Peut-être voulez-vous travailler sur quelque chose d'autre ou quitter Word. À vous de choisir.

✔ Si vous essayez de fermer un document avant de l'avoir enregis-tré, Word affiche une boîte de dialogue d'avertissement. Cliquez sur le bouton Oui pour enregistrer votre document. Si vous voulez continuer à travailler dans votre document, cliquez sur le bouton Annuler et remettez-vous au travail.

✔ Si vous n'avez qu'un document ouvert dans Word et que vous le fermez, Word change d'aspect : la fenêtre du document (avec ses barres de défilement) est remplacée par un fond gris et les boutons de la barre d'outils sont désactivés, à l'exception du bouton Nouveau document et du bouton Ouvrir. Ne vous inquiétez pas, c'est simplement parce que Word n'a plus grand-chose à faire en l'absence de tout document. Il ne fait qu'atten-dre patiemment votre prochaine commande.

✔ Une fois que vous avez terminé votre travail dans Word, il ne vous reste plus qu'à quitter. Sinon, vous pouvez créer un nouveau document comme expliqué plus haut dans ce chapitre.

Chapitre 3

Les mouvements de base

. . . .

Dans ce chapitre :

▶ Déplacer le curseur d'insertion.

▶ Utiliser les combinaisons de touches pour se déplacer vers le haut, vers le bas, vers le début et vers la fin du fichier.

▶ Utiliser la commande Atteindre.

▶ Utiliser des signets.

▶ Utiliser les boutons secrets des barres de défilement.

. . . .

Dans un traitement de texte, le document que vous rédigez ressemble davantage à un rouleau – ceux en papyrus, de l'Antiquité – qu'à une liasse de feuilles.

Word dispose de commandes pour faire défiler, relire ou modifier votre document beaucoup plus sûrement qu'en manipulant un rouleau ancien.

Se déplacer dans un document

Un document Word peut comporter des centaines, voire des milliers de pages. Seule une petite partie de cette littérature apparaît sur l'écran. Pour aller d'un endroit à un autre, il ne suffit pas d'appuyer sur une touche du curseur. Il vous faut en savoir un peu plus sur les touches de navigation et autres commandes spéciales de Word permettant de se déplacer confortablement dans un document de grande taille.

Savoir naviguer (les commandes de base du curseur)

La manière la plus courante de vous déplacer dans votre document consiste à utiliser les touches du curseur (celles qui portent une flèche), que l'on appelle aussi *touches de contrôle du curseur* parce qu'elles permettent de contrôler les déplacements du curseur sur l'écran. Ces touches peuvent être utilisées seules ou en combinaison avec d'autres pour déplacer le curseur très rapidement dans votre document.

Les quatre touches fléchées déplacent le curseur vers le haut, vers le bas, vers la droite et vers la gauche :

Touche	Effet
↑	Déplace le curseur d'une ligne vers le haut
↑	Déplace le curseur d'une ligne vers le bas
→	Déplace le curseur d'un caractère vers la droite
←	Déplace le curseur d'un caractère vers la gauche

Si vous maintenez enfoncée la touche Ctrl en appuyant sur une touche du curseur, vous passez en mode accéléré. Le curseur survitaminé bondit à une vitesse foudroyante dans les quatre directions :

Appuyez sur	Vous obtenez
Ctrl+↑	Place le curseur au début du paragraphe précédent
Ctrl+↑	Place le curseur au début du paragraphe suivant
Ctrl+←	Place le curseur au début du mot précédent (juste avant la première lettre)
Ctrl+→	Place le curseur au début du mot suivant (juste avant la première lettre)

Pour utiliser la touche Ctrl avec les touches du curseur, faites la même chose que pour obtenir une lettre majuscule en utilisant la touche Maj : appuyez sur la touche Ctrl et, tout en la maintenant enfoncée, appuyez sur la touche de curseur voulue, puis relâchez les deux touches.

✔ Vous ne pouvez pas déplacer le curseur au-delà des limites de votre document : vous ne pouvez pas faire défiler "plus haut" que la première ligne ou "plus bas" que la dernière ligne d'un document, pas plus que vous ne pouvez placer le curseur dans l'espace qui sépare deux pages en cliquant dedans avec la souris.

✔ Word peut émettre un *bip* quand le curseur atteint les limites du document : sélectionnez Outils/Options dans la barre de menus, cliquez sur l'onglet Général dans la boîte de dialogue Options, et cochez la case Retour sonore. Cliquez sur OK et Word vous fera entendre son merveilleux *bip* chaque fois que vous rencontrerez les limites du document en déplaçant le curseur.

✔ Le déplacement du curseur n'efface aucun caractère. Ce sont les touches Retour arrière et Suppression qui les effacent (entre autres choses dont nous parlons au Chapitre 4).

Curseur baladeur

Au lieu de taper sur votre clavier comme un pivert sur un tronc, essayez d'utiliser certaines des combinaisons de touches présentées dans les sections suivantes pour déplacer le curseur d'un bout à l'autre de votre document.

Aller d'une page à l'autre

En langage "clavier", PgSv signifie Page suivante et PgPr Page précédente. Un clavier standard de 102 touches dispose de deux moyens d'y accéder : les touches PgSv et PgPr du pavé numérique, et les touches PgSv et PgPr de la zone du curseur (à gauche du pavé numérique).

Certains imaginent que la touche PgSv déplace le document vers le haut de la page suivante et la touche PgPr vers le haut de la page précédente. Eh bien non ! Ces touches permettent de se déplacer dans le document de l'équivalent d'un *écran* (et non d'une page) vers le bas ou vers le haut, d'où leur appellation (Page précédente et Page suivante).

PgPr   La touche PgPr déplace le curseur vers le haut d'un écran (la hauteur du texte affiché dans la fenêtre). Si vous êtes en haut de votre document, cette touche place le curseur tout en haut de l'*écran*.

PgSv   La touche PgSv déplace le curseur d'un écran vers le bas du document. Si vous êtes en bas du document, elle place le curseur tout en bas de l'*écran*.

Si vous voulez seulement placer le curseur en haut ou en bas de l'écran (le texte affiché dans la fenêtre du document), utilisez ces combinaisons de touches :

Ctrl+Alt+PgPr   Place le curseur en haut de la partie de texte affichée dans la fenêtre.

Ctrl+Alt+PgSv   Place le curseur en bas de la partie de texte affichée dans la fenêtre.

Personnellement, je n'ai jamais utilisé ces touches, car je trouve qu'il est plus facile de cliquer là où je veux placer le curseur.

Le début et la fin

Il arrive que l'on ait simplement besoin d'aller directement au début ou à la fin d'une ligne de texte ou de tout un document. Voici les touches qui permettent de le faire :

Touche(s)	Effet
Fin	Envoie le curseur à la fin de la ligne de texte dans laquelle il se trouve.
Début	Envoie le curseur au début de la ligne de texte dans laquelle il se trouve.
Ctrl+Fin	Envoie le curseur tout à fait à la fin de votre document (juste après le dernier caractère).
Ctrl+Début	Envoie le curseur tout à fait au début de votre document (juste avant le premier caractère).

On peut facilement appuyer par erreur sur Ctrl+Fin. Si cela vous arrive, vous vous retrouvez directement à la fin de votre document. Pour revenir à la position antérieure du curseur, appuyez sur Maj+F5. Voyez aussi la section "Revenir en arrière", plus loin dans ce chapitre.

Utiliser la souris pour les déplacements

La souris offre un moyen rapide et facile de déplacer le curseur : pour commencer, identifiez le nouvel endroit où vous voulez placer le curseur sur l'écran, puis placez le pointeur de la souris à l'endroit voulu, et cliquez. Le curseur se place instantanément à l'endroit désigné. C'est ce qu'on appelle *pointer-cliquer*.

Vous pouvez aussi utiliser la souris pour manipuler la barre de défilement vertical (sur le bord droit de la fenêtre du document).

La barre de défilement fait partie des outils standard de Windows, et elle fonctionne dans Word comme dans toute application Windows. Le seul avantage que vous avez ici est que, lorsque vous faites glisser le bouton de l'ascenseur avec la souris, vous voyez apparaître une bulle d'aide qui vous indique le numéro de la page de votre document à laquelle correspond la position de l'ascenseur, comme le montre la Figure 3.1. En faisant glisser le bouton de l'ascenseur, vous pouvez même voir apparaître dans la bulle le premier titre de paragraphe de la page correspondante (si celui-ci est dans l'un des styles de titres de Word).

Figure 3.1 :
Une
information
précieuse : le
numéro de
page.

Page : 4

Enfin, si votre PC est équipé d'une souris "à molette", comme la souris IntelliMouse de Microsoft, vous pouvez faire défiler votre document en utilisant la molette :

🡪 Pour faire défiler votre document vers le haut ou vers le bas, faites tourner la molette vers le haut ou vers le bas. La vitesse de défilement (le nombre de lignes par pas de la molette) peut être définie dans le Panneau de configuration de Windows en double-cliquant sur l'icône Souris.

🡪 Utilisée comme un bouton, la molette de votre souris vous donne un supercontrôle du défilement de votre document : si vous cliquez avec la molette comme avec un bouton (il est inutile de la maintenir enfoncée), vous pouvez régler la vitesse de défilement en déplaçant votre souris plus ou moins vers le haut, vers le bas, vers la gauche ou vers la droite par rapport à l'endroit où vous avez cliqué.

🡪 Pour mettre fin à cet effet, cliquez en un endroit quelconque avec le bouton gauche de la souris.

J'adore jouer avec la souris !

🡪 Soyez prudent lorsque vous utilisez la barre de défilement vertical pour vous déplacer dans votre document. Le défilement ne déplace pas le curseur, qui reste au même endroit dans le document (et non sur l'écran). Pour placer le curseur à un nouvel endroit, vous devez *cliquer* à l'endroit voulu avec la souris. Par exemple, si vous faites défiler de la page 3 à la page 5, mais que le curseur est resté dans la page 3, le texte que vous taperez à ce moment-là ne sera pas inséré dans la page 5, mais bien dans la page 3, là où se trouve le curseur (et l'affichage y reviendra d'ailleurs automatiquement).

✔ Avant de taper du texte, faites attention à ce que le curseur soit bien à l'endroit voulu. Si nécessaire, cliquez avec la souris pour l'y placer.

Aller où vous voulez avec la commande Atteindre

La commande Atteindre permet d'accéder directement à l'endroit du document que vous voulez. Cet endroit peut être défini de toutes sortes de manières, entre autres par un numéro de page ou de ligne.

Pour utiliser la commande Atteindre, sélectionnez Édition/Atteindre (ou appuyez sur Alt, E, G) : l'onglet Atteindre de la boîte de dialogue Rechercher et remplacer apparaît (Figure 3.2).

Figure 3.2 :
Dans la boîte
de dialogue
Atteindre,
dites à Word
où vous
voulez aller.

Vous pouvez accéder ainsi à de nombreux endroits, comme le montrent les nombreuses rubriques de la liste Atteindre que vous voyez Figure 3.2. Dans la plupart des cas, toutefois, c'est une page, définie par son numéro, que vous voudrez atteindre.

Dans le champ Numéro de la page, saisissez le numéro de la page que vous voulez atteindre.

Par exemple, si vous tapez **14** dans le champ et appuyez sur Entrée, vous arrivez à la page 14.

- ✔ Pour faire apparaître directement la boîte de dialogue Atteindre (en fait, l'onglet Atteindre dans la boîte de dialogue Rechercher et remplacer), vous pouvez aussi appuyer sur la touche F5.

- ✔ Le raccourci clavier Ctrl+G donne le même résultat (et il est plus pratique que F5).

- ✔ Si vous double-cliquez sur le numéro de la page dans la barre d'état, la boîte de dialogue Atteindre apparaît.

- ✔ Pour faire un usage plus précis de la commande Atteindre, reportez-vous à la section "Ne cornez pas votre écran ! Utilisez la commande Signet", plus loin dans ce chapitre.

Revenir en arrière

En principe, une fois qu'on est engagé, on ne peut pas revenir en arrière. *En principe*, c'est-à-dire à moins de faire campagne pour une élection ou d'utiliser Word. Si vous vous retrouvez par erreur à un endroit où vous ne vouliez pas aller, appuyez sur Maj+F5 : Word vous ramène aussitôt d'où vous venez.

Le raccourci clavier Maj+F5 ne fonctionne que dans Word. N'essayez pas de l'utiliser ailleurs.

Appuyer sur Maj+F5 vous fait revenir au point où vous étiez juste avant la dernière commande que vous avez appliquée. Appuyer encore une fois sur cette même combinaison vous fait revenir encore une étape en arrière, et ainsi de suite. Ce raccourci clavier peut être répété trois fois.

N'écornez pas votre écran ! Utilisez la commande Signet

Il est souvent nécessaire de marquer des endroits dans un document. Comme il serait difficile et de toute façon inutile de corner un coin de l'écran, il faut trouver une autre solution : c'est la commande Signet.

Définir un signet

Pour marquer un endroit dans un document, vous pouvez définir un signet. Suivez ces étapes :

1. **Placez le curseur à l'endroit où vous voulez placer le signet.**

2. **Sélectionnez Insertion/Signets (si vous avez trois mains, vous pouvez essayer Ctrl+Maj+F5).**

La boîte de dialogue Signet apparaît, comme le montre la Figure 3.3.

Figure 3.3 :
La boîte de dialogue Signet.

3. **Nommez le signet.**

Attention ! Ce nom doit vous aider à vous souvenir à quoi correspond le signet. Choisissez un nom évocateur.

Le nom d'un signet ne doit pas contenir d'espaces, mais il peut commencer par une majuscule, comme à la Figure 3.3.

4. **Appuyez sur Entrée ou cliquez sur le bouton Ajouter.**

Accéder à un signet

Pour revenir à un signet, utilisez la commande Atteindre dont nous avons parlé dans la section "Aller où vous voulez avec la commande Atteindre", plus haut dans ce chapitre. Les étapes ci-dessous vous évitent de tourner les pages et de perdre le fil de votre pensée :

1. **Appuyez sur la touche F5.**

La boîte de dialogue Rechercher et remplacer apparaît sur l'écran.

2. **Dans la liste Atteindre, sélectionnez Signets.**

C'est le quatrième élément de la liste à partir du haut.

Le champ Numéro de la page devient Nom du signet. Le premier nom de signet de la liste des signets de votre document apparaît dans ce champ.

Si ce n'est pas le signet que vous voulez voir apparaître dans le champ, cliquez sur la flèche pointant vers le bas pour faire s'afficher l'ensemble de la liste et sélectionnez le signet voulu.

3. **Cliquez sur le bouton Atteindre.**

   Vous êtes arrivé.

4. **Cliquez sur le bouton Fermer pour fermer la boîte de dialogue Rechercher et remplacer et recommencez à travailler dans votre document.**

Naviguer avec les boutons secrets de la barre de défilement vertical

En bas de la barre de défilement vertical, vous pouvez voir trois boutons. Ce sont les boutons de navigation qui vous permettent de naviguer dans votre document en faisant des bonds plus ou moins considérables.

- Le premier bouton à partir du haut est le bouton Précédent/Atteindre.

- Le bouton du bas est le bouton Suivant/Atteindre.

- Le bouton du milieu est le bouton Sélectionner l'objet parcouru, qui vous permet de définir ce que signifient Précédent et Suivant pour les deux autres boutons.

Lorsque vous cliquez sur le bouton du milieu, une palette apparaît (Figure 3.4.) Quand vous placez le pointeur de la souris sur l'un quelconque des éléments de cette palette, la description de la fonction correspondante s'affiche dans la partie supérieure de la palette.

Figure 3.4 : Comment voulez-vous naviguer ?

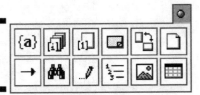

> ✔ Choisissez un élément dans la palette pour comprendre le
>   fonctionnement des boutons.
>
> ✔ Le raccourci Ctrl+PgPr est lié au bouton Page précédente.
>
> ✔ Le raccourci Ctrl+PgSv est lié au bouton Page suivante.

Le fonctionnement des boutons de défilement

Le bouton Parcourir par page (ou Ctrl+PgUp, Ctrl Pgdn) passe d'une
page à l'autre du document.

Si vous choisissez une autre option que Page, les boutons Parcourir
changent de couleur. Ainsi, lorsque les boutons sont noirs, vous savez
que vous effectuez une navigation par page. S'ils sont bleus, les
boutons parcourent le document en utilisant une autre option.

L'option de recherche par modifications permet d'utiliser les boutons
Parcourir pour passer directement aux trois dernières modifications
apportées à votre document.

Utiliser les boutons avec la commande Rechercher

Les boutons Parcourir sont également liés à la commande Rechercher.
Lorsque vous choisissez cette commande, le fait de cliquer sur les
boutons Parcourir vous place sur le dernier élément objet de votre
recherche.

Par exemple, vous utiliserez la commande Rechercher pour localiser
des parties du texte. Ensuite, vous pourrez solliciter le bouton
Rechercher de la palette Parcourir (Figure 3.4) et utiliser les boutons
Parcourir pour poursuivre votre recherche sans ouvrir la boîte de
dialogue Rechercher. Pratique !

Chapitre 4
Modifications élémentaires

● ●

Dans ce chapitre :

▶ Utiliser le mode Insertion et le mode Remplacement.

▶ Effacer du texte avec les touches Retour arrière et Suppression.

▶ Effacer des lignes, des phrases et des paragraphes.

▶ Annuler vos erreurs.

▶ Utiliser la commande Répéter (annuler Annuler).

● ●

*M*odifier, cela consiste à couper, écraser, supprimer. C'est éliminer le texte en excès, mal écrit ou maladroit, qui n'a pas sa place sur la page imprimée, et le remplacer éventuellement par ce qui convient. C'est bien de cela dont il est question dans ce chapitre.

Insérer ou remplacer, il faut choisir

Word est par défaut en mode Insertion : tout ce que vous tapez est inséré juste avant le curseur clignotant. Le texte qui se trouve au-delà de celui-ci est repoussé vers la droite et vers le bas au fur et à mesure que vous tapez.

Le pendant du mode Insertion est le mode Remplacement (ou Refrappe) : tout ce que vous tapez remplace le texte existant à droite du curseur.

Pour passer en mode Remplacement, appuyez sur la touche Insertion de votre clavier. Vous pouvez utiliser celle du pavé numérique (le voyant Verrouillage numérique étant éteint) ou celle de la zone des touches du curseur.

Lorsque vous êtes en mode Remplacement, les lettres RFP sont affichées en noir dans la barre d'état au lieu d'être estompées comme elles le sont en mode Insertion. Pour passer du mode Insertion au mode Remplacement, vous pouvez aussi double-cliquer sur ces trois lettres dans la barre d'état.

Honnêtement, il n'y a aucune raison de saisir en mode Remplacement. Le mode Insertion convient parfaitement. Vous pouvez utiliser les différentes commandes présentées dans ce chapitre pour effacer du texte à votre guise.

En mode Remplacement, le texte tapé écrase celui qui est déjà à l'écran à droite du curseur. Si cela se produit alors que vous ne l'aviez pas demandé, double-cliquez sur RFP dans la barre d'état pour l'arrêter, puis utilisez le raccourci clavier Ctrl+Z (Annuler) pour faire réapparaître le texte accidentellement effacé.

Effacer du texte

Il est rarissime de n'avoir pas à reprendre un texte, ne serait-ce que pour des corrections mineures. Effacer du texte fait partie de tout processus de rédaction.

Les touches d'effacement Retour arrière et Suppression

Deux touches servent à effacer du texte caractère par caractère :

- **La touche Retour arrière :** Elle efface le caractère situé juste à gauche du curseur.

- **La touche Suppression :** Elle efface le caractère situé à droite du curseur.

> Le réfrigérateur d'Ann|ie était rempli de sucettes à l'anis.

Dans l'exemple ci-dessus, le curseur "clignote" (je veux dire qu'il clignoterait s'il était sur un écran) entre le *n* et le *i* d'*Annie*. En appuyant sur la touche Retour arrière, vous effacez le *n*. En appuyant sur la touche Suppression, vous effacez le *i*.

- Après l'effacement d'un caractère, tout le texte qui se trouve à droite ou au-dessous de celui-ci se déplace d'un cran pour remplir l'espace laissé libre.

✓ En mode Remplacement, la touche Retour arrière produit le
même effet qu'en mode Insertion, et tire vers la gauche le texte
qui se trouve à droite du curseur.

✓ La touche Retour arrière ne fonctionne pas comme sur une
machine à écrire : dans Word, non seulement le curseur revient
en arrière, mais il *efface* les caractères sur lesquels il passe
(l'équivalent de la touche Retour arrière d'une machine à écrire
est la touche de déplacement du curseur vers la gauche).

✓ Maintenir la touche Retour arrière ou Suppression enfoncée
efface à répétition. Relâchez la touche dès que vous avez effacé
tout ce que vous voulez.

Effacer un mot

Word dispose de deux commandes pour effacer un mot entier :

✓ Ctrl+Retour arrière efface le mot qui se trouve juste avant le
curseur (à sa gauche).

✓ Ctrl+Suppression efface le mot qui se trouve juste après le
curseur (à sa droite).

Pour effacer un mot avec Ctrl+Retour arrière, placez le curseur juste
après la dernière lettre de ce mot. Appuyez sur Ctrl+Retour arrière : le
mot disparaît. Le curseur se trouve alors juste après le dernier
caractère du mot précédent ou au début de la ligne (si vous avez
effacé le premier mot d'un paragraphe).

Pour effacer un mot avec Ctrl+Suppression, placez le curseur juste
avant la première lettre de ce mot. Appuyez sur Ctrl+Suppression : le
mot disparaît. Le curseur se trouve alors juste avant le premier
caractère du mot suivant ou à la fin de la ligne (si vous avez effacé le
dernier mot d'un paragraphe).

Pour effacer un mot, tout un mot, rien que ce mot, commencez par
placer dessus le pointeur de la souris et double-cliquez. Cette action
sélectionne le mot complet, qui apparaît en surbrillance à l'écran.
Appuyez alors sur la touche Suppression ou sur la touche Retour
arrière pour effacer le mot.

Après avoir effacé du texte, Word repositionne ce qui se trouvait après
pour remplir l'espace laissé vacant par les caractères supprimés.

Effacer des lignes, des phrases et des paragraphes

Word fait la différence entre une ligne de texte, une phrase et un paragraphe :

- ✔ Une **ligne de texte** est une des lignes de la page (numérotée depuis le haut de la page, et non depuis le haut de l'écran). L'indicateur Li de la barre d'état indique le numéro de la ligne de texte où se trouve le curseur.

- ✔ Une **phrase** est une entité qui commence généralement par une majuscule et se termine par un point, un point d'interrogation ou un point d'exclamation.

- ✔ Un **paragraphe** est un texte commençant juste après un retour chariot et se terminant par un retour chariot. Un paragraphe peut donc se limiter à une seule ligne ou phrase, ou à plusieurs phrases.

Quelle importance ? Tout cela sera utile à savoir quand vous voudrez effacer différentes parties de texte. Il y a des procédés différents pour effacer des lignes, des phrases ou des paragraphes.

Effacer une ligne de texte

Word ne dispose pas d'une commande directe pour effacer une ligne de texte à partir du clavier. Mais, avec la souris, il suffit d'un clic et d'une pression sur une touche. Suivez ces étapes :

1. **Placez le pointeur de la souris dans la marge gauche de votre document.**

   Le pointeur prend la forme d'une flèche pointant vers le haut et vers la droite.

2. **Placez le pointeur devant la ligne de texte que vous voulez supprimer.**

3. **Cliquez sur le bouton gauche de la souris.**

   La ligne de texte est sélectionnée et apparaît en surbrillance.

4. **Appuyez sur la touche Suppression ou sur la touche Retour arrière pour supprimer la ligne sélectionnée.**

Lorsque le pointeur a la forme d'une flèche orientée vers le haut et vers la droite, vous pouvez le faire glisser verticalement dans la marge tout en maintenant enfoncé le bouton gauche de la souris pour sélectionner autant de lignes de texte consécutives que vous le voulez. Toutes ces lignes peuvent alors être supprimées en appuyant sur la touche Suppression ou la touche Retour arrière.

Voyez aussi le Chapitre 6 dans lequel il est question de la sélection et de la suppression de blocs de texte.

Effacer une phrase

Effacer une phrase est un jeu d'enfant. Naturellement, vous pouvez appuyer une fois sur la touche Suppression pour chaque caractère de la phrase. Mais, comme c'est toujours le cas avec un ordinateur, il y a un moyen plus simple et plus pratique :

1. **Placez le curseur au milieu de la phrase à supprimer.**

   Cliquez.

2. **Appuyez touche Ctrl et cliquez sur le bouton de la souris.**

   La phrase est sélectionnée

3. **Appuyez sur la touche Suppression.**

   La phrase disparaît.

Effacer un paragraphe

La méthode la plus rapide pour effacer un paragraphe :

1. **Placez le pointeur de la souris sur le paragraphe.**

2. **Cliquez trois fois sur le bouton de la souris.**

3. **Appuyez sur la touche Suppression.**

Effacer des blocs de texte

Word dispose donc de commandes très pratiques pour effacer des caractères, des mots et des lignes. Pour effacer autre chose, vous devez en faire un bloc de texte, puis effacer ce bloc.

Pour savoir comment marquer un bloc de texte, reportez-vous au Chapitre 6. Une fois le bloc marqué, appuyez sur la touche Suppression pour l'effacer.

Annuler vos erreurs

Word dispose d'une commande Annulation très commode pour corriger immédiatement une erreur ou une fausse manœuvre, et d'une commande Répéter, qui est essentiellement l'annulation de la dernière annulation.

La commande Annuler

Si vous venez d'effacer accidentellement du texte, effectuez l'une de ces opérations pour le faire réapparaître :

- Appuyez sur Ctrl+Z.

- Sélectionnez Édition/Annuler dans la barre de menus.

- Cliquez sur le bouton Annuler dans la barre d'outils.

Voici les trois manières d'utiliser la commande Annuler :

- Contrairement à d'autres logiciels, la répétition de la commande Annuler ne produit pas l'annulation de la dernière annulation. Par exemple, appuyer sur Ctrl+Z peut faire revenir le texte que vous venez d'effacer, mais si vous appuyez à nouveau sur Ctrl+Z, le texte qui vient de réapparaître n'est pas à nouveau effacé.

- La commande Annuler du menu Édition précise ce qui sera annulé selon la dernière action effectuée : Annuler Frappe, Annuler Gras, etc.

- Si vous cliquez sur la flèche pointant vers le bas à côté du bouton Annuler de la barre d'outils, vous voyez apparaître la liste des dernières actions que vous avez effectuées dans Word. Vous pouvez y sélectionner l'action que vous voulez ou l'ensemble de la liste (en faisant glisser la souris sur la liste) pour annuler d'un geste ce que vous voulez.

- Dans certains cas, la commande Annuler ne fonctionne pas. Word vous en avertit par un message explicite. Par exemple, il affiche "Mémoire insuffisante pour annuler cette opération, continuer ?". A vous de juger !

- La commande Annuler ne fonctionne que s'il y a quelque chose à annuler. Par exemple, on ne peut pas annuler une sauvegarde sur disque.

- Pour annuler une annulation, sélectionnez Rétablir. Voyez ci-après la section "Voudriez-vous répéter, s'il vous plaît.

Voudriez-vous répéter, s'il vous plaît

Si vous annulez quelque chose pour vous apercevoir que ce n'était pas ce que vous vouliez faire, vous devez utiliser la commande Répéter pour remettre les choses d'aplomb. Pour faire revenir du texte que vous venez de faire disparaître en utilisant accidentellement la commande Annuler, effectuez l'une des opérations suivantes :

- ✔ Appuyez sur Ctrl+Y.

- ✔ Sélectionnez Édition/Répéter dans la barre de menus.

- ✔ Cliquez sur le bouton Répéter dans la barre d'outils (s'il est disponible).

Chapitre 5

Rechercher ceci
et remplacer par cela

*W*ord retrouve bien plus vite des mots dans votre texte que ceux que vous avez sur le bout de la langue. Mieux, grâce à ses commandes Rechercher et Remplacer, Word peut modifier le cours de l'histoire, enfin, seulement celle que vous écrivez. Ce chapitre explique tout en détail.

Le voilà donc, ce texte...

Word est capable de localiser rapidement toute partie de texte où qu'il soit dans votre document, même si c'est un pavé du genre "roman de plage" (car "sous le pavé, la plage", forcément...). La commande utilisée à cette fin, présente dans le menu Édition, s'appelle Rechercher. Suivez ces étapes pour localiser un texte dans votre document à l'aide de la commande Rechercher :

1. **Définissez le texte que vous voulez rechercher.**

   Par exemple, *plomb.*

2. **Dans la barre de menus, sélectionnez Édition/Rechercher.**

   La boîte de dialogue Rechercher et remplacer apparaît, comme le montre la Figure 5.1. Remarquez que cette boîte de dialogue est également utilisée pour remplacer du texte et accéder à la commande Atteindre, comme le montrent les onglets que vous pouvez voir. Comme vous voulez rechercher du texte, c'est l'onglet Rechercher qui est au premier plan.

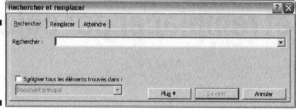

Figure 5.1 :
La boîte de
dialogue
Rechercher
et remplacer.

3. Saisissez le texte à rechercher.

Saisissez ce texte dans le champ Rechercher. Par exemple : **plomb**. Tapez-le exactement sous la forme voulue.

Si vous n'êtes pas sûr des majuscules et des minuscules dans le document, utilisez des minuscules.

4. Pour commencer la recherche, cliquez sur le bouton Suivant.

Vous pouvez aussi appuyer simplement sur Entrée.

Si Word trouve du texte correspondant à votre demande, celui-ci apparaît en surbrillance à l'écran. La boîte de dialogue Rechercher et remplacer reste affichée à l'écran aussi longtemps que vous ne cliquez pas sur le bouton Annuler ou que vous n'appuyez pas sur la touche Échap (elle reste ouverte afin que vous puissiez continuer à rechercher du texte si vous le souhaitez).

  ✔ Le raccourci clavier de la commande Rechercher est Ctrl+F (F comme *Find,* qui est le nom en anglais de la commande Rechercher, ou comme Farfouille).

  ✔ Saisissez exactement le texte que vous voulez trouver. Il peut s'agir d'un mot ou de plusieurs, comme d'une phrase complète (en règle générale, ne mettez pas de point à la fin, à moins que celui-ci ne fasse partie de ce que vous cherchez).

  ✔ Si Word ne trouve pas dans le document le texte que vous avez tapé, le Compagnon Office vous en informe et vous demande éventuellement si vous voulez continuer la recherche à partir du début du document. Cliquez sur Oui ou sur Non. Si vous avez masqué le Compagnon Office, le message est affiché dans une boîte de dialogue ordinaire.

✔ Si le texte n'a pas été trouvé mais que vous êtes certain qu'il existe bien dans le document, essayez encore, mais en commençant par vérifier soigneusement l'orthographe de ce que vous avez tapé.

✔ Si vous travaillez sur plusieurs documents à la fois, sachez que Word ne recherche le texte demandé que dans le document en cours (celui qui est affiché à l'écran). Pour rechercher dans un autre document, commencez par cliquer sur le bouton de celui-ci dans la barre des tâches de Windows pour l'afficher, et essayez à nouveau.

✔ Pour trouver la prochaine occurrence du texte dans le document, cliquez à nouveau sur le bouton Suivant.

✔ Vous pouvez aussi utiliser les boutons Précédent et Suivant de la barre de défilement vertical pour trouver la prochaine occurrence du texte que vous avez recherché, même si la boîte de dialogue Rechercher et remplacer n'est plus affichée à l'écran. Par exemple, si vous avez recherché *Amélie*, un clic sur le bouton Suivant trouvera la prochaine occurrence de ce mot dans votre document à partir de la position du curseur.

✔ Vous pouvez aussi utiliser pour cela les raccourcis clavier Ctrl+PgPr et Ctrl+PgSv.

✔ Lorsque vous utilisez la boîte de dialogue Rechercher et remplacer (et même après l'avoir fermée), le Compagnon Office peut avoir une ampoule électrique au-dessus de la tête. Si vous cliquez sur cette ampoule, le Compagnon Office vous donne des informations supplémentaires sur la commande Rechercher, dont la majeure partie est résumée dans les paragraphes qui précèdent.

Rechercher à nouveau

Word se souvient du dernier fragment de texte recherché. Il apparaît en surbrillance dans la boîte de dialogue Rechercher et remplacer à la prochaine ouverture de celle-ci. C'est pratique si vous voulez rechercher à nouveau le même fragment de texte. Vous pouvez aussi le modifier plus ou moins pour en rechercher une variante.

À l'extrémité droite du champ Rechercher, vous pouvez voir une flèche pointant vers le bas (Figure 5.2). Cliquer sur cette flèche fait apparaître une liste déroulante qui contient tous les fragments de texte que vous avez déjà recherchés. Pour rechercher à nouveau l'un de ces fragments, il vous suffit de le sélectionner dans cette liste, et de cliquer sur le bouton Suivant.

Figure 5.2 :
Nouvelle
recherche
d'anciens
éléments
déjà
recherchés.

Rechercher avec plus de précision

Les options de base de la boîte de dialogue Rechercher et remplacer (voyez la Figure 5.1) conviennent très bien pour rechercher de petits fragments de texte. Mais il peut arriver que vous vouliez quelque chose de plus précis, ou que vous ne pouvez pas taper directement au clavier, comme un caractère de fin de paragraphe. Ou alors, vous recherchez la forme exacte de *Pourtant*, au lieu des occurrences de *pourtant*. Dans tous ces cas, vous aurez besoin de la forme étendue de la boîte de dialogue Rechercher et remplacer.

Pour accéder aux options supplémentaires de la boîte de dialogue Rechercher et remplacer, commencez par la faire apparaître en appuyant sur Ctrl+F, puis cliquez sur le bouton Plus. La boîte de dialogue s'agrandit vers le bas, faisant apparaître un certain nombre d'options et de boutons supplémentaires, comme le montre la Figure 5.3.

Les sections suivantes vont vous dire ce qui peut vous intéresser dans ces options supplémentaires.

Chercher exactement un fragment de texte

Il y a une différence entre *Sylvestre* et *sylvestre*. Le premier est un prénom, le second un adjectif. Pour trouver l'un et pas l'autre en utilisant la commande Rechercher, cochez la case Respecter la casse dans la zone Options de la boîte de dialogue. Ainsi, si vous avez tapé *Sylvestre* dans le champ Rechercher, cette recherche ne trouvera que

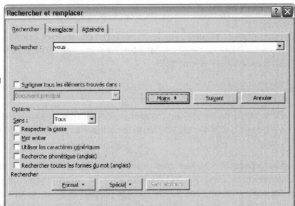

Figure 5.3 :
La boîte de
dialogue
Rechercher
et remplacer,
avec ses
options
supplémen-
taires.

les occurrences du mot *Sylvestre* commençant par une majuscule, le reste du mot étant en minuscules.

Rechercher un mot entier

L'option Mot entier permet de rechercher des mots comme *droit* ou *sur*, en évitant de vous arrêter inutilement sur des mots comme *endroit* ou *surprise*.

Rechercher du texte dont vous ne savez pas tout (avec des caractères génériques)

Les deux caractères génériques de base sont ? et * : le premier représente une lettre quelconque, le second un groupe quelconque de lettres. Ainsi, supposons que vous ayez tapé ceci dans le champ Rechercher :

```
?ur
```

Si vous avez sélectionné l'option Utiliser les caractères génériques, Word va rechercher tout mot de trois lettres commençant par une lettre quelconque et se terminant par *ur : sur*, *mur*, *dur* ou *pur*, par exemple.

Comme l'astérisque représente un groupe de caractères quelconque, le texte suivant dans le champ Rechercher permettra de trouver tous les mots commençant par *a* et se terminant par *n* (il y en a beaucoup) :

```
a*n
```

Vous pouvez utiliser tous les caractères génériques que vous voulez pour rechercher du texte dans toutes sortes de formes, bizarres et intéressantes. Par exemple :

```
essa[iy]e
```

Cette syntaxe permet de trouver les deux formes *essaie* et *essaye* du verbe *essayer* s'il vous arrive de les utiliser tour à tour sans y prendre garde.

Word permet d'utiliser bien d'autres combinaisons de caractères génériques, bien que * et ? soient les plus couramment utilisés, et qu'ils devraient vous suffire dans la plupart des cas. Pour connaître les autres caractères génériques disponibles, cliquez sur le Compagnon Office, et tapez "caractères génériques" dans le champ réservé à la question. Sélectionnez ensuite ce qui se rapporte à la recherche de texte dans ce que vous proposera le Compagnon Office et vous finirez par trouver la liste des caractères génériques disponibles.

Rechercher du texte par sa phonétique

L'option Recherche phonétique, qui n'est disponible qu'en anglais, permet de rechercher des mots homophones, c'est-à-dire des mots qui se prononcent de la même manière que ce que vous avez tapé dans le champ Rechercher. Dans l'immédiat, elle ne pourra vous être utile que pour des textes en anglais.

Rechercher toutes les formes d'un mot

Vous venez de changer d'avis sur le personnage de votre roman : il ne marche pas, il vole. À l'heure actuelle, comme la précédente, cette fonction n'est disponible qu'en anglais, mais on ne sait jamais. Imaginez-vous donc ayant à rectifier tous les passages de votre roman où votre héros marche pour le faire voler, comme Superman. Vous pourriez rechercher toutes les formes du verbe *marcher : marche*, *marchait*, *marchant*, et ainsi de suite, après avoir tapé **marcher** dans le champ Rechercher. En anglais, ça marche.

Rechercher vers le haut, vers le bas ou les deux

Janus était, pour les Romains, le dieu des commencements et des fins. Il était doté de deux visages regardant dans deux directions opposées, ce qui est très pratique pour regarder un match de tennis ou pour retrouver vos clés quand vous ne savez plus ce que vous en avez fait. La commande Rechercher est comme Janus car elle recherche toutes les occurrences d'un élément dans tout le texte, sauf si vous lui indiquez d'effectuer une recherche dans une direction spécifique. Pour cela, cliquez sur le bouton Plus, puis déroulez la liste Sens. Vous accédez aux options suivantes :

- ✔ **Tous.** Avec cette option, la recherche s'effectue dans tout le document quelle que soit la position du point d'insertion.

- ✔ **Vers le bas.** La recherche part de la position du point d'insertion et s'arrête dès que la fin du document est atteinte.

- ✔ **Vers le haut.** La recherche part de la position du point d'insertion et s'arrête dès que le début du document est atteint.

Dès qu'il arrive à la fin de votre document, Word (ou le Compagnon Office) vous demande si vous voulez continuer la recherche à partir du début. Comme c'est généralement le cas, vous cliquez sur Oui. La recherche s'arrête quand elle est revenue au point d'où elle était partie, c'est-à-dire à l'emplacement du curseur.

Rechercher et remplacer

En elle-même, la commande Rechercher est vraiment pratique, mais sa véritable puissance réside dans sa capacité non seulement de rechercher du texte, mais aussi de remplacer ce texte par autre chose. C'est l'une des fonctions de traitement de texte qui ont peu à peu fait disparaître les machines à écrire.

Si vous maîtrisez la commande Rechercher, il ne vous manque plus grand-chose pour maîtriser aussi la commande Remplacer, dont le raccourci clavier de la commande Remplacer est... Ctrl+H (comme dans "Hop, c'est fait").

Imaginons maintenant que vous vouliez remplacer le mot *cochon* par le mot *porc*. Les deux désignent la même bête, mais selon le contexte on préférera l'un à l'autre.

1. **Cliquez sur Édition/Remplacer ou, si vous vous souvenez du raccourci clavier, appuyez sur Ctrl+H.**

   La boîte de dialogue Rechercher et remplacer apparaît. Elle s'ouvre sur l'onglet Remplacer.

Si la boîte de dialogue Rechercher et remplacer s'ouvre avec le volet des options supplémentaires, vous pouvez cliquer sur le bouton Moins pour le faire disparaître.

2. Dans le champ Rechercher, saisissez le texte à rechercher.

C'est le texte que vous voulez remplacer par autre chose.

Après avoir tapé le texte voulu, appuyez sur Tab.

3. Dans le champ Remplacer par, tapez le texte que vous voulez substituer au texte recherché.

4. Demandez-vous si vous voulez avoir la possibilité de changer d'avis avant de remplacer chaque occurrence du texte recherché.

Si oui, cliquez sur le bouton Suivant (ce choix est en général une bonne précaution). Dans le cas contraire, vous pouvez cliquer sur le bouton Remplacer tout. Toutes les occurrences du texte recherché seront alors remplacées automatiquement, ce qui ne vous laisse aucune possibilité de décider pour chacune d'entre elles.

5. Si vous choisissez de cliquer sur Suivant, Word s'arrête à chaque occurrence du texte recherché.

Comme avec la commande Rechercher, le texte trouvé est mis en surbrillance à l'écran. À chaque fois, vous pouvez cliquer sur le bouton Remplacer pour remplacer l'occurrence du texte trouvé, ou sur le bouton Suivant pour laisser inchangé le texte trouvé et passer à l'occurrence suivante du texte recherché. Si vous voulez fermer la boîte de dialogue Rechercher et remplacer avant d'avoir parcouru tout le document, cliquez sur le bouton Annuler ou appuyez sur la touche Échap.

Il peut arriver que Word trouve votre texte, par exemple *mer*, dans un autre mot comme *arrimer*. Pour éviter cela, cliquez sur le bouton Plus et cochez la case Mots entiers.

Quand Word ne trouve rien de plus à remplacer, le compagnon Office annonce :

Vérification terminée pour le document. 9 remplacements effectués.

Bien sûr, le nombre de remplacements dépend de ce qui a été recherché et trouvé.

✔ Attention ! N'oubliez pas de taper quelque chose dans le champ Remplacer par. Si ce champ reste vide, la commande Remplacer ne se transforme pas pour autant en commande Rechercher. Au contraire, Word suppose que vous voulez remplacer par *rien* le texte recherché, autrement dit le supprimer. Comme c'est plutôt risqué, soyez prudent avec la commande Remplacer, et utilisez de préférence le bouton Suivant plutôt que le bouton Remplacer tout.

🖛 Je vous conseille d'utiliser systématiquement le bouton Suivant. Ce n'est que lorsque vous êtes absolument certain de ne courir aucun risque (ce qui est assez rare d'après mon expérience, et hautement risqué) que vous utiliserez le bouton Remplacer tout.

🖛 Si vous avez fait une bêtise en remplaçant, la commande Annuler restaurera le document dans son état antérieur.

Chercher et remplacer une mise en forme

Vous pouvez aussi rechercher et remplacer une mise en forme. Par exemple, remplacer tous les soulignements de votre document par des italiques. Pour cela, cliquez dans le champ Rechercher, puis sur le bouton Format pour définir la mise en forme à rechercher, comme nous l'avons décrit plus haut dans ce chapitre. Puis, cliquez dans le champ Remplacer par, et procédez de la même manière pour définir la mise en forme que vous voulez substituer à la précédente. Comme cette opération est un aspect "avancé" de l'utilisation de Word, prenez la précaution d'enregistrer votre document avant de vous jeter à l'eau.

Chapitre 6

Travailler
avec des blocs
de texte

• •

Dans ce chapitre :

▷ Utiliser la touche Maj pour sélectionner du texte en tant que bloc.

▷ Sélectionner du texte avec la souris.

▷ Sélectionner du texte avec la touche F8.

▷ Désélectionner un bloc de texte.

▷ Copier et déplacer des blocs de texte

▷ Utiliser le volet Presse-Papiers.

• •

*P*our Word, un *bloc* est une partie de texte. Word permet de définir en tant que bloc une partie de texte – mots, phrases, paragraphes ou tout le document – pour en faire ce que vous voudrez.

Sélectionner des blocs de texte

Et que ferons-vous de ces blocs de texte ? C'est que nous allons découvrir sans plus tarder. Mais auparavant, voyons comment les sélectionner.

La touche Maj pour de petits blocs de texte

Pour sélectionner rapidement une petite quantité de texte – un mot, une ligne ou un paragraphe –, utilisez la touche Maj en combinaison avec l'une des touches de curseur (les touches de contrôle du curseur). C'est la technique la plus indiquée pour sélectionner une petite partie de texte, entièrement visible à l'écran. Laissez-vous guider par le Tableau 6.1.

Tableau 6.1 : Marquer un petit bloc.

Pour...	Appuyez sur...
Marquer caractère par caractère vers la droite du curseur	Maj+→
Marquer caractère par caractère vers la gauche du curseur	Maj+←
Marquer le texte compris entre le curseur et la fin de la ligne	Maj+Fin
Marquer le texte compris entre le curseur et le début de la ligne	Maj+Début
Marquer le texte compris entre le curseur et la même position du curseur dans la ligne du dessus	Maj+↑
Marquer le texte compris entre le curseur et la même position du curseur dans la ligne du dessous	Maj+↓

Quelques remarques sur l'utilisation de la touche Maj pour sélectionner du texte :

✔ Si la touche Maj est commode pour de petites parties de texte, il y a mieux pour des blocs de plus d'une ou deux lignes.

✔ Pour en savoir plus sur les touches de contrôle du curseur, reportez-vous au Chapitre 3.

Marquer un bloc avec la souris

La souris est l'outil idéal pour sélectionner des bocs de texte.

Faire glisser pour sélectionner

Procédez comme suit pour sélectionner un bloc de texte avec la souris :

1. **Placez le pointeur là où doit commencer la sélection.**

2. **Tout en maintenant le bouton gauche de la souris enfoncé, faites glisser le pointeur sur votre texte.**

   Au fur et à mesure que vous faites glisser le pointeur, le texte est mis en surbrillance (sélectionné), comme le montre la Figure 6.1.

Faites glisser le pointeur du début à la fin du bloc de texte que vous voulez sélectionner.

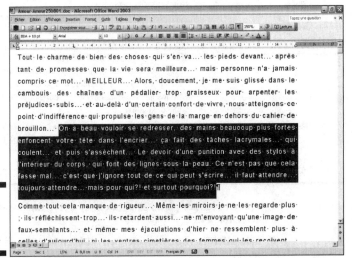

3. Quand le pointeur est à la fin du bloc à sélectionner, relâchez le bouton de la souris.

La souris permet de sélectionner un bloc de texte de n'importe quelle taille. Je vous conseille toutefois de ne vous en servir que pour des blocs suffisamment petits pour être affichés d'un seul tenant à l'écran. Si vous essayez de sélectionner du texte dépassant de l'écran, il vous faudra le faire défiler pour arriver au bout, ce qui peut s'avérer très malcommode. La souris fait défiler le texte vers le haut et vers le bas très vite, de sorte que ce dont vous avez besoin peut se retrouver hors de vue en un clin d'œil.

Techniques de sélection rapide par clic

Le Tableau 6.2 vous dit comment tirer le meilleur parti de votre robot-rongeur pour sélectionner tel ou tel type de bloc de texte.

Sélectionner un bloc par Maj+clic

La technique la plus définitive que j'utilise pour sélectionner un bloc de texte de taille quelconque est ce que j'appelle le "zyeuter-cliquer" :

Tableau 6.2 : Sélection de texte par clic.

Pour	Faites comme ceci
Sélectionner un mot	Placez le pointeur sur le mot et double-cliquez.
Sélectionner une ligne	Placez le pointeur dans la marge gauche, devant la ligne à sélectionner. Le pointeur prend la forme d'une flèche pointant vers le haut et vers la droite. Cliquez pour sélectionner la ligne, ou faites glisser en maintenant enfoncé le bouton gauche de la souris pour sélectionner plusieurs lignes.
Sélectionner une phrase	Placez le pointeur sur la phrase, et faites Ctrl+clic (maintenez enfoncée la touche Ctrl et cliquez). La phrase est sélectionnée.
Sélectionner un paragraphe	Placez le pointeur sur le paragraphe et faites un triple clic.

1. **Commencez par placer le pointeur au début du bloc de texte à sélectionner.**

2. **Faites défiler votre document en utilisant la barre de défilement.**

   Utilisez bien la barre de défilement et non les touches de contrôle du curseur. Si vous utilisiez celles-ci, le curseur serait déplacé par la même occasion, et ce n'est pas ce que nous voulons.

3. **Pour marquer la fin du bloc, maintenez enfoncée la touche Maj et cliquez avec la souris à l'endroit précis où se termine le bloc à sélectionner.**

   Le bloc de texte compris entre la position initiale du curseur et l'endroit où vous avez cliqué en maintenant enfoncée la touche Maj est sélectionné.

Cette méthode convient pour sélectionner un bloc de texte de taille quelconque, en particulier lorsque vous avez besoin de faire défiler le document pour trouver la fin de ce bloc.

Sélectionner un bloc en utilisant la merveilleuse touche F8

La touche F8 sélectionne du texte par blocs de différents types, ce qu'aucune autre commande ne permet d'obtenir. Ce qui suit n'est qu'un modeste échantillon de ce qu'elle peut faire.

Sélectionner un mot. Appuyer deux fois de suite sur la touche F8 sélectionne le mot dans lequel se trouve le curseur. A vrai dire, si de toute façon il vous faut commencer par y placer le curseur, vous pouvez tout aussi bien double-cliquer sur le mot pour le sélectionner.

Sélectionner une phrase. Pour sélectionner la phrase dans laquelle se trouve le curseur, appuyez trois fois de suite sur F8.

Sélectionner un paragraphe. Placez le curseur dans le paragraphe, et appuyez quatre fois de suite sur F8 pour le sélectionner en entier.

Sélectionner tout le document. Appuyer cinq fois de suite sur F8 sélectionne tout le document, mais il y a pour cela une meilleure méthode, que je vous indiquerai dans la section "Sélectionner tout le document", plus loin dans ce chapitre.

Mais au fait, que se passe-t-il si l'on n'appuie qu'une fois sur la touche F8 ? Continuez à lire, et vous allez très bientôt connaître ce terrible secret.

Poser une ancre avec la touche F8

La touche F8 a pour effet de faire passer Word dans le mode très pratique, mais qui peut s'avérer agaçant, de sélection étendue. Ce faisant, elle "pose une ancre" à l'endroit où se trouve le curseur à ce moment. Cette ancre constitue une extrémité du bloc de texte que vous pouvez maintenant sélectionner en utilisant les touches de contrôle du curseur. Toutefois – et c'est très important –, aussi longtemps que vous êtes en mode de sélection étendue, vous ne pouvez utiliser Word que pour la sélection de ce bloc de texte, et rien d'autre.

Ne vous laissez pas décourager par cette restriction ! Bien sûr, vous pouvez vous laisser surprendre à ce jeu de temps en temps, mais l'utilisation du mode de sélection étendue par la touche F8 est le meilleur moyen de sélectionner un bloc de texte qui s'étend sur plus d'un écran.

Pour utiliser le mode de sélection étendue, suivez ces étapes :

1. **Placez le curseur au début du bloc de texte à sélectionner.**

2. **Appuyez sur la touche F8.**

   Une ancre est posée à l'emplacement du curseur, marquant une extrémité du bloc.

Avez-vous remarqué les trois lettres EXT qui apparaissent dans la barre d'état ? Elles vous indiquent que vous êtes maintenant dans le mode de sélection étendue (Extended), et que les touches de votre clavier servent maintenant à sélectionner du texte, et non à écrire. Vous êtes prévenu.

3. Sélectionnez le bloc de texte.

Vous pouvez utiliser pour cela les touches de contrôle du curseur ou l'une quelconque des touches de navigation dont nous avons parlé au Chapitre 3.

Si vous appuyez sur la touche d'une lettre en mode de sélection étendue, Word décale la sélection du bloc de texte vers le bas du document, jusqu'à cette lettre incluse. (Ce qui a pour effet de sélectionner ou de désélectionner du texte, selon que vous avez déjà sélectionné du texte vers le haut ou vers le bas du document à partir de l'ancre. Si cela vous paraît obscur, essayez et vous comprendrez.) Ça marche aussi avec la touche Retour chariot et la touche Tab, et, pour couronner le tout, ça distingue les majuscules et les minuscules. C'est superbe et ça peut rendre des services immenses.

Comme d'habitude, le texte sélectionné apparaît en surbrillance à l'écran, dans ce cas à partir de l'endroit où vous avez appuyé sur F8 pour placer une ancre (voyez la Figure 6.1). Dans les couleurs par défaut, le texte sélectionné apparaît donc en blanc sur fond noir.

4. Une fois le bloc sélectionné, vous pouvez en faire ce que vous voulez.

5. Faites ce que vous voulez avec le bloc de texte sélectionné.

Voilà où commence le dur labeur. Une fois que vous avez sélectionné un bloc, vous *devez* lui appliquer une commande. Jetez un coup d'œil à la barre d'état : l'indication EXT y apparaît encore. Vous êtes *encore* en train de sélectionner votre bloc ! À moins de le copier, de le couper, de le coller, d'en vérifier l'orthographe, ou autre, vous êtes toujours en mode de sélection de bloc.

Pour sortir du mode de sélection étendue, appuyez sur la touche Échap. Vous pouvez aussi double-cliquer sur EXT dans la barre d'état, ce qui vous oblige à faire attention à EXT et vous évite de vous laisser surprendre en mode de sélection étendue par inadvertance.

- La souris est utilisable avec la touche F8. Placez le curseur à l'une des extrémités du bloc que vous voulez sélectionner, et appuyez sur F8. Placez ensuite le pointeur à l'autre extrémité du bloc, et cliquez avec le bouton gauche de la souris. Tout ce qui se trouve entre ces deux points est sélectionné.

✔ Quel que soit le nombre de fois que vous appuyez sur F8, sachez qu'une ancre est chaque fois posée. Si vous appuyez dessus deux ou trois fois de suite (voyez la section précédente), F8 sélectionne un bloc de texte, mais vous êtes toujours en mode de sélection étendue. Pour sortir de ce mode, faites quelque chose avec le bloc ou appuyez sur la touche Échap.

✔ Prenez l'habitude d'utiliser les commandes du clavier pour sélectionner le bloc de texte, et, croyez-moi, vous en serez beaucoup plus satisfait.

Sélectionner plusieurs parties de texte

Il est possible, bien que cela ne soit pas réellement pratique, de sélectionner plusieurs parties de texte en tant que blocs. Par exemple, vous pouvez sélectionner comme bloc un groupe de noms dans un document, même s'ils ne sont pas tous au même endroit. La Figure 6.2 montre cette fonction en action.

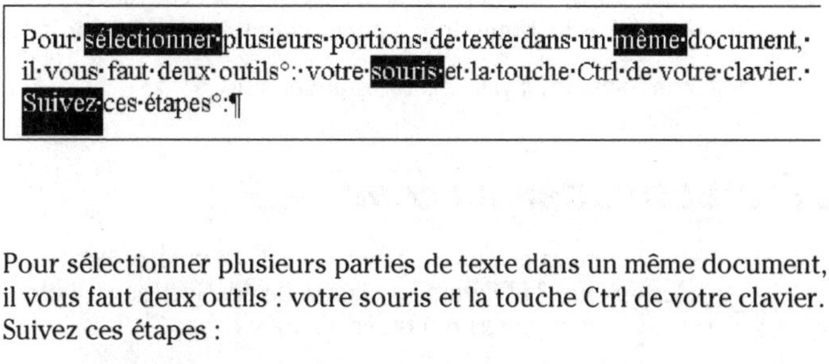

Figure 6.2 :
Sélectionner
plusieurs
parties de
texte.

Pour·sélectionner·plusieurs·portions·de·texte·dans·un·même·document,· il·vous·faut·deux·outils°:·votre·souris·et·la·touche·Ctrl·de·votre·clavier.· Suivez·ces·étapes°:·¶

Pour sélectionner plusieurs parties de texte dans un même document, il vous faut deux outils : votre souris et la touche Ctrl de votre clavier. Suivez ces étapes :

1. **Sélectionnez un premier bloc de texte.**

   Utilisez la méthode de sélection que vous voulez parmi celles que nous avons décrites plus haut dans ce chapitre.

2. **Appuyez sur la touche Ctrl et maintenez-la enfoncée.**

   S'il y a plus d'une touche Ctrl sur votre clavier, vous pouvez utiliser celle que vous voulez.

3. **Utilisez la souris pour sélectionner un deuxième bloc de texte.**

Répétez cette dernière opération pour sélectionner autant de blocs de texte que vous voulez.

Remarquez que chaque partie de texte est distincte des autres. Chacune d'elles est identifiée par une zone en surbrillance dans le texte. Le secret est de maintenir enfoncée la touche Ctrl pendant que vous utilisez la souris pour sélectionner le fragment suivant.

L'ensemble des parties de texte ainsi sélectionnées est considéré par Word comme un seul et même bloc. Il est simplement réparti en plusieurs fragments dans le document. Si vous lui appliquez la commande Couper, toutes ces parties disparaissent des différents endroits où elles se trouvent. Si vous collez de nouveau dans le document ce que vous venez de couper, chacune des parties constituant le bloc est collée en tant que paragraphe.

Certaines commandes de blocs de texte ne fonctionnent pas quand du texte est sélectionné de cette manière.

Sélectionner tout le document

Pour sélectionner tout votre document, sélectionnez Édition/Sélectionner tout. Le raccourci clavier correspondant est Ctrl+A.

Dans Word, vous pouvez aussi utiliser l'obscur raccourci Ctrl+5 (le 5 du pavé numérique), ou appuyer cinq fois de suite sur la touche F8.

Franchement, il vaut mieux appuyer sur Ctrl+A.

Désélectionner un bloc

Maintenant que vous avez un bloc sélectionné, qu'est-ce que vous allez en faire ? Et comment allez-vous désélectionner votre bloc pour pouvoir recommencer à taper quelque chose ?

Voici quelques moyens pratiques de désélectionner votre bloc :

- **Appuyer sur la touche ←.** Cette action désélectionne le bloc et ramène le curseur au début de celui-ci, ou au début de votre document si vous l'aviez sélectionné en entier. Cette technique fonctionne pour ce que vous avez sélectionné avec la souris ou avec la touche Maj.

- **Cliquer avec la souris.** Cette action désélectionne le bloc et place le curseur à l'endroit où vous avez cliqué. Cette technique fonctionne pour ce que vous avez sélectionné avec la souris ou avec la touche Maj.

✔ **Appuyer sur la touche Échap, puis sur la touche ←.** Cette méthode est à utiliser lorsque vous êtes encore en mode de sélection étendue, pour en sortir (vous vous souvenez ? la touche F8 ou le bouton EXT dans la barre d'état).

✔ **N'oubliez pas la commande Maj+F5 !** Non seulement ce raccourci clavier désélectionne le bloc (que vous l'ayez sélectionné avec la souris, la touche Maj ou la touche F8), mais il vous ramène aussi au point où vous étiez avant d'effectuer la sélection. Très joli.

Copier un bloc

Une fois un bloc sélectionné, vous pouvez le copier pour le coller en n'importe quel autre endroit de votre document. Le bloc original n'est pas altéré par cette opération. Suivez ces étapes :

1. **Sélectionnez le bloc.**

   La première partie de ce chapitre contient des instructions détaillées pour accomplir cette tâche.

2. **Sélectionnez Édition/Copier.**

Word place dans le Presse-Papiers une copie du bloc sélectionné (c'est une zone de stockage pour le texte et les images que vous copiez ou coupez). Pour achever cette opération, il vous reste à coller le bloc, ce que nous allons décrire dans la section "Coller un bloc", plus loin dans ce chapitre.

✔ Dans Word (et plus généralement dans Windows), le raccourci clavier de la commande Copier est Ctrl+C.

✔ Pour copier un bloc de texte sélectionné, vous pouvez aussi cliquer sur le bouton Copier de la barre d'outils.

✔ Si vous appuyez accidentellement deux fois sur Ctrl+C pour copier un bloc, le volet Presse-Papiers apparaît. Nous en dirons plus à son sujet dans la section "Copier plusieurs blocs", plus loin dans ce chapitre.

✔ Pour en savoir plus sur le Presse-Papiers, reportez-vous également à la section "Copier plusieurs blocs".

Déplacer un bloc

Pour déplacer un bloc de texte, il faut le couper et le coller. Cette terminologie est celle de Microsoft, pas la mienne. Traditionnellement, un traitement de texte déplace des blocs de texte. Couper et coller, c'est ce que font les enfants à l'école. Mais je m'égare.

Le déplacement d'un bloc de texte est une opération identique à la copie d'un bloc de texte, à ceci près que l'on utilise la commande Ctrl+X (ou Édition/Coller) au lieu de Ctrl+C, et que le bloc de texte disparaît (en fait, il est placé dans le Presse-Papiers). À partir de là, vous pouvez coller ce bloc de texte où vous voulez dans votre document.

Ne vous alarmez pas en voyant disparaître le bloc. Ce n'est qu'un déplacement. Le bloc original est placé ailleurs, ce que nous expliquons dans la section suivante.

- ✔ Pour déplacer un bloc de texte, vous pouvez utiliser l'outil Couper de la barre d'outils.

- ✔ Vous trouverez toutes les informations nécessaires sur la sélection des blocs dans les deux premières sections de ce chapitre.

- ✔ La commande Annuler (Ctrl+Z) permet d'annuler le déplacement d'un bloc.

- ✔ Après avoir coupé et collé un bloc, vous pouvez le coller à nouveau dans votre document. Nous allons en parler dans la section suivante.

Coller un bloc

Un bloc de texte coupé ou copié, il reste à le coller. Peu importe que le bloc ait été copié ou coupé, la procédure est la même. Suivez ces étapes :

1. **Placez le curseur à l'endroit où vous voulez insérer le bloc.**

   Il n'est pas nécessaire qu'il y ait un espace blanc disponible. Word va insérer le bloc à l'endroit du curseur comme si vous l'aviez tapé vous-même.

2. **Sélectionnez Édition/Coller.**

   Le bloc est inséré à l'endroit que vous avez indiqué.

Lorsque vous collez du texte dans Word, l'icône Options de collage (voir ci-contre) apparaît à la fin du texte que vous venez de coller. Elle vous permet de sélectionner la mise en forme que vous voulez appliquer au texte collé, car sa mise en forme initiale ne correspond pas forcément à ce que vous voulez faire.

L'utilisation de l'icône Options de collage n'est en rien obligatoire. En fait, il vous suffit de continuer à utiliser Word comme si de rien n'était pour qu'elle disparaisse instantanément. Mais si vous voulez modifier la mise en forme du texte collé, suivez ces étapes :

1. **Placez la souris sur l'icône Options de collage.**

   Une flèche pointant vers le bas apparaît à droite de l'icône.

2. **Cliquez sur la flèche pointant vers le bas.**

   Un menu apparaît dans lequel vous pouvez sélectionner différentes options de mise en forme (Figure 6.3).

Figure 6.3 :
Les options de mise en forme du texte collé.

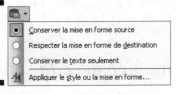

Voici un bref résumé des options disponibles :

Conserver la mise en forme source : ne fait rien car la mise en forme vous convient.

Respecter la mise en forme de destination : applique au bloc la mise en forme du texte dans lequel il a été collé.

Conserver le texte seulement : ne colle que le texte, en éliminant les mises en forme particulières qu'il pouvait contenir.

Appliquer le style ou la mise en forme : fait apparaître le volet Styles et mise en forme, qui vous permet de sélectionner la mise en forme que vous voulez appliquer au texte collé.

Sélectionnez l'option qui correspond à ce que vous voulez faire. Je vous recommande plutôt la première ou la deuxième. La dernière vous ouvre toutes grandes les portes du moche et du bizarroïde.

✔ Le raccourci Ctrl+V colle le bloc de texte.

✔ Vous pouvez aussi cliquer sur le bouton Coller, dans la barre d'outils, pour coller un bloc de texte copié ou coupé.

✔ En général, l'icône Options de collage ne disparaît pas avant que vous commenciez à taper du texte ou à utiliser une commande de modification de texte.

✔ Si l'icône Options de collage vous agace, vous pouvez désactiver cette fonction : sélectionnez Outils/Options et cliquez sur l'onglet Édition. Ôtez la coche de la case Afficher les boutons d'options de collage (en cliquant dedans), puis cliquez sur OK.

✔ Après avoir copié un bloc, vous pouvez le coller plusieurs fois dans votre document. Chaque fois qu'un bloc de texte (ou un élément quelconque) est coupé ou copié, Word le place dans le Presse-Papiers, où il reste même quand vous le collez ailleurs. Tant que rien ne vient l'effacer du Presse-Papiers, vous pouvez donc le coller autant de fois que vous le voulez. Il vous suffit d'appuyer sur Ctrl+V qui est le raccourci de la commande Coller.

✔ Vous pouvez tout aussi bien coller votre bloc dans un autre document Word sur lequel vous travaillez en même temps, ou même dans une autre application. C'est une caractéristique de Windows.

Copier ou déplacer un bloc avec la souris

Pour déplacer un bloc sur une courte distance, vous utiliserez la souris pour un glisser-déplacer ou glisser-copier. Cette fonction est très pratique, mais il vaut mieux ne l'utiliser que pour déplacer ou copier entre deux emplacements assez proches pour être simultané-ment visibles à l'écran. Dans le cas contraire, si vous essayez de faire défiler votre document avec la souris, vous vous exposez à de cruelles contrariétés.

Pour déplacer avec la souris n'importe quel bloc de texte sélectionné, placez le pointeur dessus, appuyez sur le bouton gauche de la souris et maintenez-le enfoncé, déplacez le pointeur jusqu'à l'endroit où vous voulez placer le bloc, puis relâchez le bouton de la souris. Vous venez d'effectuer une opération glisser-déplacer.

Copier un bloc avec la souris fonctionne de la même manière que pour le déplacer, avec pour seule différence qu'il faut maintenir enfoncée la touche Ctrl tout en faisant glisser. Un signe + apparaît alors à côté du pointeur (voir ci-contre). Il indique que le bloc sera copié et non déplacé.

✔ L'icône Options de collage apparaît une fois que vous avez "déposé" le bloc de texte. Pour en savoir plus sur cette icône, reportez-vous à la section précédente.

✔ Quand vous faites glisser un bloc de texte avec la souris, celui-ci n'est pas collé dans le Presse-Papiers. Vous ne pouvez pas utiliser la commande Coller (Ctrl+V) pour le coller à nouveau.

Copier et déplacer avec la touche F2

Voici une autre méthode pour déplacer ou copier un bloc de texte :

1. **Sélectionnez un bloc de texte.**

2. **Appuyez sur la touche F2.**

   La barre d'état affiche le message "Déplacer vers où ?".

3. **Placez le point d'insertion à l'endroit où vous souhaitez coller le texte.**

   Utilisez les touches directionnelles ou la souris.

4. **Appuyez sur Entrée.**

   Le bloc est déplacé.

Pour effectuer une copie, appuyez sur Maj+F2 à l'étape 2.

Si avant d'effectuer l'étape 4, vous sélectionnez un bloc de texte avec la souris, le bloc collé le remplacera.

Copier plusieurs blocs

L'une des fonctions les plus sympathiques de Word, qui fait défaut dans de nombreuses applications Windows, est la possibilité de stocker plusieurs éléments copiés ou collés dans le Presse-Papiers. Vous pouvez ainsi couper ou copier différentes choses à la suite, puis choisir parmi les objets stockés dans le Presse-Papiers celui que vous voulez coller à tel ou tel endroit. Je peux vraiment dire que cette fonction est la bienvenue, mais elle nécessite quelques explications.

Le Presse-Papiers peut contenir des blocs de texte de n'importe quelle taille, mais il ne peut normalement en accueillir qu'un à la fois.

Un coup d'œil au Presse-Papiers

Vous pouvez à tout moment voir ce que contient le Presse-Papiers spécial de Word. Voici comment :

1. **Si le volet Office n'est pas visible, affichez-le.**

   Il occupe la partie droite de la fenêtre du document. Pour le faire apparaître, sélectionnez Affichage/Volet Office.

2. **Affichez le volet Presse-Papiers.**

   Cliquez sur la flèche pointant vers le bas dans le coin supérieur droit du volet Office, et sélectionnez Presse-Papiers dans le menu qui s'affiche. Le volet Presse-Papiers apparaît, comme le montre la Figure 6.4.

Figure 6.4 :
Le volet
Presse-
Papiers.

La liste du volet Presse-Papiers est celle des différents éléments que vous avez copiés ou coupés non seulement dans Word, mais dans n'importe quelle autre application.

Nous parlerons dans la section suivante de la manière de coller des éléments du Presse-Papiers.

✔ Le Presse-Papiers de Word peut contenir jusqu'à 24 éléments. Si vous copiez ou collez un élément alors qu'il y en a déjà 24 dans le Presse-Papiers, le plus ancien de ces éléments est éliminé pour laisser la place au nouveau. C'est la logique "premier entré, premier sorti". Le nombre d'éléments stockés dans le Presse-Papiers est affiché en haut du volet Presse-Papiers.

✔ Ce Presse-Papiers spécial est également utilisé par d'autres applications d'Office (Excel et PowerPoint, par exemple).

✔ Une fois que vous n'avez plus besoin du Presse-Papiers, vous pouvez fermer le volet Office. Cliquez sur le X dans le coin supérieur droit de celui-ci.

Coller à partir du Presse-Papiers

Pour coller un bloc de texte stocké dans le Presse-Papiers, cliquez dessus dans le volet Presse-Papiers. Il est aussitôt inséré à l'endroit où se trouve le curseur dans votre document.

Pour coller d'un coup tous les éléments contenus dans le Presse-Papiers, cliquez sur le bouton Coller tout.

Le Presse-Papiers spécial de Word permet de choisir facilement ce que vous voulez coller à tel ou tel endroit. Placez le curseur à un endroit où vous voulez insérer un des éléments du Presse-Papiers, et cliquez simplement sur l'élément voulu dans le volet Presse-Papiers. Faites de même à chaque endroit où vous voulez insérer quelque chose. On peut faire ça toute la journée.

Chaque fois que vous collez quelque chose, l'icône Options de collage apparaît à la fin du texte que vous venez de coller. Pour savoir ce que vous pouvez en faire, reportez-vous à la section "Coller un bloc", plus haut dans ce chapitre.

Vider le Presse-Papiers

Le volet Presse-Papiers vous donne la possibilité de vider le Presse-Papiers de tout son contenu. Pour en supprimer un élément particulier, placez le pointeur dessus et cliquez sur la flèche pointant vers le bas qui apparaît (Figure 6.4). Sélectionnez Supprimer dans le menu local, et l'élément disparaît de la liste.

Pour faire disparaître d'un coup tous les éléments stockés dans le Presse-Papiers, cliquez sur le bouton Effacer tout en haut du volet Presse-Papiers. C'est ce que je fais quand je veux collecter plusieurs éléments pour les coller ensuite tous ensemble. Par exemple, je commence par cliquer sur Effacer tout, puis vais copier individuellement tous les éléments souhaités. Je place ensuite le curseur à l'endroit où je veux coller le tout, et clique enfin sur le bouton Coller tout. Et le tour est joué !

Notez que vous ne pouvez pas annuler une opération de suppression de quoi que ce soit dans le Presse-Papiers. Soyez prudent.

Chapitre 7

Soignez votre orthographe et votre grammaire !

....

Dans ce chapitre :

▶ Comprendre la vérification d'orthographe au cours de la frappe.

▶ Laisser Word corriger automatiquement l'orthographe.

▶ Laisser Word taper pour vous avec la fonction Texte automatique.

▶ Corriger vos gaffes grammaticales.

....

S i l'orthographe ou la grammaire sont déficients, le message passera mal, ou sera mal compris. Une bonne orthographe est non seulement garante d'un texte soigné et pensé, mais aussi garante que les moindres nuances du texte seront exprimées.

Pourtant, nul n'est à l'abri d'une coquille, d'une faute de frappe ou d'une étourderie. Heureusement, Word veille.

Cachez cette coquille que je ne saurais voir !

Les ordinateurs d'aujourd'hui sont si puissants qu'ils peuvent identifier une faute d'orthographe ou de grammaire à l'instant même où vous la tapez. Parfois, elle est corrigée automatiquement. Si ce n'est pas le cas, elle est dotée d'un soulignement ondulé, en rouge pour une faute d'orthographe et en vert pour une faute de grammaire. Ne vous vexez pas de cette intrusion. Lisez plutôt attentivement les sections suivantes pour apprendre à exploiter cette fonction.

Le vérificateur d'orthographe de Word vous fait savoir instantanément s'il reconnaît ou non un mot, mais il ne vous dit pas si ce mot est correctement utilisé. Il acceptera aussi bien "la mère est houleuse" que "la mer et le pair". Ce n'est pas parce qu'un document ne contient pas de mots mal orthographiés qu'il ne contient pas de fautes.

Activer ou désactiver la vérification d'orthographe

Pour que Word vérifie automatiquement l'orthographe au cours de la frappe, sélectionnez Outils/Options dans la barre de menus, puis cliquez sur l'onglet Grammaire et orthographe (Figure 7.1).

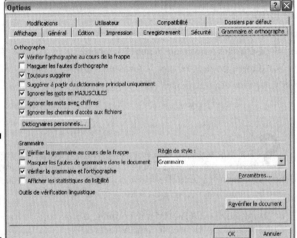

Figure 7.1 : Les options de vérification de la grammaire et de l'orthographe.

L'option Vérifier l'orthographe au cours de la frappe est la première de la liste. Si la case correspondante est cochée, c'est que la vérification automatique de l'orthographe est activée.

Si vous n'appréciez pas la vérification automatique, vous pouvez ôter la coche de cette case pour la désactiver. Word ne vous importunera plus avec le soulignement ondulé, mais vous pourrez toujours vérifier l'orthographe de votre document à tout moment, en utilisant la commande Outils/Grammaire et orthographe.

Cliquez sur OK pour enregistrer vos modifications et fermer la boîte de dialogue Options.

La vérification automatique de l'orthographe en action

Au fur et à mesure que vous tapez, Word vérifie tout automatiquement. Dès que vous faites une faute, Word vous le dit. Aussitôt que vous appuyez sur la barre d'espace ou que vous tapez un signe de ponctuation quelconque, Word examine le mot que vous venez de taper et le souligne pour indiquer la faute. Une faute d'orthographe est signalée par un soulignement ondulé en rouge, comme le montre la Figure 7.2.

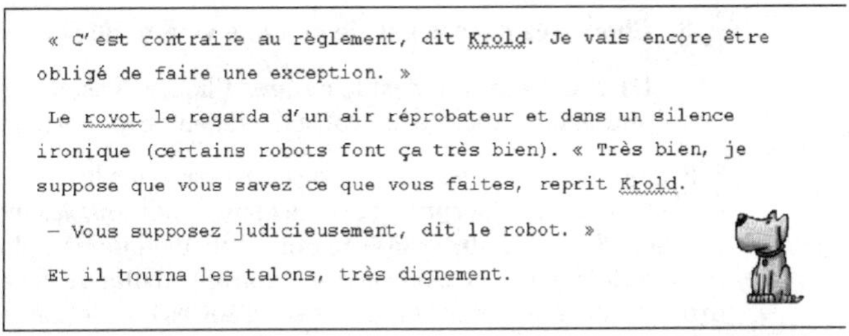

Figure 7.2 :
Les mots
"rovot" et
"Krold" sont
indiqués
comme des
fautes
d'orthogra-
phe.

« C'est contraire au règlement, dit Krold. Je vais encore être obligé de faire une exception. »

Le rovot le regarda d'un air réprobateur et dans un silence ironique (certains robots font ça très bien). « Très bien, je suppose que vous savez ce que vous faites, reprit Krold.

— Vous supposez judicieusement, dit le robot. »

Et il tourna les talons, très dignement.

Mon conseil : continuez à saisir le texte. Ne vous laissez pas perturber par les ondulations rouges. Il est plus important de penser à ce que vous écrivez que de corriger instantanément les inévitables fautes de frappe (d'ailleurs, dans la section suivante, je vais vous montrer une astuce pour corriger automatiquement les fautes les plus courantes).

Une fois que vous avez l'esprit disponible, vous pouvez revenir en arrière et corriger vos fautes. Je fais ça en général tous les deux ou trois paragraphes.

1. **Cherchez un mot mal orthographié.**

   Ils sont reconnaissables au soulignement rouge ondulé.

2. **Cliquez du bouton droit sur le mot mal orthographié.**

   Un menu déroulant apparaît, semblable à celui de la Figure 7.3.

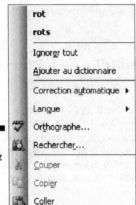

Figure 7.3 :
Sélectionnez
dans la liste
le mot
correct.

3. Choisissez dans la liste le mot que vous vouliez écrire.

Dans la Figure 7.3, c'est le mot *rot*. Cliquez dessus : il remplace
automatiquement dans votre document le mot erroné.

Si le mot que vous aviez voulu taper n'est pas dans la liste, ne soyez
pas excessivement surpris. Word ne connaît pas tous les mots de la
création. Il vous faudra peut-être utiliser un dictionnaire plus complet
pour vérifier votre mot, ou faire une nouvelle tentative avec une autre
orthographe pour vous voir proposer d'autres corrections possibles.

Si le mot est correctement orthographié mais inconnu de Word et que
vous ne voulez pas qu'il soit indiqué comme une faute tout le long du
document, sélectionnez Ignorer tout dans le menu de correction. Par
exemple, si je veux vraiment parler de *doublezons*, je peux demander à
Word d'ignorer ce mot, trop peu académique pour figurer dans les
dictionnaires.

Une méthode rapide pour vérifier l'orthographe

Pour exécuter rapidement une vérification orthographique, double-
cliquez sur l'icône du livre ouvert située au centre de la barre d'état de
Word. Le vérificateur affiche immédiatement l'erreur orthographique
et grammaticale qui suit le point d'insertion. Il ouvre pour cela la boîte
de dialogue de la Figure 7.3.

Des mots qu'y a pas dans l'dico

Le vérificateur orthographique ne doit pas être pris au mot (eh oui...) car il peut se tromper. En effet, le programme ne repère que les termes présents dans son dictionnaire. Si vous écrivez un mot particulier qui n'y figure pas, Word le considère comme mal orthographié. Cliquez dessus avec le bouton droit de la souris et, dans la boîte de dialogue du vérificateur, deux options seront proposées :

Ignorer tout. Ignore un mot absent du dictionnaire dans le document en cours, et seulement dans celui-ci. Si vous voulez que le mot ne soit jamais considéré comme une faute dans aucun document, sélectionnez Ajouter au dictionnaire dans le menu de correction.

Ajouter au dictionnaire. Cette commande ajoute au dictionnaire les mots qui n'y sont pas stockés. A partir de cet ajout, le programme connaît le mot. Il ne le considère plus comme mal orthographié, voire inconnu.

✔ La commande Ignorer tout n'est active que pour le document en cours d'écriture ou de modification. Si vous désirez conserver en mémoire un mot pour tous vos documents passés, présents et futurs, choisissez la commande Ajouter au dictionnaire.

✔ Si le mot semble correctement orthographié mais est quand même souligné en rouge, c'est peut-être qu'il est répété, car les mots répétés sont indiqués de la même manière que les fautes d'orthographe. Vous pouvez supprimer l'un des deux ou l'ignorer si ce n'est pas une faute.

Les joies de la correction automatique

La vérité est qu'il est impossible de faire certaines fautes d'orthographe dans Word. En principe, il ne faut jamais écrire *jamias*. Essayez ! Word corrige automatiquement cette faute de frappe aussitôt que vous appuyez sur la barre d'espace ou que vous tapez un signe de ponctuation. C'est tout simplement parce que *jamias* fait partie de la liste des corrections automatiques de Word, qui suppose que lorsque vous tapez *jamias* vous voulez en fait saisir *jamais*. De même pour de nombreuses autres fautes de frappe plus ou moins courantes comme *acalmie* pour *accalmie* ou *lse* pour *les*. C'est l'une des joies de la correction automatique : il est difficile de faire des fautes d'orthographe courantes en tapant dans Word.

Une autre joie de la correction automatique est que vous pouvez ajouter vos propres corrections automatiques à la liste standard de

Word. Par exemple, s'il vous arrive souvent de taper *ecxuse* au lieu d'*excuse*, vous pouvez demander à Word de le remplacer automatiquement pour vous. Les sections suivantes vont vous dire comment.

Activer la correction automatique

La fonction de correction automatique ne fonctionne que si vous l'activez. Pour le vérifier, suivez cette procédure :

1. **Cliquez sur Outils/Options de correction automatique.**

   La boîte de dialogue Correction automatique apparaît (Figure 7.4).

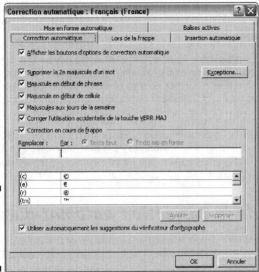

Figure 7.4 :
La boîte de
dialogue
Correction
automatique.

2. **Cochez l'option Correction en cours de frappe.**

   Elle active la correction automatique. Si vous décochez cette option, la correction en cours de frappe est désactivée.

3. **Cliquez sur OK.**

La fonction de Correction automatique est prête à fonctionner.

La correction automatique

La *correction automatique*, comme son nom l'indique, est automatique.
La seule chose à faire pour la rendre efficace consiste à ajouter la
correction automatique de certains mots ou à saisir des abréviations
qui constitueront des mots complets quand vous appuierez sur la
barre d'espace.

Nous faisons tous des fautes récurrentes. Pour les corriger à la volée,
il suffit de les ajouter à la liste des corrections automatiques de Word.
Pour cela, cliquez sur le mot mal orthographié avec le bouton droit de
la souris. Dans le menu local, cliquez sur Correction automatique
(Figure 7.5), et sélectionnez l'orthographe correcte. Désormais,
chaque fois que vous ferez la même faute à ce mot, Word la corrigera
automatiquement.

Figure 7.5 :
Ajouter un
mot à la
Correction
automatique.

Ajoutez de préférence les mots commençant par une minuscule. Ainsi,
Word saura corriger automatiquement ces mots même quand ils
commencent par une majuscule.

Annuler une correction automatique

Si Word fait une correction automatique dont vous ne voulez pas, vous
pouvez l'annuler. En général, il suffit d'appuyer sur Ctrl+Z (le raccourci
de la commande Annuler) juste après le remplacement automatique.
Dans certains cas, vous pouvez aussi appuyer sur la touche Retour
arrière pour obtenir le même résultat.

Un petit rectangle bleu apparaît quand vous placez le curseur dans un
mot corrigé automatiquement. Placez le pointeur sur ce rectangle, et
vous verrez apparaître l'icône Options de correction automatique. Si
vous cliquez sur la flèche pointant vers le bas qui accompagne cette
icône, un menu vous propose différentes options (Figure 7.6), car

Word se demande pourquoi vous voulez modifier la correction automatique.

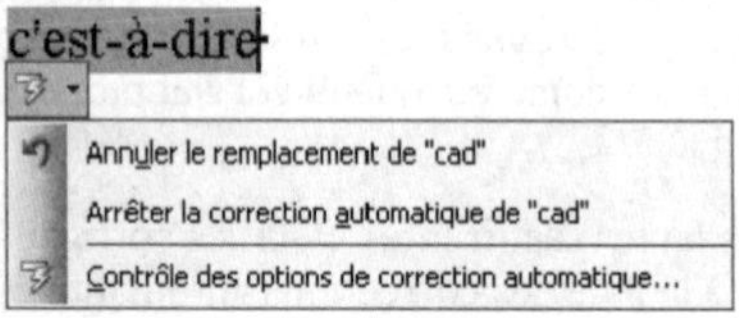

Figure 7.6 :
Modifier une
correction
automatique.

c'est-à-dire

Annuler le remplacement de "cad"

Arrêter la correction automatique de "cad"

Contrôle des options de correction automatique...

Le remplacement automatique peut être annulé en sélectionnant la première option du menu, Annuler le remplacement de [mot].

La sélection de la deuxième option du menu supprime le mot de la liste des corrections automatiques.

La dernière option du menu affiche la boîte de dialogue Correction automatique.

Pour faire disparaître le menu Options de correction automatique, cliquez en un endroit quelconque de votre document ou appuyez sur la touche Échap.

Autres astuces de correction automatique

Essayez de saisir la ligne suivante :

```
Copyright (C) 2001 Loufoqmatique SA.
```

Lorsque vous tapez (C), Word le remplace automatiquement par le symbole de copyright ©. C'est encore la correction automatique en action.

Voici un autre exemple :

```
Regardez la tête qu'elle fait sur cette photo -->
```

Les caractères –> sont remplacés par une flèche pointant vers la droite.

Et puis, il y a les fameux "smileys" :

```
Je suis désolé pour le chat. :-)
```

Voyez comment le :-) est remplacé par le smiley. Le ton du message en est tout de suite allégé.

Si la modification ne vous plaît pas, appuyez sur Ctrl+Z pour l'annuler, ou utilisez la touche Retour arrière pour empêcher la modification lorsque vous saisissez de nouveau le mot.

Et la fonction Insertion automatique ?

Word a dans son sac un autre tour qui fonctionne un peu comme la correction automatique : l'*insertion automatique*. À la différence de la correction automatique, qui remplace ce que vous avez tapé de travers, la fonction Insertion automatique termine pour vous les mots que vous avez commencé à taper.

Par exemple, essayez de taper la ligne suivante dans Word :

```
Nous verrons cela en septembre.
```

Lorsque vous arrivez au *t* de *septembre*, une bulle de texte apparaît au-dessus du curseur, contenant "septembre". C'est la fonction Insertion automatique en action. Appuyez sur la touche Entrée, et Word complète le mot pour vous.

Word possède un certain nombre de formules prédéfinies auxquelles vous pouvez ajouter les vôtres, exactement comme pour la correction automatique.

Vérifier les paramètres de correction automatique et d'insertion automatique

Que ce soit par simple curiosité ou pour ajouter ou supprimer des mots, vous pouvez consulter les vocabulaires des fonctions Correction automatique et Insertion automatique. Pour cela, il vous faut faire apparaître la boîte de dialogue Correction automatique. Dans la barre de menus, sélectionnez Outils/Options de correction automatique (si Options de correction automatique n'apparaît pas dans le menu, cliquez sur la flèche pointant vers le bas au bas du menu). Si nécessaire, cliquez sur l'onglet Correction automatique pour le faire passer au premier plan, comme le montre la Figure 7.4.

Vous pouvez demander à la fonction Correction automatique de corriger automatiquement pour vous les fautes de frappe les plus courantes en utilisant les options de la partie supérieure de cet onglet : supprimer la deuxième majuscule d'un mot (pour ceux qui tapent vite) ; mettre une majuscule en début de phrase ; mettre une majuscule aux jours de la semaine ; ou encore corriger l'utilisation accidentelle de la touche Verrouillage majuscule.

La dernière option de la boîte de dialogue, Correction en cours de frappe, permet d'activer ou de désactiver la correction automatique à partir de la liste qui apparaît au-dessous. Prenez soin d'activer cette option si vous voulez ces corrections.

Les sections suivantes supposent que la boîte de dialogue Correction automatique est ouverte.

Ajouter manuellement une entrée de correction automatique

Dans l'onglet Correction automatique de la boîte de dialogue Correction automatique, vous pouvez créer manuellement vos propres entrées de correction automatique en utilisant les champs Remplacer et Par.

- ✔ Le champ Remplacer doit recevoir le mot à remplacer.

- ✔ Le champ Par doit recevoir le mot correct qui doit remplacer le précédent.

- ✔ Pour ajouter votre nouvelle entrée à la liste, cliquez sur le bouton Ajouter.

- ✔ Une fois que vous avez terminé, cliquez sur le bouton OK pour fermer la boîte de dialogue Correction automatique.

Rien ne vous oblige à aimer la correction automatique. Si vous tapez en regardant le clavier plutôt que l'écran, vous pouvez très bien avoir des surprises agaçantes en relisant ce que vous venez d'écrire.

Supprimer des entrées de correction automatique indésirables

Pour supprimer une correction automatique, commencez par la localiser dans la liste. Par exemple, *lse* est automatiquement corrigé par *les*, mais si vous travaillez sur un projet nommé LSE, vous allez sans doute préférer qu'il ne soit pas corrigé automatiquement chaque fois que vous le saisissez.

Après avoir trouvé l'entrée concernée dans la liste, cliquez dessus pour la sélectionner, puis cliquez sur le bouton Supprimer. Elle n'existe plus.

Une fois que vous avez supprimé tout ce que vous vouliez, cliquez sur OK pour fermer la boîte de dialogue Correction automatique.

Ajouter une entrée d'insertion automatique

Pour ajouter une nouvelle entrée d'insertion automatique (vous vous souvenez, c'est ce que Word achève de taper à votre place), cliquez sur l'onglet Insertion automatique dans la boîte de dialogue Correction automatique pour le faire passer au premier plan, comme le montre la Figure 7.7.

Figure 7.7 :
L'onglet
Insertion
automatique.

Comme la fonction Insertion automatique ne remplace pas un mot par un autre, mais complète ce que vous tapez, saisissez simplement le texte que vous voulez faire compléter automatiquement dans le champ Tapez les insertions automatiques ici. Par exemple :

```
Clotaire Durand - 75, rue Labat 75018 - Paris
```

Puis cliquez sur le bouton Ajouter pour l'ajouter à la liste. Maintenant, chaque fois que vous taperez *Clot* dans un document, la bulle de suggestion apparaîtra, et il vous suffira d'appuyer sur Entrée pour insérer ce texte.

Cliquez sur OK pour fermer la boîte de dialogue Correction automatique.

✔ La méthode la plus rapide pour ouvrir la boîte de dialogue Insertion automatique est de cliquer sur Insertion/Insertion automatique/Insertion automatique.

✔ Tout texte sélectionné dans votre document apparaît dans la boîte de dialogue Correction automatique/Insertion automatique. Il suffit d'afficher ces boîtes de dialogue pour ajouter le mot ou le texte sélectionné aux entrées existantes de ces deux fonctions.

✔ Pour ne pas ajouter une entrée d'insertion automatique, veillez à ne pas sélectionner de texte.

Supprimer une entrée d'insertion automatique

C'est un jeu d'enfant : ouvrez la boîte de dialogue Correction automatique, cliquez sur l'onglet Insertion automatique, sélectionnez dans la liste l'élément que vous voulez supprimer, et cliquez sur le bouton Supprimer.

Une fois le nettoyage terminé, cliquez sur OK pour fermer la boîte de dialogue Correction automatique.

Que ma grammaire soit sans taches !

Word dispose d'une fonction de vérification grammaticale, qui identifie par un soulignement vert ondulé ce qui lui paraît douteux dans votre texte. C'est le signe que vous avez offensé la sensibilité grammaticale de Word. La Figure 7.8 en montre un exemple. Si vous cliquez du bouton droit de la souris sur du texte souligné de cette manière, vous voyez apparaître un menu, semblable à celui du vérificateur d'orthographe.

Ce menu peut proposer une ou plusieurs corrections, comme celle de la Figure 7.8, ou simplement signaler que la phrase est trop longue et ne vous faire que d'assez médiocres propositions, voire aucune. Si une correction proposée vous convient, cliquez dessus, et Word remplace la phrase dans votre document. Dans le cas contraire, s'il y a vraiment

Figure 7.8 :
Moi Word, toi
faute de
grammaire.

une faute, il ne vous reste qu'à proposer vous-même une correction
satisfaisante.

✔ Si vous sélectionnez Grammaire dans le menu, une fenêtre
apparaît, reprenant l'explication qui figure en haut du menu et
offrant quelques options de correction, pendant que le Compagnon Office vous propose aimablement des explications
supplémentaires.

✔ Le vérificateur grammatical semble parfois détecter des fautes
qui n'en sont pas. Ne concluez pas trop vite et examinez
soigneusement votre phrase. La faute n'est pas forcément dans
le mot souligné. Mais il est vrai que le vérificateur grammatical
détecte parfois des fautes qui n'en sont pas.

✔ Si vous n'aimez pas la vérification grammaticale automatique,
vous pouvez la désactiver. Sélectionnez Outils/Options dans la
barre de menus, et cliquez sur l'onglet Grammaire et orthographe. Dans la zone Grammaire de la boîte de dialogue, ôtez la
coche de la case Vérifier la grammaire au cours de la frappe (en
cliquant dedans), puis cliquez sur OK pour fermer la boîte de
dialogue Options.

Chapitre 8

Opérations de base sur un document

. . . .

Dans ce chapitre :

▶ Enregistrer votre document sur le disque.

▶ Utiliser un nom de fichier satisfaisant.

▶ Enregistrer un document sous un nouveau nom.

▶ Ouvrir un document enregistré sur le disque.

. . . .

> C e chapitre explique comment enregistrer un document dans le disque dur et comment ouvrir un document que vous avez déjà créé et enregistré. Vous apprendrez même comment ouvrir un document *dans* un autre.

Premier enregistrement d'un document

Ne croyez pas qu'il faille attendre d'avoir terminé un document pour l'enregistrer sur le disque. En fait, le mieux est de l'enregistrer aussitôt que vous le créez. N'attendez pas : c'est la sécurité.

Pour enregistrer sur le disque un document qui ne l'a pas encore été, suivez ces étapes :

1. **Cliquez sur le bouton Enregistrer dans la barre d'outils (voir ci-contre).**

   La boîte de dialogue Enregistrer sous apparaît (Figure 8.1).

   Si elle ne s'affiche pas, c'est que votre document a déjà été enregistré. Cette fois, vous n'avez fait que l'enregistrer à nouveau. C'est très bien.

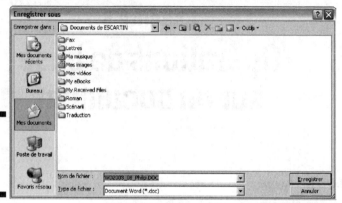

Figure 8.1 :
La boîte de
dialogue
Enregistrer
sous.

2. **Dans le champ Nom de fichier, saisissez un nom pour votre document.**

   Word utilise automatiquement les premiers mots de votre document comme nom de fichier par défaut. Si ce nom vous convient, vous pouvez passer directement à l'étape 3.

   Pour nommer un document, tapez son nom dans le champ Nom du fichier. Les lettres, chiffres et divers symboles sont acceptés. Bien qu'un nom de fichier puisse être très long, je vous conseille de vous en tenir à un nom relativement court, simple et descriptif.

3. **Cliquez sur le bouton Enregistrer.**

   Si tout se passe normalement, après quelques secondes, le fichier est enregistré et son nom apparaît dans la barre de titre de la fenêtre de Word.

Si un problème se produit, vous verrez probablement s'afficher l'un des deux messages d'erreur suivants :

```
Le fichier [nom du fichier] existe déjà.
```

Cette boîte de dialogue vous propose trois solutions. Sélectionnez la deuxième, Enregistrer les modifications sous un autre nom, puis tapez un autre nom dans le champ Nom du fichier de la boîte de dialogue Enregistrer sous (si vous choisissez l'une des deux autres options, vous risquez d'écraser un fichier sur le disque et vous ne pourrez pas le récupérer).

L'autre message qui peut apparaître se présente ainsi :

```
Impossible d'accéder au dossier [chemin d'accès au fichier]. Il est
peut-être situé à un emplacement non disponible, protégé par mot de
passe, ou le nom de fichier contient les caractères /ou \.
```

Vous avez utilisé un caractère non autorisé dans le nom du fichier.
Contentez-vous des lettres, des chiffres et des espaces. Au-delà, vous
risquez fort de transgresser un interdit de Windows. Pour en savoir
plus à ce sujet, consultez l'encadré "Compliqué mais important : à
propos des noms de fichiers". Cliquez sur OK dans la boîte de dialogue
(ou dans la bulle du Compagnon Office) et essayez avec un autre nom
de fichier.

> ✔ En dehors du bouton Enregistrer de la barre d'outils, vous
> pouvez aussi sélectionner Fichier/Enregistrer, ou appuyer sur
> Ctrl+S, ou encore utiliser le très curieux raccourci clavier
> Maj+F12.

> ✔ Enregistrez toujours votre document le plus tôt possible, dès
> que vous avez tapé ne serait-ce que quelques lignes de texte, ou
> même avant d'avoir commencé à taper.

> ✔ Bien que Word soit capable de traiter des documents de grande
> taille (en fait, il n'y a pas de limite de taille), les documents plus
> courts sont plus faciles à manier pour y travailler longtemps. Si
> vous écrivez un livre ou un document qui contient de nombreu-
> ses parties, créez un document par partie et enregistrez-le.

Réenregistrer un document

Au fur et à mesure que vous modifiez un document, il faut le
réenregistrer régulièrement afin que vos modifications ne risquent pas
d'être perdues. Ça ne doit pas pour autant devenir une obsession. En
ce qui me concerne, j'enregistre mon document chaque fois que j'ai
écrit quelques pages de texte, ou alors quand le téléphone sonne, ou
quand je me lève pour me dégourdir les jambes, ou encore pour aller
boire un café, ou toute autre nécessité.

Pour enregistrer un document qui a déjà été enregistré, ce que nous
avons décrit dans la section précédente, appuyez sur Ctrl+S ou cliquez
sur le bouton Enregistrer dans la barre d'outils. Pendant un court
instant, la barre d'état prend une allure différente, montrant que le
document est en cours d'enregistrement. Le Compagnon Office peut
même se livrer à quelques pitreries pendant quelques secondes, pour

bien montrer qu'il se passe quelque chose en réponse à votre commande.

Enregistrer un document sous un nouveau nom

Si vous voulez quand même enregistrer un brouillon, ou une variante
de votre document sous un nom différent afin de la distinguer du
document principal, sélectionnez Fichier/Enregistrer sous. Cette
action affiche la boîte de dialogue Enregistrer sous (Figure 8.1), dans
laquelle vous pouvez taper un nouveau nom pour le fichier, par
exemple **Invasion galaxie, brouillon 2**.

Pour enregistrer un fichier sous un nouveau nom, vous devez passer
par la barre de menus et sélectionner Fichier/Enregistrer sous. Si vous
utilisez la commande habituelle Enregistrer (Fichier/Enregistrer, le
bouton Enregistrer de la barre d'outils, ou le raccourci Ctrl+S), vous ne
faites qu'enregistrer à nouveau votre document sur le disque (c'est-à-
dire intégrer au fichier existant les modifications que vous venez de lui
apporter), et non créer un nouveau fichier.

Récupération automatique (si vous oubliez d'enregistrer)

Enregistrez votre document. Enregistrez-le souvent. Je passe mon
temps à appuyer sur Ctrl+S ou à cliquer sur le bouton Enregistrer dans
la barre d'outils. La justification est ici la prudence : il faut se prémunir
du risque de perdre tout ce que l'on vient de taper s'il arrive quelque
chose à l'ordinateur (je peux vous dire que ça m'est déjà arrivé).

Pour plus de sûreté, et pour vous garantir que vous disposez toujours
d'un exemplaire enregistré de votre travail, Word met à votre disposition une fonction de récupération automatique.

Cette fonction, si elle est activée, enregistre automatiquement les
informations sur votre document toutes les x minutes (en fait, le
temps que vous spécifiez). Ainsi, s'il se produit une panne de secteur
ou quelque autre incident et que vous n'avez pas pensé à appuyer sur
Ctrl+S, vous pouvez quand même récupérer tout ou partie de votre
document. C'est une fonction précieuse que tout le monde devrait
utiliser.

Pour activer la récupération automatique, suivez ces étapes :

1. **Sélectionnez Outils/Options.**

2. **Cliquez sur l'onglet Enregistrement.**

3. **Cochez la case Enregistrer les infos de récupération automatique (en cliquant dedans).**

4. **Dans le champ que contient cette option, saisissez le délai entre deux enregistrements automatiques.**

   Par exemple, si vous saisissez 10 dans ce champ, Word fait une sauvegarde automatique de vos documents toutes les dix minutes. Si l'alimentation électrique est instable là où vous vous trouvez, spécifiez un délai plus court : 5, 3, 2 ou même 1 minute (plus ce délai est court, plus Word vous interrompra souvent dans votre travail pour faire la sauvegarde).

5. **Cliquez sur OK.**

Même si vous avez activé la fonction de récupération automatique, ne devenez pas négligent ! Conservez l'habitude d'enregistrer régulièrement votre document en appuyant sur Ctrl+S ou en cliquant sur le bouton Enregistrer dans la barre d'outils.

L'enregistrement automatique fonctionne sans avoir à y penser. Mais supposons qu'une panne électrique se produise. Vous n'avez pas eu le temps d'enregistrer votre travail. Espérez que l'enregistrement automatique l'a fait à votre place.

Pour éviter ce genre de mésaventure, branchez l'ordinateur et l'écran à un onduleur. Ce périphérique vendu moins d'une centaine d'euros est équipé d'une batterie qui prendra instantanément le relais, et alimentera votre équipement pendant plusieurs dizaines de minutes. C'est plus que suffisant pour enregistrer le document et éteindre l'ordinateur dans les règles, en attendant que le courant soit rétabli.

L'électricité revient. Après avoir démarré Word, vous voyez apparaître le volet Récupération de document (Figure 8.2). Il affiche la liste des fichiers automatiquement enregistrés. Par exemple, le document WD2003_08_Philip [Original] qui apparaît dans la Figure 8.2 a été enregistré par vous sur le disque, mais l'enregistrement automatique qui en a été fait par Word est plus récent et contient donc le travail que vous avez pu faire dans l'intervalle, et qui autrement aurait été perdu.

Sélectionnez le document que vous voulez récupérer (cliquez simplement dessus dans la liste). Il s'ouvre dans Word. Examinez-le immédiatement, à la recherche du texte que vous avez tapé juste avant la

Figure 8.2 :
La fonction
Récupération
automatique
en action.

Les autres options d'enregistrement

Vous avez peut-être remarqué quelques options intéressantes dans le volet Enre-gistrement de la boîte de dialogue Options. Ignorez les propositions séduisantes comme Autoriser les enregistrements rapides. Celle-ci, tout particulièrement, peut poser des problèmes parce qu'elle ne fait qu'ajouter au fichier les dernières modifications apportées au document au lieu de l'enregistrer à nouveau en entier. Il est vrai que ça marche, mais avec le temps ça peut poser des problèmes, surtout si le document devient très gros.

L'option Toujours créer une copie de sauvegarde est intéressante. Chaque fois que vous enregistrez un document, elle a pour effet de l'enregistrer en deux versions : son dernier état et l'enregistrement précédent. C'est très bien, mais ce n'est qu'un héritage de versions antérieures de Word qui ne disposaient pas encore de sa puissante commande d'annulation. En outre, ces sauvegardes consomment de l'espace disque.

Les autres options d'enregistrement ne doivent être activées que si vous en avez vraiment besoin ou si vous en avez l'obligation dans un but précis. D'une façon générale, ces options ne nécessitent pas de réglage particulier. Le seul paramètre avec lequel on puisse jouer est le délai d'enregistrement automatique dont nous avons parlé un peu plus haut.

panne. Il est possible que certaines choses n'aient pas été enregis-
trées, auquel cas vous ne pourrez pas les récupérer, mais il y a des
chances qu'elles soient assez fraîches dans votre mémoire pour que
vous puissiez les reconstruire.

Cliquez sur le bouton Fermer du volet Récupération de document pour
le fermer.

Enregistrer quand vous avez terminé

Votre travail s'achève. Vos doigts sont crispés sur le clavier, vos yeux
sont fatigués, vous avez bien gagné un peu de repos. Avant d'aller
vous détendre, vous avez deux possibilités :

✔ **Sélectionner Fichier/Fermer.** Cette méthode ferme le document
sur lequel vous travaillez, sans pour autant quitter Word. Cela
vous permet de rester là, de créer un nouveau document ou
d'ouvrir un document existant, ou encore de jouer avec le
Compagnon Office si le cœur vous en dit.

✔ **Sélectionner Fichier/Quitter.** Cette méthode ferme Word et
vous permet de revenir à Windows où les plaisirs les plus fous
vous attendent.

Quelle que soit la manière dont vous fermez le document sur lequel
vous étiez en train de travailler, Word peut vous demander si vous
voulez l'enregistrer. Cliquez sur Oui. Le document est enregistré sur le
disque avant d'être fermé.

Si le document a été modifié depuis son dernier enregistrement, vous
voyez apparaître la boîte de dialogue Enregistrer sous (voyez la
Figure 8.1), au cas où vous voudriez enregistrer le fichier sous un
autre nom.

Avant de fermer un document qui a été modifié depuis le dernier
enregistrement, Word demande toujours si vous désirez l'enregistrer.

Si vous sélectionnez Fichier/Fermer ou Fichier/Quitter et que Word ne
demande rien, c'est que ce dernier n'a pas été modifié depuis le
dernier enregistrement et qu'il n'y a donc rien à enregistrer. Tout va
bien.

✔ Pour quitter Word (Fichier/Quitter), le raccourci clavier est
Alt+F4.

✔ Il n'y a aucune raison de quitter Word et de le relancer pour
travailler dans un autre fichier.

✔ Quittez toujours Word correctement. N'éteignez pas votre PC, ou ne le redémarrez pas alors que Word ou Windows sont toujours à l'écran. N'éteignez le PC que lorsque Windows vous dit que vous pouvez le faire en toute sécurité. Ce genre de comportement peut nuire sérieusement à Windows, entraînant dysfonctionnements et blocages.

Ouvrir un document présent sur le disque

Pour ouvrir un document enregistré sur le disque, on utilise la commande Ouvrir. Celle-ci ouvre le document dans une fenêtre qui vous permet de travailler avec toutes les commandes de Word.

Suivez ces étapes :

1. Dans la barre de menus, sélectionnez Fichier/Ouvrir.

La boîte de dialogue Ouvrir apparaît, comme le montre la Figure 8.3.

Figure 8.3 : La boîte de dialogue Ouvrir.

Le raccourci clavier de la commande Ouvrir est Ctrl+O. Vous pouvez aussi utiliser le bouton Ouvrir (voir ci-contre) dans la barre d'outils.

2. Cliquez sur le nom du document.

La boîte de dialogue Ouvrir affiche une liste de documents déjà enregistrés sur le disque, comme le montre la Figure 8.3. Vous devez y trouver celui que vous voulez ouvrir.

Si vous avez créé un dossier pour y classer vos documents, il vous faudra peut-être naviguer jusqu'à lui pour y accéder.

Une fois que vous avez trouvé votre fichier, cliquez sur son nom pour le sélectionner.

3. **Cliquez sur le bouton Ouvrir.**

Word ouvre le fichier dans une fenêtre de document, dans laquelle vous pouvez le modifier, le lire, l'imprimer ou même méditer à son sujet.

Ouvrir un document ne l'efface pas du disque dur.

Ouvrir un document est l'une des premières choses que vous avez à faire en commençant une journée de travail avec Word.

Evitez d'ouvrir un fichier depuis une disquette, un disque amovible ou une clé USB. En effet, bien des problèmes peuvent surgir si vous enlevez ce support alors que Word utilise le fichier. Prenez toujours l'habitude de transférer un document d'un support amovible sur votre disque dur. Ensuite, ouvrez dans Word l'exemplaire qui est sur le disque dur.

Une manière commode d'ouvrir un fichier récent

Word se souvient des derniers fichiers sur lesquels vous avez travaillé. Il en affiche même la liste dans le menu Fichier. Comme il y a de bonnes chances que celui que vous voulez ouvrir soit l'un d'entre eux, le sélectionner dans le menu Fichier est un moyen pratique de l'ouvrir rapidement.

Vous pouvez définir le nombre de fichiers récents dont Word affiche la liste dans le menu Fichier. Pour cela, sélectionnez Outils/Options, et cliquez sur l'onglet Général. À droite de l'option Derniers fichiers utilisés, vous voyez un champ contenant un nombre (4 est la valeur par défaut). Vous pouvez redéfinir cette valeur à votre guise pour augmenter ou réduire le nombre des fichiers récents apparaissant dans le menu Fichier. Une fois la modification effectuée, cliquez sur OK pour fermer la boîte de dialogue.

Utiliser la liste déroulante Type de fichiers

La boîte de dialogue Ouvrir affiche deux sortes d'éléments : des fichiers et des dossiers. Les types de fichiers qui apparaissent sont définis par la liste déroulante Type de fichiers. Dans la Figure 8.3, j'ai sélectionné Tous les fichiers, aussi la boîte de dialogue Ouvrir affiche-t-elle tous les fichiers du dossier Mes documents.

Pour n'afficher que les fichiers d'un type particulier, sélectionnez ce type dans la liste. Par exemple, pour ne voir que les documents Word du dossier sélectionné, sélectionnez Documents Word dans la liste.

Si vous voulez ne voir que des documents WordPerfect, sélectionnez dans la liste l'un des types de fichiers WordPerfect.

Chapitre 9

Mettre les choses sur le papier

. . . .

Dans ce chapitre :

▶ Que l'imprimante soit prête à imprimer !

▶ Voir l'aperçu avant impression.

▶ Imprimer seulement certaines parties d'un document.

▶ Imprimer plusieurs documents.

▶ Imprimer un document en plusieurs exemplaires.

▶ Annuler la commande Imprimer.

. . . .

*C*e chapitre concerne l'étape finale à laquelle vous viendrez après avoir créé votre chef-d'œuvre. Ne vous emballez pas, il ne s'agit pas encore de publier ! Avant d'envoyer votre manuscrit à un éditeur, est-ce qu'il ne vous reste pas encore quelque chose à faire ?

Préparer l'imprimante

Vous devez d'abord vous assurer que votre imprimante est prête à imprimer. Vérifiez les quelques points suivants :

1. **Assurez-vous que votre imprimante est branchée sur le secteur et correctement connectée à votre ordinateur.**

   L'imprimante est reliée à l'ordinateur par un câble. Celui-ci doit être correctement connecté aux deux extrémités (il n'est nécessaire de le vérifier que si vous rencontrez des problèmes d'impression).

2. **Assurez-vous que l'imprimante dispose de suffisamment de toner ou d'encre.**

Une imprimante laser doit contenir une cartouche de toner. Si l'imprimante dispose d'un indicateur de quantité et que celui-ci signale qu'il ne reste plus assez de toner, changez la cartouche.

La plupart des imprimantes à jet d'encre préviennent lorsque le niveau d'encre est faible. Si ce n'est pas le cas, les images paraissent plus claires et les caractères peuvent être incomplets. Remplacez alors la cartouche.

3. **Vérifiez que l'imprimante contient du papier.**

4. **Avant de pouvoir imprimer quoi que ce soit, l'imprimante doit être *en ligne* ou *sélectionnée*.**

Voici qui est curieux : certaines imprimantes peuvent être en marche, mais pas prêtes à imprimer. L'imprimante est sous tension et allumée, mais à moins qu'elle ne soit en ligne ou sélectionnée, elle ignore l'ordinateur. Pour qu'elle consente à l'écouter, vous devez appuyer sur un bouton qui s'appelle généralement Online, Select ou quelque chose de semblable.

Si vous accédez à une imprimante par un réseau, elle doit être correctement configurée et prête à imprimer.

L'aperçu avant impression

En affichant l'aperçu avant impression (Fichier/Aperçu avant impression), le document est affiché à l'écran exactement comme il sera imprimé : en-têtes, pieds de page, images, sauts de page, etc. Même de cette façon, ce n'est pas toujours assez précis. Certains préfèrent toujours imprimer une première fois à titre d'essai, rien que pour voir si le résultat leur convient, indifférents à l'énorme gaspillage de papier, donc d'arbres, qui en résulte.

Pour afficher l'aperçu avant impression de votre document, sélectionnez Fichier/Aperçu avant impression, ou cliquez sur le bouton Aperçu avant impression dans la barre d'outils. Votre document apparaît dans une présentation un peu différente, comme le montre la Figure 9.1.

Examinez la manière comment le texte se présente sur la page. Observez les marges. Si vous utilisez des en-têtes, des pieds de page ou des notes de bas de page, voyez comment ils se présentent. Le principe est ici d'identifier ce qui ne va pas, pour y remédier *avant* d'imprimer.

Fermer

Une fois votre inspection terminée, cliquez sur le bouton Fermer pour revenir à l'affichage précédent.

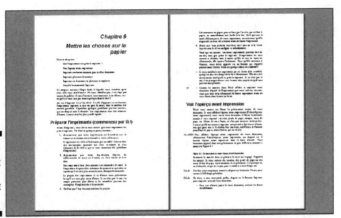

Figure 9.1 :
Un document
en mode
Aperçu avant
impression.

Ou alors, si tout vous paraît parfait, cliquez sur le bouton Imprimer pour imprimer aussitôt votre document.

- ✔ Pour voir d'autres pages de votre document, utilisez les barres de défilement.

- ✔ Si vous avez une souris à molette, comme la souris IntelliMouse de Microsoft, tournez la molette pour faire défiler votre document vers le haut ou vers le bas.

- ✔ En l'absence de molette, utilisez les touches PgPr est PgSv pour examiner les différentes pages du document.

- ✔ Pour agrandir le document, cliquez dedans avec la souris. Pour revenir à la taille précédente, cliquez à nouveau. Si ça ne fonctionne pas, cliquez sur le bouton Loupe dans la barre d'outils, et essayez à nouveau.

Imprimer tout un document

Le moment d'imprimer étant venu, car tout finit par arriver en ce bas monde :

1. **Assurez-vous que l'imprimante est en ligne et prête à imprimer.**

   Voyez la première section de ce chapitre, "Préparer l'imprimante" (commencez par là !).

2. **Enregistrez votre document.**

Il est plus que recommandé de toujours enregistrer un document avant de l'imprimer.

3. Imprimez votre document.

La manière la plus rapide de procéder est de cliquer sur le bouton Imprimer de la barre d'outils. L'impression de votre document commence aussitôt. C'est facile et rapide, mais vous ne pouvez régler aucun paramètre.

Sélectionner Fichier/Imprimer ou appuyer sur Ctrl+P plutôt que de cliquer sur le bouton Imprimer de la barre d'outils, affiche la boîte de dialogue Imprimer (Figure 9.2). Il vous faut alors cliquer sur OK ou appuyer sur Entrée pour démarrer l'impression du document.

Figure 9.2 :
La boîte de dialogue Imprimer.

L'impression peut prendre un peu de temps, et même un peu plus que cela. Heureusement, vous pouvez continuer à travailler pendant que Word imprime *en tâche de fond*. Pour vous assurer que Word imprime effectivement dans ce mode, reportez-vous à l'encadré "Travailler tout en imprimant".

✔ Si rien ne s'imprime, ne répétez pas la commande Imprimer ! Il n'y a sans doute aucun problème. L'ordinateur est probablement encore en train de préparer l'impression ou d'envoyer (de télécharger) du texte vers l'imprimante. Si vous ne voyez pas apparaître un message d'erreur, il est vraisemblable que l'impression ne tardera pas à commencer.

✔ Pour chaque commande Imprimer que vous lancez, l'ordinateur imprime un exemplaire de votre document. Si l'imprimante est seulement un peu lente et que vous cliquez dix fois de suite par impatience sur le bouton Imprimer, vous obtiendrez dix exemplaires du document (voyez la section "Annuler une commande d'impression", plus loin dans ce chapitre).

✔ Si votre ordinateur est connecté à plusieurs imprimantes ou si vous pouvez accéder à plusieurs imprimantes par un réseau, choisissez celle que vous allez utiliser en la sélectionnant dans la liste déroulante Nom de la boîte de dialogue Imprimer. C'est aussi de cette façon que l'on utilise de nombreux programmes de fax : on sélectionne le modem fax dans la liste, et le document est faxé au lieu d'être imprimé.

✔ En plus d'enregistrer votre document, vous pouvez le corriger avant de l'imprimer. Voyez le Chapitre 7.

Imprimer des extraits

Rien ne vous oblige à imprimer la totalité d'un document. Word permet en effet d'imprimer une page, une plage de pages ou un bloc de texte sélectionné. Tout cela se définit dans la zone curieusement nommée "Plusieurs pages" de la boîte de dialogue Imprimer (à gauche, à mi-hauteur).

Imprimer une page spécifiée

Suivez ces étapes pour imprimer seulement une page de votre document :

1. **Placez le curseur dans la page à imprimer.**

   Vérifiez le numéro de page dans le coin inférieur gauche de la fenêtre du document, dans la barre d'état.

   Vous pouvez utiliser la commande Atteindre (la touche F5) pour accéder rapidement à une page de votre document. Voyez le Chapitre 3.

2. **Sélectionnez Fichier/Imprimer ou appuyez sur Ctrl+P.**

3. **Dans la zone Plusieurs pages de la boîte de dialogue Imprimer, sélectionnez Page en cours.**

4. **Cliquez sur OK.**

   La boîte de dialogue Imprimer se ferme, et la page est imprimée (il peut falloir un peu de temps à Word pour en venir à bout).

Que vous imprimiez une seule page ou plusieurs, celles-ci sont imprimées avec toutes les mises en forme que vous leur avez données. Par exemple, si votre document comporte des en-têtes, des pieds de page et l'insertion du numéro de page, tout cela apparaît sur la page que vous imprimez.

 Il est très pratique de n'imprimer qu'une seule page de cette façon, si vous (ou l'imprimante) avez raté une page dans un document et n'avez besoin que de réimprimer cette dernière.

Imprimer une plage de pages

Word vous permet d'imprimer une seule page, une plage de pages, ou même une liste quelconque de pages de votre document, sans qu'elles aient besoin de se suivre. Pour imprimer une plage ou un groupe de pages, suivez ces étapes :

1. **Sélectionnez Fichier/Imprimer.**

2. **Dans la zone Plusieurs pages de la boîte de dialogue Imprimer, cliquez sur le bouton Pages.**

3. **Dans le champ qui suit, tapez les numéros et les plages de numéros de pages à imprimer.**

   Pour imprimer les pages 3 à 5, tapez **3-5**.

   Pour imprimer les pages 1 à 7, tapez **1-7**.

   Pour imprimer les pages 2 et 6, tapez **2;6**.

4. **Cliquez sur OK.**

   Les pages que vous avez spécifiées – et seulement celles-ci – sont imprimées.

Imprimer en ordre inverse

Imprimer les pages dans l'ordre où elles se présentent, c'est-à-dire de la première à la dernière, vous oblige à les réorganiser. En effet, la première page se retrouve tout en bas de la pile des pages imprimées. Pour éviter ce travail fastidieux, procédez comme suit :

1. **Cliquez sur Fichier/Imprimer.**

2. **Cliquez sur le bouton Options de la boîte de dialogue Imprimer.**

3. **Cochez l'option Ordre inverse.**

4. **Cliquez sur OK.**

5. **Cliquez de nouveau sur OK pour imprimer le document.**

L'impression se fait de la dernière à la première page.

Imprimer un bloc

Après avoir sélectionné un bloc de texte à l'écran, vous pouvez demander à Word d'imprimer ce bloc et lui seul. Voici comment :

1. **Sélectionnez le bloc de texte à imprimer.**

   Pour tout savoir sur la sélection d'un bloc de texte, reportez-vous au Chapitre 6.

2. **Sélectionnez Fichier/Imprimer.**

3. **Dans la zone Plusieurs pages de la boîte de dialogue Imprimer, cliquez sur Sélection.**

   L'option Sélection n'est disponible que quand un bloc de texte est sélectionné. Vous pouvez cliquer sur le bouton correspondant ou appuyer sur Alt+S. Vous indiquez ainsi à Word que vous ne voulez imprimer que le bloc de texte sélectionné.

4. **Cliquez sur le bouton OK.**

   Après quelques instants (parfois un peu longs), le résultat sort de votre imprimante. Le bloc sélectionné est imprimé à la même position sur la page, accompagné du même en-tête et du même pied de page que si vous aviez imprimé tout le document.

Imprimer plusieurs documents

Vous pensez peut-être que le meilleur moyen d'imprimer plusieurs documents à la fois est de les ouvrir l'un après l'autre pour lancer la commande Imprimer dans chacun d'eux.

Pour imprimer plusieurs fichiers à la fois, suivez ces étapes :

1. **Assurez-vous que l'imprimante est en marche, sélectionnée, et prête à imprimer.**

2. **Sélectionnez Fichier/Ouvrir.**

Ou utilisez l'une des nombreuses autres manières d'afficher la boîte de dialogue Ouvrir, comme cela est décrit au Chapitre 8.

3. **Sélectionnez les documents à imprimer.**

   Pour sélectionner plusieurs documents, cliquez successivement sur chacun d'eux, tout en maintenant enfoncée la touche Ctrl.

4. **Cliquez sur le bouton Outils, en haut à droite de la boîte de dialogue Ouvrir.**

   Une liste de commandes apparaît.

5. **Dans ce menu, sélectionnez Imprimer.**

   Word imprime tous les documents que vous avez sélectionnés.

Lorsque vous imprimez un groupe de documents de cette manière, ils sont tous imprimés entièrement. Aucune boîte de dialogue Imprimer ni aucun avertissement ne vous demande si l'imprimante a suffisamment de papier ou si vous êtes vraiment prêt à cette opération.

Imprimer plusieurs exemplaires d'un document

Pour imprimer plusieurs exemplaires d'un document, suivez ces étapes :

1. **Préparez tout ce qu'il faut.**

   Assurez-vous que votre document est parfait (utilisez pour cela l'aperçu avant impression dont nous avons parlé plus haut dans ce chapitre) et que vous disposez du papier *ad hoc*.

2. **Sélectionnez Fichier/Imprimer.**

3. **Dans le champ Nombre de copies, saisissez le nombre d'exemplaires voulus.**

   La zone Copies de la boîte de dialogue Imprimer est dans la partie droite, à mi-hauteur (voyez la Figure 9.2). Si vous voulez trois exemplaires d'un mémo, tapez **3** dans le champ Nombre de copies. Vous pouvez aussi utiliser les flèches à l'extrémité droite du champ.

4. **Cliquez sur OK pour imprimer les exemplaires demandés.**

Word imprime habituellement chaque exemplaire du document l'un après l'autre. C'est ce que l'on appelle des *copies assemblées*. Toutefois, si vous imprimez sept exemplaires d'un document et que vous voulez que Word imprime sept "page 1", puis sept "page 2", et ainsi de suite, ôtez la coche de la case Copies assemblées en cliquant dedans (normalement, cette case est cochée).

Annuler une commande d'impression

Comme tôt ou tard vous aurez probablement besoin d'annuler rapidement une commande d'impression, voici comment procéder :

1. **Double-cliquez sur l'icône de l'imprimante à côté de l'horloge dans la barre des tâches.**

   La fenêtre de l'imprimante s'ouvre (Figure 9.3) et affiche la liste des documents de la file d'attente d'impression.

Figure 9.3 :
Documents
dans la file
d'attente
d'impression.

2. **Dans la liste de la file d'attente, cliquez sur le nom du document dont vous voulez annuler l'impression.**

3. **Dans la fenêtre de l'imprimante, sélectionnez Documents/ Annuler.**

4. **Cliquez sur Oui pour terminer le travail d'impression.**

   (Dans certaines versions de Windows, il peut s'agir de la commande OK.)

5. **Fermez la fenêtre de l'imprimante une fois que vous avez terminé.**

   Cliquez sur Imprimante/Fermer.

Notez que si l'impression est déjà en cours, elle ne sera peut-être pas immédiatement interrompue. L'imprimante dispose de sa propre mémoire vive (ou RAM) où peuvent être stockées plusieurs pages de votre document qui continueront à s'imprimer, même après que vous aurez demandé à l'imprimante de s'arrêter.

✔ Si vous utilisez une imprimante réseau, vous ne pourrez peut-être pas annuler l'impression du document.

✔ Vous pouvez annuler plusieurs travaux d'impression. Il suffit de répéter les étapes 2 à 4 pour chaque travail d'impression affiché dans la fenêtre.

✔ Pour annuler tous les travaux d'impression en cours, cliquez sur Imprimante/Annuler tous les documents.

Chapitre 10

Les astuces
d'un gourou de Word

*V*oilà à peu près douze ans que j'utilise Word. Je ne suis pas forcément un expert, mais à tout le moins un utilisateur averti. Et comme je suis un type sympa, je vais vous révéler quelques petits secrets.

Le Compagnon Office a eu une idée !

Voici une bonne raison d'activer le Compagnon Office : l'*ampoule électrique* ! Lorsque vous effectuez certaines tâches courantes dans Word, une ampoule électrique (comme celle que vous voyez dans la marge) apparaît à côté de la tête du Compagnon Office, ce qui est sa manière de vous dire qu'il a une suggestion à vous faire qui pourrait vous faciliter la tâche.

Pour prendre connaissance de cette suggestion, cliquez sur l'ampoule électrique. Une bulle apparaît, affichant les informations correspondantes, comme le montre la Figure 10.1. Après en avoir pris connaissance, cliquez sur OK.

Figure 10.1 :
Le
Compagnon
Office vous
fait part de
ses
lumineuses
suggestions.

Cliquez sur un rectangle et faites-le glisser en diagonale pour créer un tableau avec des colonnes et des lignes. Utilisez la gomme pour supprimer des lignes inutiles.

OK

TRUC

✔ Pour faire apparaître le Compagnon Office, sélectionnez ?/ Afficher le Compagnon Office dans la barre de menus.

✔ Pour activer les astuces, cliquez sur le Compagnon Office avec le bouton droit de la souris. Dans le menu contextuel, cliquez sur Options. Cochez les types de conseils que vous désirez afficher. Validez par un clic sur OK.

Commencer là où vous avez terminé la veille

Dès les premières heures du jour, vous ouvrez votre document, et puis... quoi ? Vous faites défiler, vous relisez, vous modifiez, jusqu'au moment où vous avez l'impression que vous êtes arrivé à l'endroit où vous avez terminé la veille. En s'y prenant comme ça, on peut perdre tout le temps qu'on veut.

Hélas ! le raccourci Maj+F5 (la commande Atteindre) ne se souvient pas de l'endroit où vous étiez la dernière fois lorsque vous ouvrez un document (si vous voulez vous servir de ce raccourci d'un jour à l'autre, ne fermez pas votre document). Moi, j'utilise l'astuce qui consiste à insérer "&&" à l'endroit où je veux revenir le lendemain. Par exemple :

```
La nouvelle base bénéficiait d'un Manuel d'opérations remarquable,
fruit du brainstorming des spécialistes de la gestion des bases
martiennes, d'un raffinement si élaboré qu'il avait aussitôt été
rebaptisé "Manuel de sabotage" par le personnel de la base &&
```

Dans cet exemple, && marque l'endroit où je me suis arrêté de travailler. Pour le retrouver après avoir ouvert à nouveau le document, j'appuie sur Ctrl+F pour afficher la boîte de dialogue Rechercher et remplacer et rechercher le caractère &. Puis je ferme la boîte de dialogue, et je me mets au travail.

Rien ne vous oblige à utiliser &&. Vous pouvez choisir les symboles que vous voulez. Faites simplement attention à choisir un groupe de caractères qui ne risquent pas de se trouver ailleurs dans le texte, et ne les oubliez pas.

Tirer parti de la commande Répéter

Lorsque la commande Rétablir (Ctrl+Y) n'a rien à rétablir, elle devient la commande Répéter, qui peut vraiment faire gagner du temps. Si vous exécutez une commande de Word ou si vous appuyez sur une touche du curseur ou de caractère et que vous appuyez ensuite sur Ctrl+Y, la commande, le caractère ou le déplacement du curseur est répété.

Par exemple, tapez les quelques lignes suivantes dans Word :

```
Ces quelques lignes
vont se répéter
toutes seules.
```

Appuyez maintenant sur Ctrl+Y. Word répète ce que vous avez tapé en dernier (si c'est sur la touche Retour arrière que vous avez appuyé en dernier, Ctrl+Y ne répète qu'à partir de ce point).

Vous pouvez aussi passer par la barre de menus en sélectionnant Édition/Répéter, ou appuyer sur la touche F4.

✔ Autre truc qui peut servir : saisissez un certain nombre de caractères de soulignement pour faire un trait horizontal continu sur l'écran, puis appuyez sur Entrée. Appuyez un certain nombre de fois sur Ctrl+Y, et la page est bientôt remplie de traits horizontaux à intervalles réguliers. Vous pouvez créer votre propre papier à lignes.

✔ La fonction de répétition est également utilisable pour rappliquer une mise en forme sur un bloc de texte. Ctrl+Y et F4 représentent un gain de temps appréciable.

Voir l'aperçu d'un document avant de l'ouvrir

Vous pouvez très bien avoir donné le nom le plus utilement descriptif à un fichier et l'avoir oublié dix jours plus tard. Ou alors, si vous travaillez sur un livre, vous pouvez avoir besoin de vérifier si le nom que vous croyez avoir donné au Chapitre 8 est bien celui du Chapitre 8. Naturellement, vous pouvez vous dire qu'il vous suffit pour cela d'ouvrir le document pour jeter un coup d'œil.

Mais il y a mieux. Vous pouvez utiliser la boîte de dialogue Ouvrir pour avoir un aperçu d'un document quelconque avant de l'ouvrir. C'est plus pratique et cela fait gagner du temps. Voici comment procéder :

1. **Sélectionnez Fichier/Ouvrir.**

   Ou cliquez sur le bouton Ouvrir dans la barre d'outils, ou appuyez sur Ctrl+O. La boîte de dialogue Ouvrir apparaît.

2. **Cliquez sur la flèche pointant vers le bas dans le bouton Affichages de la boîte de dialogue Ouvrir.**

   Le bouton Affichages est situé dans le coin supérieur droit de la boîte de dialogue. Cliquez dessus pour afficher un menu local.

3. **Dans ce menu, sélectionnez Aperçu.**

   La boîte de dialogue Ouvrir se divise en deux volets. Lorsque vous sélectionnez un fichier dans le volet de gauche, l'aperçu correspondant apparaît dans le volet de droite, comme le montre la Figure 10.2.

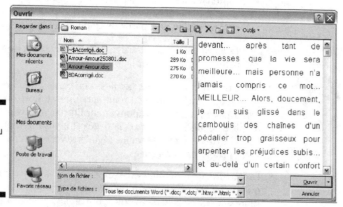

Figure 10.2 :
Voir l'aperçu
d'un
document
avant de
l'ouvrir.

Dans le volet d'aperçu, vous pouvez faire défiler le document vers le bas pour en voir davantage.

Sélectionnez un autre fichier pour en afficher l'aperçu.

4. **Pour ouvrir le fichier sélectionné, cliquez sur le bouton Ouvrir. Si vous n'aviez besoin que de voir l'aperçu, cliquez sur le bouton Annuler.**

La boîte de dialogue Ouvrir reste en mode Aperçu jusqu'à ce que vous ayez sélectionné un autre mode dans le menu du bouton Affichages (normalement, Word utilise le mode Détails).

✔ Si vous sélectionnez Tous les fichiers dans le champ Type de fichiers, le volet d'aperçu permet d'afficher l'aperçu de fichiers de différents types : fichiers graphiques, documents de texte, et même des documents Excel.

✔ Si vous essayez d'afficher l'aperçu d'une page Web (d'un document HTML) que vous avez enregistrée sur le disque, Windows peut essayer de se connecter à Internet pour mettre cette page à jour.

✔ Si le fichier est d'un type mystérieux que Word ne peut pas afficher, vous obtenez le message Aperçu non disponible.

✔ Pour en savoir plus sur l'ouverture des documents, reportez-vous au Chapitre 8.

Compter les occurrences d'un mot avec la boîte de dialogue Rechercher et remplacer

L'une des qualités de la commande Remplacer est qu'elle vous dit, une fois qu'elle a terminé, combien de mots elle a trouvé et remplacé. Vous pouvez détourner l'utilisation de cette commande pour savoir combien de fois un mot apparaît dans votre document.

Imaginez que vous ayez le tic d'utiliser trop souvent le mot *effective-ment*.

Pour savoir combien de fois vous avez utilisé le mot *effectivement*, appuyez sur Ctrl+H pour ouvrir la boîte de dialogue Rechercher et remplacer, et tapez ce mot dans le champ Rechercher *et* dans le champ Remplacer par. Saisissez le même mot dans les deux champs. Cliquez sur le bouton Remplacer tout, et Word compte le nombre d'occurences de ce mot dans le document.

Avec cette astuce, un même mot en a remplacé un autre, de sorte qu'en réalité rien n'est effectivement changé. Oups...

Pour les maniaques des documents multiples

Word permet de travailler sur plusieurs documents. Chaque fois que vous en ouvrez un nouveau ou que vous sélectionnez Fichier/Nouveau, Word ouvre une nouvelle fenêtre de document.

À chaque fenêtre de document est associé un bouton dans la barre des tâches. Pour passer d'un document à un autre, cliquez sur le bouton correspondant dans la barre des tâches.

- ✔ Le raccourci clavier Alt+Tab permet de passer rapidement d'une fenêtre de document à une autre.

- ✔ On peut aussi passer d'un document à un autre en utilisant le menu Fenêtre. Celui-ci ne propose au maximum que les neuf derniers documents que vous avez ouverts, ce qui n'est déjà pas mal.

- ✔ Vous pouvez copier un bloc d'un document pour le copier dans un autre. Sélectionnez le bloc dans le premier document, copiez-le (appuyez sur Ctrl+C), ouvrez le second document et collez le bloc (Ctrl+V). Pour en savoir plus sur les blocs, reportez-vous au Chapitre 6.

Fermer les documents

✗

Quand plusieurs documents sont ouverts, vous pouvez fermer chacun d'entre eux en cliquant sur le bouton X (Fermer) dans le coin supérieur droit de la fenêtre. Attention toutefois, lorsque vous arrivez au dernier document ouvert, de ne pas cliquer sur ce bouton, à moins que vous ne vouliez quitter Word en même temps que fermer le document.

Voir plus d'un document à la fois

Vous pouvez utiliser la commande Fenêtre/Réorganiser tout pour réorganiser vos documents sur l'écran (si nécessaire, cliquez sur la flèche pointant vers le bas au bas du menu pour faire apparaître l'option Réorganiser tout). Cette commande réorganise les documents sur l'écran de manière que tous soient visibles à la fois.

Bien sûr, c'est avec deux documents que la commande Réorganiser tout est le plus pratique. Avec trois documents à la fois ou plus pour se partager l'écran, les fenêtres sont si étroites qu'on ne peut plus y faire grand-chose.

- ✔ Bien que vous puissiez voir plusieurs documents en même temps, vous ne pouvez travailler que sur un seul à la fois. Celui dans lequel vous travaillez est celui dont la barre de titre est en surbrillance. C'est celui qui est "au-dessus".

- ✔ Après avoir réorganisé les fenêtres, vous pouvez les déplacer et les redimensionner en utilisant la souris.

 ✔ Si vous cliquez sur le bouton Agrandir d'une fenêtre, celle-ci reprend sa taille précédente, le plus souvent en plein écran.

Deuxième partie

Que Word mette en forme le texte !

"Ces kidnappeurs sont très organisés, lieutenant. Regardez cette demande de rançon, l'utilisation de graphiques en 4 couleurs pour encadrer la photo des victimes. Et les polices ! Ils ont créé environ 35 caractères inédits..."

Dans cette partie...

La *mise en forme* est l'art de rendre votre document plus attractif. C'est le deuxième versant du traitement de texte, juste après la rédaction, et auquel on passe souvent beaucoup plus de temps. Après tout, on est doué pour écrire ou on ne l'est pas. Si vous ne l'êtes pas, Word peut embellir pour vous le texte le plus ordinaire, ce qui était mal écrit le sera toujours, mais avec une belle présentation. Et puis, laissez-moi vous dire : rien ne rend plus fier de vous qu'un document avec une belle mise en forme.

Cette partie du livre vous explique comment mettre en forme votre document. Vous pouvez mettre en forme du texte, des caractères, des paragraphes, des phrases et des documents complets. Je vous parlerai aussi des styles et des modèles, et vous livrerai quelques astuces de mise en forme automatique pour satisfaire les désirs des documents les plus exigeants.

Mettre en forme texte, caractères et polices

Un *caractère* est le plus petit élément susceptible d'être mis en forme dans un document.

Un caractère peut être mis en gras ou en italique. Vous pouvez le souligner, en changer la taille, la police ou la couleur, voire même l'animer si vous créez une page Web. Word offre un grand contrôle sur la présentation de votre texte.

Changer la police

L'un des côtés amusants de Word est sa capacité d'utiliser un grand nombre de polices différentes. Bien sûr, vous pouvez mettre du texte en gras ou en italique, le souligner, en changer la taille, etc., mais la possibilité de choisir la police au gré de votre fantaisie porte votre liberté d'expression à un tout autre niveau.

Pour choisir une police, suivez ces étapes :

1. **Ouvrez la liste déroulante Police.**

   Cliquez sur la flèche pointant vers le bas du champ Police, pour
   faire apparaître une liste semblable à celle de la Figure 11.1.

Figure 11.1 :
La liste
déroulante
Police.

2. **Faites défiler la liste jusqu'à la police que vous voulez.**

   Les polices apparaissent par leur nom, elles sont triées par
   ordre alphabétique, et chaque nom est affiché dans le style de la
   police correspondante (Figure 11.1).

3. **Cliquez sur une police pour la sélectionner.**

Tout ce que vous tapez après avoir sélectionné une nouvelle police
apparaît à l'écran dans cette police, et sera imprimé de même. Si vous
sélectionnez un bloc de texte avant de choisir une police, il prend la
police que vous sélectionnez.

Mise en forme élémentaire des caractères

Une fois que vous avez choisi une police, les mises en forme les plus
élémentaires que vous pouvez appliquer à votre texte sont **Gras**,
Italique et <u>Souligné</u>. Elles sont rendues particulièrement faciles à
utiliser par des boutons dans la barre d'outils et des raccourcis
clavier.

Pour mettre du texte en **gras**, appuyez sur Ctrl+B ou utilisez le bouton
Gras de la barre d'outils.

Réutiliser rapidement une police

La liste Police peut devenir longue, proportionnellement au nombre de polices que vous avez installées dans Windows. Heureusement, Word se souvient des quelques dernières polices que vous avez récemment sélectionnées dans la liste Police. Elles apparaissent tout en haut de la liste, comme le montre la figure ci-après. Si vous voulez réutiliser dans un document une police que vous y avez déjà utilisée, allez directement en haut de la liste pour y sélectionner celle que vous voulez.

Par exemple, cette figure montre que les polices Garamond, Courier New et Times New Roman ont été récemment sélectionnées. Comme elles apparaissent maintenant en haut de la liste, il est facile de les sélectionner à nouveau.

Utilisez le **gras** pour le texte que vous voulez faire ressortir sur la page (par exemple pour les titres et les légendes) ou pour mettre en évidence ce qui a une importance particulière.

Pour mettre du texte en *italique*, appuyez sur Ctrl+I ou utilisez le bouton Italique de la barre d'outils.

L'*italique* est un autre moyen de mettre du texte en évidence, aujourd'hui préféré au soulignement. L'italique est léger, il a quelque chose de poétique et il dégage une impression de liberté.

Pour souligner du texte, appuyez sur Ctrl+U ou utilisez le bouton Souligné de la barre d'outils.

Le texte souligné est un héritage de l'époque des machines à écrire. Dans la plupart des cas, le soulignement peut être avantageusement remplacé par l'italique. On dira ce qu'on voudra, *Crime et Châtiment* c'est mieux que <u>Crime et Châtiment</u>.

✔ Une mise en forme de caractères n'affecte que le texte sélectionné ou celui que vous tapez.

✔ Pour désactiver un attribut de texte, utilisez à nouveau la même commande. Par exemple, pour taper quelque chose en italique, appuyez sur Ctrl+I. Pour revenir au texte normal, appuyez à nouveau sur Ctrl+I.

✔ Du texte peut être à la fois en gras et souligné, ou en gras et en italique. Vous pouvez avoir à sélectionner plusieurs commandes de mise en forme de caractères avant de taper votre texte, par exemple Ctrl+B, Ctrl+I et Ctrl+U si vous voulez du texte à la fois en gras, en italique et en souligné. Pour revenir à du texte normal, il vous faudra sélectionner à nouveau toutes ces commandes.

✔ Pour appliquer à un seul mot une mise en forme de texte, placez le curseur dans ce mot et sélectionnez la commande de mise en forme correspondante. Par exemple, si vous placez le curseur dans le mot *incrédule* et appuyez sur Ctrl+I (ou si vous cliquez sur le bouton Italique dans la barre d'outils), le mot est mis en italique.

✔ Les outils Gras, Italique et Souligné de la barre d'outils peuvent vous montrer les attributs de mise en forme qui sont appliqués à votre texte. Par exemple, lorsque le curseur se trouve dans un mot en gras, le bouton G (Gras) de la barre d'outils apparaît en creux.

Exemple : mettre du texte en italique

Pour mettre du texte en italique, suivez ces étapes :

1. **Appuyez sur Ctrl+I.**

   Vous êtes en mode Italique (vous pouvez aussi cliquer sur le bouton Italique dans la barre d'outils).

2. **Saisissez autant de texte que vous voulez.**

   Contemplez votre texte apparaissant en italique sur l'écran.

3. **Une fois que vous avez terminé, appuyez sur Ctrl+I.**

Le mode Italique est désactivé (vous pouvez aussi cliquer à nouveau sur le bouton Italique dans la barre d'outils).

Ce serait la même chose avec n'importe quelle commande de mise en forme de texte (ou bouton de la barre d'outils) : Ctrl+B pour Gras ou Ctrl+U pour Souligné.

Si le texte que vous voulez mettre en italique est déjà à l'écran, vous devez le sélectionner avant d'appuyer sur Ctrl+I ou de cliquer sur le bouton.

Tour d'horizon des attributs de texte

Le gras, l'italique et le soulignement sont les mises en forme les plus courantes que l'on puisse appliquer à un caractère. Word dispose toutefois d'un jeu d'attributs bien plus vaste que vous pouvez appliquer à votre texte. Le Tableau 11.1 montre un bon nombre d'entre eux.

Tableau 11.1 : Commandes et exemples de mise en forme.

Raccourci clavier	Mise en forme
Ctrl+Maj+A	MAJUSCULES
Ctrl+B	Gras
Ctrl+Alt+U	Soulignement double
Ctrl+Maj+U	Texte masqué (il ne s'affiche pas)
Ctrl+I	*Italique*
Ctrl+Maj+K	PETITES MAJUSCULES
Ctrl+U	Soulignement continu
Alt+Maj+U	Soulignement par mot
Ctrl+=	indice
Ctrl+Maj+=	exposant

L'application de l'un des formats montrés Tableau 11.1 est un jeu d'enfant. Suivez simplement les instructions de la section précédente, "Exemple : mettre du texte en italique", en remplaçant simplement le raccourci clavier par celui indiqué dans le tableau.

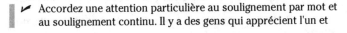

✔ Accordez une attention particulière au soulignement par mot et au soulignement continu. Il y a des gens qui apprécient l'un et détestent l'autre. Si vous préférez ne souligner que les mots, souvenez-vous d'utiliser Alt+Maj+U au lieu de Ctrl+U.

✔ Après avoir masqué du texte, il est judicieux de l'afficher de nouveau. Il suffit de décocher l'option Masqué de la boîte de dialogue Police.

Grandes lettres, petites lettres : la taille du texte

Les attributs (gras, italique, soulignement, et ainsi de suite) ne représentent que la moitié des mises en forme de caractères disponibles. L'autre moitié concerne la taille du texte. En utilisant ces mises en forme, vous pouvez rendre votre texte minuscule aussi bien qu'énorme, comme ça vous chante.

✔ Plus la taille exprimée en points est grande, plus le texte est grand.

✔ Le texte d'usage courant a généralement une taille de 10 à 12 points.

✔ Les titres ont généralement une taille de 14 à 24 points.

✔ La majeure partie des polices peuvent recevoir une taille allant de 1 à 1 638 points. Les caractères de taille inférieure à 6 points sont généralement trop petits pour qu'une personne d'acuité visuelle normale puisse les lire.

✔ Une taille de 72 points correspond à des caractères de 1 pouce de haut (25,4 mm).

✔ L'auteur de ce livre mesure 5 112 points.

Spécifier la taille du texte

La taille du texte se définit dans le champ Taille de la police, dans la barre d'outils (juste à côté du champ Police). Cliquez sur la flèche pointant vers le bas dans ce champ : une liste de tailles apparaît, comme le montre la Figure 11.2.

La taille choisie s'applique à tout bloc sélectionné à l'écran. Si rien n'est sélectionné, elle s'applique à partir de la position du curseur, et ce que vous tapez apparaît dans la taille correspondante.

Voici certaines choses à retenir sur le choix de la taille des polices :

Figure 11.2 :
Sélectionnez
une taille de
police dans
cette liste.

✔ Le raccourci clavier qui permet d'accéder au champ Taille de police est Ctrl+Maj+E.

✔ Vous pouvez saisir une taille spécifique dans ce champ. C'est le seul moyen d'utiliser des polices d'une taille de 10.5, 11.5, etc.

✔ Un plus grand nombre de points donne un texte plus grand.

Annuler un ensemble de mises en forme

Il pourra vous arriver d'alourdir votre texte avec tant de commandes de mise en forme que l'annulation de toutes ces commandes l'une après l'autre serait un exercice remarquablement fastidieux. Plutôt que d'effacer votre texte et de tout recommencer, vous pouvez utiliser une commande d'annulation de mises en forme simple et globale. Cette commande s'appelle Police par défaut, et son raccourci clavier est Ctrl+Barre d'espace.

Ainsi, si une mise en forme vous paraît trop lourde, sélectionnez le texte correspondant et appuyez sur Ctrl+Barre d'espace. Toute la mise en forme disparaît d'un coup, et le texte se retrouve dans le style de paragraphe qui lui est appliqué.

✔ Il y a pour cette commande un autre raccourci clavier facile à retenir : Ctrl+Maj+Z. Vous vous souvenez sans doute que Ctrl+Z est le raccourci de la commande Annuler. Il ne reste qu'à se souvenir d'ajouter la touche Maj pour annuler toutes les mises en forme du texte sélectionné.

La boîte de dialogue Police

Il y a dans Word un endroit où toutes vos mises en forme sont tenues à jour de façon claire et nette. C'est la boîte de dialogue Police (Figure 11.3).

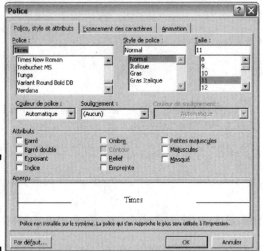

Figure 11.3 :
La belle
organisation
de la boîte de
dialogue
Police.

Pour la faire apparaître, sélectionnez Format/Police dans la barre de menus. Le raccourci clavier est Ctrl+D.

Remarquez la très jolie fenêtre d'aperçu en bas de la boîte de dialogue. Elle permet de visualiser l'effet sur votre texte de ce que vous sélectionnez. L'un de mes passe-temps est de sélectionner successivement toutes les polices de la liste pour voir dans la fenêtre d'aperçu à quoi elles ressemblent dans la taille sélectionnée.

Les paramètres de la boîte de dialogue Police s'appliquent à tout bloc de texte sélectionné à l'écran ou à partir de la position du curseur, dès que vous cliquez sur OK.

Une fois défini ce que vous vouliez, cliquez sur OK. Si vous ne faisiez que jeter un coup d'œil, cliquez sur Annuler.

✔ Le plus gros avantage de la boîte de dialogue Police est la fenêtre d'aperçu qu'elle contient. Elle vous montre exactement l'effet sur votre texte des attributs que vous sélectionnez.

✔ Notez que l'attribut de soulignement est à sélectionner dans la liste déroulante Soulignement. Word peut appliquer différents types de soulignement.

✔ Essayez les attributs Relief et Empreinte ! Mais, par égard pour tous ceux qui devront lire votre document, n'en abusez pas. Gardez les effets un peu fantaisie pour les titres et les en-têtes.

✔ L'onglet Espacement contient des options avancées qui permettent de modifier la taille et la position du texte sur une ligne. Ces options peuvent être les bienvenues pour un texte particulier, comme un titre, mais, là aussi, n'en abusez pas.

✔ L'onglet Effet de texte offre un certain nombre de jouets intéressants à essayer, bien que la plupart de ces effets n'apparaissent que dans une page Web (à moins que vous n'ayez l'intention de faire marcher des fourmis sur une feuille de papier).

Changer la police par défaut

Je déteste le mot *défaut*, mais l'industrie informatique ne m'écoute jamais. Ainsi, Word utilise la police Times New Roman 12 points par défaut.

Si vous préférez une autre police par défaut, voici comment l'indiquer à Word :

1. **Cliquez sur Format/Police.**

2. **Choisissez la police (et ses attributs) à utiliser par défaut.**

   Par exemple, sélectionnez la police Verdana d'une taille de 14 points.

3. **Cliquez sur le bouton Par défaut.**

   Le Compagnon Office demande confirmation de cette prise de décision.

4. **Cliquez sur Oui.**

Votre nouvelle police par défaut apparaîtra dans le prochain nouveau document que vous créerez dans Word.

Mettre en majuscules ou en minuscules

En langage typographique, on parle de "capitale" pour les majuscules et de "bas de casse" pour les minuscules (en anglais *upper case* et *lower case*). Pour mettre en majuscules du texte en minuscules, ou l'inverse, on parle donc de "changer la casse". Bien que ces effets ne soient normalement pas considérés comme de la mise en forme, les petits génies de chez Microsoft ont trouvé de la place dans leur sac à malices pour un raccourci clavier permettant de changer la casse : Maj+F3. Cette commande s'applique à tout bloc de texte sélectionné ou à partir de la position du curseur.

Si vous appuyez une fois sur Maj+F3, c'est la première lettre de chaque mot qui est mise en majuscule. Si vous appuyez encore une fois sur Maj+F3, alors c'est tout le texte auquel s'applique la commande qui est mis en majuscules. Appuyez encore une fois sur Maj+F3, et tout le texte se retrouve en minuscules, et ainsi de suite.

Bien que je préfère utiliser Maj+F3, il y a aussi la commande Format/ Modifier la casse. Cette commande fait apparaître la boîte de dialogue Modifier la casse qui vous permet de choisir la combinaison exacte que vous voulez pour votre texte.

Ce que vous sélectionnez dans la boîte de dialogue Modifier la casse s'applique à tout bloc de texte sélectionné ou à partir de l'emplacement du curseur.

Chapitre 12

Mettre en forme
des paragraphes

- -

Dans ce chapitre :

▶ Justifier des paragraphes.

▶ Changer l'interligne.

▶ Faire de la place entre les paragraphes.

▶ Mettre un paragraphe en retrait.

▶ Appliquer un retrait négatif.

▶ Mettre un paragraphe en retrait à droite et à gauche.

- -

*L*a mise en forme d'un paragraphe est moins élaborée que celle des caractères : vous l'alignez à droite ou à gauche, ou vous le centrez, puis vous réglez le retrait et l'interligne. C'est à peu près tout.

Justification et alignement des paragraphes

Un paragraphe peut être Aligné à gauche, Aligné à droite, Centré ou Justifié.

Dans toutes les langues qui s'écrivent de gauche à droite, l'usage courant est d'aligner les paragraphes à gauche. C'est ce que fait une machine à écrire : le côté gauche du texte est aligné sur la marge gauche – "fer à gauche", comme disent les typographes –, alors que le côté droit est irrégulier – "en drapeau" –, chaque ligne se terminant où elle peut, selon sa longueur.

   ✔ Word n'a pas d'option "Aucun alignement". Pour annuler une mise en forme, choisissez le type d'alignement par défaut de Word, c'est-à-dire Aligné à gauche.

✔ Utilisez aussi la boîte de dialogue Paragraphe pour aligner les paragraphes. Cliquez sur Format/Paragraphe. Choisissez une option dans la liste Alignement.

Aligner à gauche

L'alignement à gauche est la présentation communément utilisée.

Pour aligner à gauche un paragraphe, placez le curseur dedans et cliquez sur le bouton Aligné à gauche dans la barre d'outils, ou appuyez sur Ctrl+Maj+G. C'est également le seul moyen d'annuler d'autres alignements.

Tout centrer

Un texte centré apparaît au centre de la page

Dans un paragraphe centré, chaque ligne est placée à égale distance des marges gauche et droite de la page.

Centrer un paragraphe est une mise en forme qui convient très bien pour les titres et les en-têtes. On peut aussi l'utiliser pour des raisons esthétiques, mais le résultat n'est pas très facile à lire si le paragraphe est un peu long.

Pour centrer un paragraphe, placez le curseur dedans et cliquez sur le bouton Au centre de la barre d'outils, ou appuyez sur Ctrl+E.

Vous pouvez placer directement un mot au centre d'une ligne en insérant une tabulation centrale. Reportez-vous au Chapitre 13.

Aligner à droite

Dans un paragraphe aligné à droite, tout le côté droit du paragraphe est proprement aligné sur la marge droite de la page. Le côté gauche du paragraphe est irrégulier. Cette mise en forme peut s'utiliser pour des légendes d'illustrations, pour des citations, parfois pour des titres ou, d'une façon générale, pour un court paragraphe que l'on veut distinguer du texte ordinaire pour une raison quelconque.

Pour aligner à droite un paragraphe, placez le curseur dedans et cliquez sur le bouton Aligné à droite dans la barre d'outils ou appuyez sur Ctrl+R.

✔ Vous pouvez justifier à droite un texte sur une seule ligne en plaçant une tabulation droite. Consultez le Chapitre 13 pour de plus amples informations.

✔ Lorsque vous alignez un texte à droite, les caractères s'inscrivent de droite à gauche.

Justification totale !

Enfin, il y a la justification, avec laquelle les côtés gauche et droit du paragraphe sont proprement alignés, à une distance constante des marges. C'est la mise en forme habituelle des livres, des journaux et des magazines, qui rend le texte plus agréable à lire. L'alignement de chaque côté est obtenu par l'ajustement dans chaque ligne de la longueur des espaces entre les mots, ce qui permet d'obtenir des lignes de longueur constante.

Pour justifier un paragraphe, placez le pointeur dedans et cliquez sur le bouton Justifié dans la barre d'outils ou appuyez sur Ctrl+J.

Aérer un texte

Pour aérer une présentation, augmentez l'interligne dans les paragraphes ou ajoutez de l'espace avant ou après chaque paragraphe.

Comme pour toute mise en forme de paragraphe, la modification de l'interligne s'applique au paragraphe en cours – celui dans lequel se trouve le curseur – ou à tous les paragraphes sélectionnés.

Modifier l'interligne

Modifier l'espacement entre les lignes consiste à insérer un espace vierge entre *toutes* les lignes de texte d'un paragraphe ou tous les paragraphes d'un bloc.

Il existe des raccourcis clavier pour les trois interlignes les plus couramment utilisés : interligne simple, interligne double et interligne de 1,5 ligne.

✔ Pour mettre un paragraphe, ou tous les paragraphes d'un bloc, en interligne simple, appuyez sur Ctrl+1.

✔ Pour mettre un paragraphe, ou tous les paragraphes d'un bloc, en double interligne, appuyez sur Alt+Maj+L.

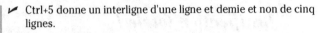 Pour obtenir un interligne de 1,5 ligne, appuyez sur Ctrl+5.

L'interligne permet de régler la présentation du document définitif et facilite la relecture et la correction du texte, quitte à le réduire au moment de le finaliser. Vous pouvez même utiliser pour cela un triple interligne.

✔ Ctrl+5 donne un interligne d'une ligne et demie et non de cinq lignes.

✔ Pour le raccourci Ctrl+5, n'utilisez pas la touche 5 du pavé numérique, car c'est le raccourci qui sélectionne tout le texte de votre document. Utilisez la touche 5 qui se trouve au-dessus du R et du T dans le clavier principal.

Modifier rapidement l'interligne

Il y a dans la barre d'outils Mise en forme un bouton qui permet de modifier rapidement l'interligne. Si vous cliquez dessus, vous voyez apparaître un menu (Figure 12.1) proposant différentes options d'interligne. Après avoir placé le curseur dans le paragraphe concerné, sélectionnez dans ce menu la valeur d'interligne désirée.

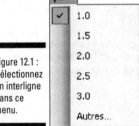

Figure 12.1 :
Sélectionnez
un interligne
dans ce
menu.

Définir un interligne spécifique

Pour resserrer du texte sur une page, vous pouvez sélectionner tous les paragraphes et spécifier un interligne de 0,9. Pour aérer légère-ment, spécifiez 1,2. Ces réglages s'effectuent dans la boîte de dialogue Paragraphe :

1. **Sélectionnez Format/Paragraphe dans la barre de menus.**

La boîte de dialogue Paragraphe apparaît (Figure 12.2).

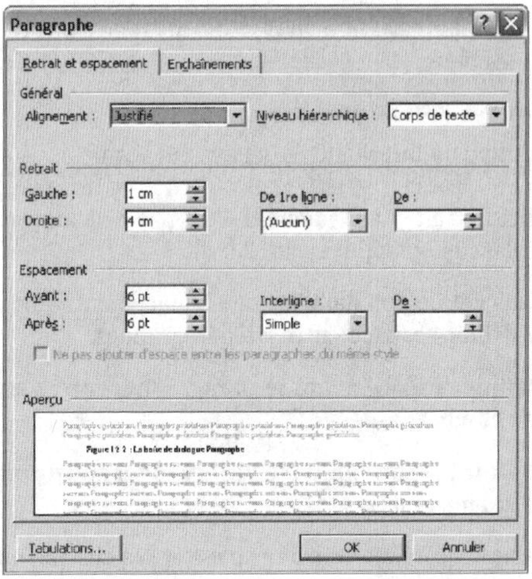

Figure 12.2 :
La boîte de
dialogue
Paragraphe.

2. **Dans la liste déroulante Interligne, sélectionnez Multiple.**

3. **Dans le champ de la valeur de l'interligne, spécifiez la valeur que vous voulez.**

   Par exemple, 2 correspond à un double interligne et 2,5 à deux espaces et demi entre chaque ligne. Vous pouvez entrer la valeur que vous voulez à partir de 0,1. Des valeurs comme 0,9 ou 0,8 permettent vraiment d'obtenir des paragraphes un peu plus denses.

4. **Cliquez sur OK.**

L'interligne que vous venez de définir s'applique au paragraphe dans lequel se trouve le curseur, ou à tous les paragraphes d'un bloc de texte sélectionné.

La boîte de dialogue Paragraphe contient pas mal de choses. Nous allons les décrire dans les sections qui suivent.

Un peu d'air entre les paragraphes

Voici comment faire pour espacer les paragraphes :

1. **Placez le curseur dans le paragraphe concerné, ou sélection-nez un ensemble de paragraphes.**

   L'espace peut être ajouté au-dessus ou au-dessous du paragra-phe, ou les deux.

2. **Sélectionnez Format/Paragraphe.**

   La boîte de dialogue Paragraphe apparaît (Figure 12.2).

   Si l'onglet Retrait et espacement n'est pas déjà au premier plan, cliquez dessus ou appuyez sur Alt+R.

   C'est dans cet onglet, dans la zone Espacement, que vous pouvez définir l'espace entre les paragraphes.

3. **Pour définir l'espace avant le paragraphe, entrez une valeur dans le champ Avant.**

4. **Pour définir l'espace après le paragraphe, entrez une valeur dans le champ Après.**

   Par exemple, pour ajouter un espace après chaque paragraphe (comme ce que l'on obtient en appuyant deux fois sur la touche Entrée), cliquez deux fois sur la flèche pointant vers le haut dans le champ Après. La valeur obtenue, 12 points, correspond sensiblement à la hauteur d'une ligne blanche après le paragra-phe.

5. **Cliquez sur OK.**

   L'espacement du paragraphe (ou des paragraphes) est modifié.

Pour ajouter une ligne blanche entre deux paragraphes, suivez ces étapes en sélectionnant 12 points dans le champ Après.

L'ajout d'espace avant ou après un paragraphe n'est pas la même chose que d'augmenter l'interligne du texte dans un paragraphe. La spécification de l'espace avant ou après un paragraphe n'a aucun effet sur l'interligne du texte.

Quel espacement faut-il utiliser, Avant ou Après ? Personnelle-ment, je trouve préférable d'ajouter de l'espace à la fin des paragraphes, donc d'utiliser le champ Après. Je n'utilise le champ Avant que si je veux vraiment séparer quelque chose du paragraphe précédent (ce qui est rare).

Ajouter un espace avant et après un paragraphe ne revient pas à insérer un double interligne dans le paragraphe. L'espacement ne modifie aucunement l'interligne.

Modifier le retrait d'un paragraphe

Word vous donne toute liberté pour mettre en retrait vos paragraphes.

Les sections suivantes présentent plusieurs options de mise en retrait.

Mettre en retrait automatiquement la première ligne d'un paragraphe

Il n'est pas nécessaire d'appuyer sur la touche Tab au début de chaque paragraphe. Word se charge d'obtenir le même résultat pour vous.

1. **Sélectionnez Format/Paragraphe.**

   La boîte de dialogue Paragraphe apparaît. Si nécessaire, cliquez sur l'onglet Retrait et espacement (Figure 12.2).

2. **Ouvrez la liste déroulante De 1ère ligne.**

   Elle est dans la zone Retrait de la boîte de dialogue.

3. **Sélectionnez Positif dans la liste.**

4. **Dans le champ De, entrez la valeur du retrait voulu.**

   La valeur par défaut est ici 1,27 cm (soit un demi-pouce) qui est la valeur de la mise en retrait de la première ligne du paragraphe. Si vous voulez augmenter ou réduire ce retrait, entrez une autre valeur (l'unité de mesure est ici le centimètre et non le point).

5. **Cliquez sur OK.**

   La première ligne du paragraphe dans lequel se trouve le curseur (ou de tous les paragraphes du bloc de texte sélectionné) est automatiquement mise en retrait de la valeur spécifiée.

Pour supprimer la mise en retrait automatique de la première ligne d'un paragraphe, répétez ces étapes, mais en sélectionnant (Aucun) dans la liste déroulante à l'étape 3, puis cliquez sur le bouton OK.

Définir un retrait négatif

Un retrait *négatif* est tout simplement l'inverse du retrait *positif* que nous venons de présenter dans la section précédente. C'est un paragraphe dans lequel le début de la première ligne reste à sa place normale alors que ce sont les lignes suivantes qui sont mises en retrait, comme ceci :

Les Martiens auraient débarqué. Selon M. Duflon, de Vert-le-Grand, informaticien indépendant spécialiste de Word, une vaste flotte d'objets volants présentant toutes les caractéristiques bien connues des soucoupes volantes aurait débarqué hier soir dans le champ qui se trouve derrière sa maison. Les voisins de M. Duflon assurent que son gagne-pain lui donne des hallucinations, mais l'intéressé persiste et signe.

Procédez comme suit pour obtenir la présentation ci-dessus :

1. **Placez le curseur dans le paragraphe voulu.**

   Vous pouvez aussi placer le curseur à l'endroit où vous voulez commencer un nouveau paragraphe avec un retrait négatif. Vous pouvez également sélectionner un bloc de texte. Maintenant, vous avez l'habitude.

2. **Appuyez sur Ctrl+T (c'est le raccourci de la commande Retrait négatif).**

   Ce raccourci déplace le bord gauche du paragraphe jusqu'au prochain tab, tout en maintenant en place le début de la première ligne.

Vous pouvez aussi effectuer cette opération dans la boîte de dialogue Paragraphe. Dans la liste déroulante De 1ère ligne, sélectionnez Négatif, entrez la valeur du retrait dans le champ De, puis cliquez sur OK.

✔ Le retrait négatif consiste simplement à mettre en retrait tout le paragraphe sauf la première ligne.

✔ Pour augmenter la valeur du retrait, appuyez sur Ctrl+T autant de fois que nécessaire.

✔ Il est dommage qu'il y ait un raccourci pour le retrait négatif, mais pas pour le retrait positif, sans doute plus usité.

✔ Il existe aussi le raccourci Ctrl+Maj+T qui a pour effet de décaler vers la gauche le début de toutes les lignes d'un paragraphe sauf la première.

Mettre en retrait tout un paragraphe

Mettre en retrait un paragraphe, c'est décaler le début de toutes les premières lignes en alignant le bord gauche sur un tab. Voici comment procéder :

1. **Placez le curseur à un endroit quelconque dans le paragraphe.**

   Vous pouvez faire cela dans un paragraphe existant ou au début d'un nouveau paragraphe. Vous pouvez aussi utiliser cette commande sur un bloc de texte sélectionné.

2. **Appuyez sur Ctrl+R.**

   Le paragraphe est mis en retrait. Vous pouvez aussi cliquer sur le bouton Augmenter le retrait dans la barre d'outils.

3. **Saisissez le texte de votre paragraphe si vous ne l'avez pas déjà fait.**

   Le bord gauche du paragraphe est calé sur le premier tab.

   Pour augmenter le retrait jusqu'au tab suivant, appuyez à nouveau sur Ctrl+R.

   Pour réduire le retrait, appuyez sur Ctrl+Maj+M. Vous pouvez aussi cliquer sur le bouton Diminuer le retrait dans la barre d'outils.

   Pour définir ou annuler un retrait, vous pouvez aussi utiliser la boîte de dialogue Paragraphe (Figure 12.2). Dans la zone Retrait, le champ Gauche permet de définir le décalage du bord gauche du paragraphe.

   Si le raccourci Ctrl+R est facile à retenir, ce n'est pas le cas de Ctrl+Maj+M. Pour ce dernier, vous pouvez penser au mot "marge", puisqu'il décale le bord gauche du paragraphe vers la marge.

Mettre en retrait des deux côtés

Il ne suffit pas toujours de mettre en retrait le bord gauche du paragraphe. Il arrive que ce soit nécessaire des deux côtés (c'est généralement ce que l'on fait pour une citation).

1. **Choisissez le paragraphe.**

   Si le paragraphe n'est pas encore écrit, placez le curseur là où vous voulez le faire commencer. Vous pouvez aussi placer le curseur dans un paragraphe existant ou sélectionner un ensemble de paragraphes.

2. **Sélectionnez Format/Paragraphe.**

La boîte de dialogue Paragraphe apparaît (Figure 12.2). Si nécessaire, cliquez sur l'onglet Retrait et espacement.

3. **Dans le champ Gauche de la zone Retrait, entrez la valeur pour le retrait du bord gauche.**

Vous pouvez par exemple taper 1 cm pour spécifier un retrait d'un centimètre, ou utiliser les flèches pointant vers le haut et vers le bas pour augmenter ou réduire le retrait du bord gauche.

4. **Dans le champ Droite de la zone Retrait, entrez la valeur pour le retrait du bord droit.**

Entrez la même valeur que dans le champ Gauche.

Dans la zone Aperçu de la boîte de dialogue Paragraphe, vérifiez que le résultat correspond à ce que vous vouliez.

5. **Cliquez sur OK.**

Pour annuler le retrait, répétez ces étapes en entrant **0** dans les champs Gauche et Droite.

Soyez prudent quand vous tentez de combiner une mise en retrait du bord droit et du bord gauche avec un retrait positif ou négatif de la première ligne. C'est une lubie qui peut rendre cinglé n'importe qui, et ses avocats ont prouvé que Microsoft ne pouvait pas être tenu pour responsable des conséquences de ce genre de choses sur votre santé mentale.

Chapitre 13
Définir des tabulations

● ●

Dans ce chapitre :

▶ Trouver les tabulations sur la règle.

▶ Définir des tabulations.

▶ Utiliser les différents types de tabulations.

▶ Utiliser la boîte de dialogue Tabulations.

▶ Supprimer des tabulations.

▶ Définir une tabulation à points de suite.

● ●

*L'*échelle des valeurs de Word place les tabulations au niveau de la mise en forme des paragraphes. Toutefois, ces éléments spécifiques peuvent être une source de complexité et de frustration telle que je leur dédie un chapitre. Loin de nécessiter l'intervention d'un exorciste, les tabulations n'en exigent pas moins beaucoup d'attention, comme le prouvent les sections à venir.

Les taquets de tabulation

Il y a dans Word deux endroits où définir des taquets de tabulation. Le premier est la règle (Figure 13.1) ; le second la boîte de dialogue Tabulations. La plupart des gens utilisent la règle, mais pour certaines choses il vous faudra utiliser la boîte de dialogue Tabulations.

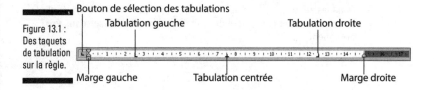

Figure 13.1 : Des taquets de tabulation sur la règle.

Bouton de sélection des tabulations
Tabulation gauche
Tabulation droite
Marge gauche
Tabulation centrée
Marge droite

Grâce à son bouton Tabulation (à l'extrémité gauche), la règle est l'endroit le plus accessible pour définir des tabulations (voyez la Figure 13.1). Le bouton Tabulation peut prendre cinq formes différentes, correspondant aux cinq types différents de taquets de tabulation de Word. En voici un bref tour d'horizon (qu'il n'est pas nécessaire de retenir) :

L La plus courante est la tabulation gauche. Le bouton Tabulation ressemble à un L. Il fonctionne exactement comme la touche Tab d'une machine à écrire : appuyez sur la touche Tab, et le texte que vous tapez ensuite apparaît à partir du prochain taquet de tabulation. Aucune difficulté ici.

⊥ La tabulation centrée a pour effet de centrer le texte sur le taquet de tabulation. Comme c'est un peu surprenant au premier abord, nous en parlons en détail un peu plus loin, dans la section "La tabulation centrée".

⅃ La tabulation droite place le texte correspondant à gauche du taquet de tabulation. Elle vous donne la liberté d'aligner à droite une simple ligne dans un paragraphe, ce que je vais montrer dans la section "Laisser la tabulation à droite", plus loin dans ce chapitre.

⅃ᐧ La tabulation décimale permet d'aligner les nombres sur la virgule décimale. C'est extrêmement pratique si vous avez besoin d'imprimer un tarif ou toute autre liste de chiffres. Voyez la section "L'étonnante tabulation décimale", plus loin dans ce chapitre.

■ Le rejeton le plus inattendu de la famille est la tabulation barre, décrite plus loin.

En cliquant sur le bouton Tabulation, vous passez d'un type de tabulation à un autre. Il suffit donc de cliquer autant de fois que nécessaire pour arriver à celui que vous voulez.

En cliquant sur le bouton Tabulation, on voit aussi apparaître l'index de retrait gauche et l'index de retrait de la première ligne, bien que ce ne soit pas des tabulations. Je ne sais pas pourquoi ils les ont mis là. Quoi qu'il en soit, le Chapitre 12 vous indique de meilleurs moyens de mettre en retrait un paragraphe.

Dans les sections suivantes, nous allons décrire les différents taquets de tabulation, et la manière dont vous pouvez les utiliser dans vos documents.

Définir un taquet de tabulation

Pour définir un taquet de tabulation, vous devez généralement suivre les étapes suivantes :

1. **Cliquez sur le bouton Tabulation jusqu'à ce que vous arriviez au type que vous voulez.**

   Par exemple la tabulation gauche, dont le bouton ressemble à un L (voyez dans la marge).

2. **Dans la règle, cliquez à l'endroit où vous voulez placer le taquet de tabulation.**

   Voilà la partie délicate. Vous devez cliquer exactement au bon endroit sur la règle. Par exemple, si vous voulez mettre une tabulation à 1,5 cm, vous devez cliquer exactement là et pas à côté, comme le montre la Figure 13.2.

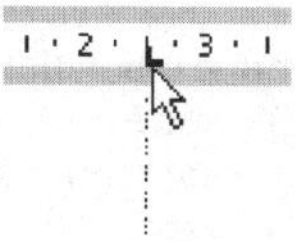

Figure 13.2 :
Définir une
tabulation
gauche.

Vous pouvez faire glisser la tabulation vers la gauche ou vers la droite. Pendant que vous faites glisser, remarquez le trait pointillé vertical qui apparaît au-dessus du texte de votre document (Figure 13.2). Il indique la position exacte du taquet de tabulation.

Pour définir la tabulation, relâchez le bouton de la souris.

3. **Pour définir une autre tabulation, répétez l'étape 2.**

   Chaque fois que vous cliquez dans la règle, vous définissez une nouvelle tabulation. Le type de tabulation ainsi défini correspond au symbole du bouton Tabulation.

4. **Une fois que vous avez terminé, cliquez dans votre document pour recommencer à taper du texte.**

Lorsque vous appuyez sur la touche Tab, le curseur vient se placer à la position définie par le prochain taquet de tabulation.

✔ Lorsque vous paramétrez vos propres taquets de tabulation, vous affectez les valeurs prédéfinies par Word. Les taquets de tabulation automatiques situés à gauche de votre nouveau taquet sont supprimés.

✔ Le principal avantage d'un taquet de tabulation est qu'il permet d'aligner le texte exactement sur la position qu'il définit. C'est justement ce que l'on ne peut pas faire avec la barre d'espace.

✔ Le gros avantage des tabulations est qu'une simple pression sur la touche Tab du clavier aligne le texte *exactement* sur le taquet défini. Presser un milliard de fois la barre d'espace ne donnera jamais ce résultat.

✔ Il est aussi facile de supprimer un taquet de tabulation de la règle que de le créer. Il suffit de le faire glisser vers le bas pour le sortir de la règle. Lorsque vous relâchez le bouton de la souris, la tabulation a disparu.

✔ Quand vous sélectionnez plusieurs paragraphes, des tabulations fantômes, en grisé, peuvent apparaître dans la règle. Ce sont des tabulations définies dans certains des paragraphes sélectionnés, mais pas tous. Vous pouvez supprimer une tabulation fantôme par le même moyen que n'importe quelle autre, mais si vous voulez qu'elle soit définie pour tous les paragraphes sélectionnés, il suffit de cliquer dessus.

Définir une tabulation gauche

La *tabulation gauche* est le type de tabulation le plus courant, que tout le monde utilise. Mais de quoi s'agit-il exactement ?

La tabulation gauche est ainsi nommée parce que le texte que vous tapez après avoir appuyé sur la touche Tab voit son extrémité gauche alignée sur la position définie par les taquets de tabulation. C'est ce que montre la Figure 13.3. Vous n'arriverez jamais à cela avec la barre d'espace. Voilà pourquoi les tabulations sont si utiles.

Figure 13.3 :
Aligner du texte sur un taquet de tabulation.

Nom	Krold	Bobo	Hercule
Fonction(s)	Superviseur	Multiples	Mascotte
Catégorie	Humain	Robot	Hamster

Pour créer une nouvelle tabulation gauche dans le paragraphe en cours, suivez ces étapes :

1. **Tapez le paragraphe pour lequel vous voulez créer la tabulation.**

   Je préfère de loin taper le texte *avant* de tabuler. Car il suffit généralement d'une tabulation pour faire ce que l'on veut. Lorsque vous tapez votre texte, appuyez seulement une fois sur la touche Tab, quelle que soit la distance à laquelle vous voulez placer le texte. Trop de gens ont l'habitude d'appuyer trois ou quatre fois sur la touche Tab. Il n'y a aucun mal à cela, mais c'est inefficace. Word est plus malin : il suffit d'appuyer une fois sur Tab et d'utiliser ensuite la règle pour placer le taquet de tabulation. Croyez-moi, c'est la meilleure méthode.

2. **Assurez-vous que le curseur se trouve bien dans le paragraphe voulu.**

3. **Cliquez si nécessaire sur le bouton Tabulation pour faire apparaître la tabulation gauche.**

   Il vous faudra peut-être cliquer plusieurs fois pour faire apparaître le symbole ci-contre.

4. **Cliquez dans la règle à l'endroit où vous voulez placer le nouveau taquet de tabulation.**

   Par exemple, dans la Figure 13.3, la première tabulation est placée à 4 cm, la deuxième à 7,75 cm et la troisième à 11,25 cm.

La tabulation centrée

La *tabulation centrée* est un cas un peu spécial. Elle n'est généralement utilisée que pour un mot isolé ou pour un petit groupe de mots qu'elle vous permet de centrer sur une ligne, sans avoir à centrer tout le paragraphe. En voici une démonstration :

1. **Choisissez ou créez un paragraphe contenant le texte que vous voulez centrer.**

   Si vous créez un nouveau paragraphe pour les besoins de cette démonstration, vous pouvez vous contenter d'une seule ligne de texte, comme pour un en-tête ou un pied de page (voyez le Chapitre 15 pour en savoir plus sur les en-têtes et les pieds de page).

2. **Appuyez sur la touche Tab.**

Croyez-le ou non, il vous suffit d'une tabulation.

3. Saisissez le texte à centrer.

Le texte que vous saisissez sera centré sur cette ligne aussitôt que vous aurez défini une tabulation centrée.

4. Appuyez sur la touche Entrée.

Cette action marque la fin du paragraphe. Vous êtes maintenant prêt à définir la tabulation centrée.

5. Cliquez dans la ligne que vous venez de taper pour y placer le curseur.

6. Cliquez si nécessaire sur le bouton Tabulation pour faire apparaître le symbole de tabulation centrée.

 Le symbole de tabulation centrée (voir ci-contre) se présente comme un T à l'envers.

7. Cliquez dans la règle à l'endroit où vous voulez placer la tabulation.

Le texte que vous avez tapé est centré sur le repère, comme le montre la Figure 13.4. L'alignement du paragraphe lui-même n'a pas changé, mais les mots avant lesquels vous avez appuyé sur la touche Tab sont centrés sur la ligne.

Figure 13.4 :
La tabulation
centrée
permet de
centrer une
partie de
texte à
l'intérieur
d'un
paragraphe.

Professeur Moi   Théorie générale de tout

TRUC

✔ Une tabulation centrée est généralement utilisée pour une seule ligne de texte. Vous pouvez mettre autant de tabulations centrées sur une même ligne que vous le souhaitez, mais dans la pratique on n'en met généralement qu'une.

✔ Naturellement, il est très souvent plus pratique de centrer un paragraphe que d'utiliser une tabulation centrée. En fait, je n'utilise vraiment la tabulation centrée que dans les en-têtes et les pieds de page. Voir le Chapitre 15.

Laisser la tabulation à droite

La *tabulation droite* aligne le bord droit du texte sur le taquet de tabulation. La Figure 13.4 montre un exemple de texte aligné sur une tabulation droite, à la fin de la ligne.

✔ Pour définir une tabulation droite, sélectionnez le symbole Tabulation droite dans le bouton Tabulation de la règle. Puis cliquez dans la règle à l'endroit où vous voulez placer la tabulation.

✔ La Figure 13.4 montre une tabulation droite à l'extrémité droite d'un en-tête. Après avoir défini cette tabulation, j'ai appuyé sur la touche Tab et tapé la date.

✔ Quand vous tapez du texte aligné sur une tabulation droite, celui-ci apparaît à gauche du taquet de tabulation (le contraire de ce qui se passe habituellement). C'est donc le bord droit du texte qui est aligné sur le repère.

✔ De même que la tabulation centrée, la tabulation droite est généralement utilisée pour une ligne dans un paragraphe, en général un en-tête, un pied de page ou tout autre type de titre, comme le montre la Figure 13.4.

L'étonnante tabulation décimale

Je suis fou de la tabulation décimale ! Sans elle, on n'arriverait jamais à aligner une colonne de chiffres. Sans elle, les comptables et auteurs de rapports financiers, entre autres, seraient bien en peine de présenter correctement leurs écritures (voir Figure 13.5).

La *tabulation décimale* s'utilise comme n'importe quel autre type de tabulation. La différence est que les caractères qui précèdent la virgule viennent se placer à gauche du taquet de tabulation, alors que les caractères qui suivent la virgule se placent à droite de celui-ci (Figure 13.5).

Si vous devez réorganiser un texte parce que les colonnes sont trop proches les unes des autres, par exemple, sélectionnez toutes les lignes contenant des chiffres. Utilisez votre souris pour faire glisser la

Vente de peinture	650.00 €
TVA	235.00 €
Retenues sociales	145.00 €
Taxes de transfert	50.00 €
Taxes locales	50.50 €
Fournitures	8.00 €
Divers	25.00 €
Commission	130.00 €
Profit	6.50 €

Figure 13.5 :
Aligner des
chiffres avec
la tabulation
décimale.

tabulation décimale vers la droite ou vers la gauche dans la règle.
Vous pouvez ainsi réaligner en même temps tous les chiffres du bloc
sélectionné.

La tabulation barre

Une *tabulation barre* place dans votre document une barre verticale, à
l'endroit où vous la définissez dans la règle, comme le montre la
Figure 13.6.

Vente de peinture	650.00 €
TVA	235.00 €
Retenues sociales	145.00 €
Taxes de transfert	50.00 €
Taxes locales	50.50 €
Fournitures	8.00 €
Divers	25.00 €
Commission	130.00 €
Profit	6.50 €

Figure 13.6 :
Le mystère
de la barre
verticale.

En réalité, la tabulation barre ne définit pas un taquet de tabulation.
C'est une chose importante à noter. Il s'agit en fait d'un élément de
décoration du texte, d'un trait vertical, mais dont vous pouvez définir
la position comme pour un taquet de tabulation.

La boîte de dialogue Tabulations

La plupart des utilisateurs trouvent la règle très pratique pour définir les tabulations. Personnellement, je partage ce point de vue, parce que l'on peut visualiser directement l'effet d'une tabulation sur le texte, et le faire glisser pour ajuster le résultat. Les puristes, toutefois, lui préfèrent la boîte de dialogue Tabulations. Pour l'afficher, cliquez sur Format/Tabulations dans la barre de menus. La boîte de dialogue Tabulations apparaît (Figure 13.7).

Figure 13.7 :
La boîte de
dialogue
Tabulations.

Pour définir une tabulation dans la boîte de dialogue Tabulations, suivez ces étapes :

1. **Dans la barre de menus, sélectionnez Format/Tabulations.**

   La boîte de dialogue Tabulations apparaît.

2. **Dans le champ Position, entrez la position exacte d'une tabulation que vous voulez créer.**

   Par exemple, tapez **1,1875** pour définir une tabulation exactement à ce point.

3. **Dans la zone Alignement, sélectionnez le type de tabulation que vous voulez créer.**

   Nous avons décrit les différents types de tabulations plus haut dans ce chapitre.

4. **Cliquez sur le bouton Définir.**

C'est le bouton Définir – et non le bouton OK – qui crée la tabulation. Dès que vous avez cliqué sur le bouton Définir, votre tabulation est placée dans la liste qui se trouve au-dessous du champ Position. Remarquez que Word arrondit à la deuxième décimale la valeur que vous saisissez. 1,1875 est donc interprété comme 1,9.

5. **Définissez les autres tabulations dont vous avez besoin.**

Pour chaque tabulation, répétez les étapes 1 à 3.

6. **Cliquez sur OK.**

Vous êtes de retour dans votre document, et les nouvelles tabulations sont visibles dans la règle.

Si vous avez besoin de définir une succession de tabulations, toutes distantes de 1,75 cm, par exemple, tapez **1,75 cm** dans le champ Taquets par défaut, et cliquez sur le bouton OK. Word calcule automatiquement pour vous la position de ces taquets dans la règle. Ces taquets apparaissent dans la zone grise qui forme la base de la règle sous forme de tout petits traits verticaux (il faut regarder attentivement pour les voir).

Pour définir une tabulation dont vous venez d'entrer la position, cliquez sur le bouton Définir. Si vous cliquez directement sur OK, c'est comme si vous n'aviez rien fait.

Pour supprimer un taquet de tabulation avec la boîte de dialogue Tabulations, cliquez sur une valeur affichée dans la liste Position. Ensuite, cliquez sur le bouton Effacer.

Pour supprimer tous les taquets de tabulation, cliquez sur le bouton Effacer tout.

Créer des points de suite

Vous pouvez créer une tabulation à points de suite dans la boîte de dialogue Tabulations, mais pas avec la règle.

Pour définir une tabulation à points de suite, suivez ces étapes :

1. **Placez le point d'insertion dans la ligne où vous voulez mettre la tabulation à points de suite.**

Ou sélectionnez un ensemble de paragraphes déjà saisis.

2. **Cliquez sur Format/Tabulations.**

3. **Dans la barre de menus, sélectionnez Format/Tabulations.**

   Définissez une tabulation à 8 cm de la marge gauche.

4. **Choisissez un alignement gauche.**

5. **Sélectionnez un type de tabulation à points de suite.**

   Choisissez le type de points de suite que vous voulez : pointillé, tiret normal ou tiret de soulignement.

6. **Cliquez sur Définir.**

   Au début, vous allez avoir tendance à oublier cette étape, et vous demanderez pourquoi ça ne marche pas. Ce sera le moment de relire cette page.

7. **Cliquez sur OK.**

Chapitre 14

La mise en page du document

. . . .

Dans ce chapitre :

▶ Définir la taille de la page et du papier.

▶ Sélectionner l'orientation Portrait ou Paysage.

▶ Définir les marges de votre document.

▶ Numéroter automatiquement les pages.

▶ Changer la numérotation des pages.

▶ Créer une nouvelle page.

▶ Supprimer une page blanche inutile.

. . . .

E n poursuivant la logique qui conduit des petites aux grandes choses, la dernière étape de notre voyage à travers la mise en forme est la mise en page de votre document. Une fois imprimé, un document est fait de pages, qui ont une certaine taille et une certaine orientation, des marges et un numéro. Voilà ce que je m'en vais vous expliquer, clairement et joyeusement.

Quelle est la taille de la page ?

La définition de la taille du papier se fait dans la boîte de dialogue Mise en page. Voici comment procéder pour définir la taille du papier sur lequel vous voulez imprimer :

1. **Cliquez sur Fichier/Mise en page.**

   La boîte de dialogue Mise en page apparaît.

2. **Cliquez sur l'onglet Papier pour le faire passer au premier plan.**

   La Figure 14.1 montre l'onglet Papier de la boîte de dialogue Mise en page.

Figure 14.1 : L'onglet Papier de la boîte de dialogue Mise en page.

3. **Cliquez sur la liste déroulante Format du papier.**

   La liste des formats de papier standard apparaît.

4. **Choisissez dans la liste la taille de papier voulue.**

   Le format A4 est le plus couramment utilisé en Europe, mais cette liste vous donne le choix entre un grand nombre d'autres formats standard.

   La plupart des imprimantes pour PC sont capables d'imprimer sur différentes tailles de papier. Il y a toutefois dans cette liste des formats qui peuvent ne pas être compatibles avec votre imprimante, sans parler du fait que, pour imprimer dans le format que vous avez sélectionné, il vous faut disposer du papier correspondant.

   Cliquez sur le format voulu pour le sélectionner.

5. **Dans la liste Appliquer à, sélectionnez A tout le document.**

Pour qu'un document utilise plusieurs tailles de papier, utilisez la liste Appliquer à pour indiquer à Word où les nouvelles tailles doivent prendre effet. Cela vous oblige à diviser votre document en sections, comme l'explique le Chapitre 15. Pour le moment, oubliez cette possibilité.

7. Cliquez sur OK.

Vous pouvez maintenant saisir votre texte dans le format de papier que vous venez de sélectionner.

Comparez les techniques de mise en page applicables depuis Fichier/Mise en page et les commandes du menu Format. Les différences pourraient rendre fou un néophyte, car une mise en page ressemble à une mise en forme telle que le suggère le menu Format. Eh non ! Le menu Format s'intéresse à la mise en forme du texte dans le document et non à la mise en forme des pages dans le document.

Word propose la plupart des formats existants. Si vous utilisez un format personnel, donc inconnu de Word, choisissez Taille personnalisée dans la liste Format de papier.

Si vous avez sélectionné un format inhabituel, n'oubliez pas de mettre le papier correspondant dans votre imprimante avant de commencer à imprimer. Certaines imprimantes sont assez astucieuses pour vous indiquer la taille du papier sur lequel elles s'apprêtent à imprimer. La mienne passe son temps à me réclamer du papier de la bonne taille.

Gardez un œil sur la zone d'aperçu, en bas de la boîte de dialogue. Elle permet de visualiser l'effet du format sélectionné.

Portrait ou paysage ?

En général, la feuille de papier sur laquelle on imprime est plus haute que large. C'est ce à quoi nous sommes tous habitués, et c'est ce que fait normalement Word. Toutefois, Word peut aussi imprimer sur une feuille de papier plus large que haute. Ce n'est qu'une question d'orientation.

Les termes techniques correspondants sont "portrait" et "paysage". L'orientation *portrait* correspond à la manière habituelle d'utiliser le papier : la hauteur est supérieure à la largeur. L'orientation *paysage* est ce que l'on obtient en faisant tourner la feuille de 90 degrés : la largeur est supérieure à la hauteur. Pour les tableaux comme pour les photos, c'est de cette façon que sont réalisés les portraits et les paysages.

Pour appliquer le mode Paysage à votre document, suivez ces étapes :

1. Sélectionnez Fichier/Mise en page.

La boîte de dialogue Mise en page apparaît. Si nécessaire, cliquez sur l'onglet Marges pour le faire passer au premier plan, comme le montre la Figure 14.2.

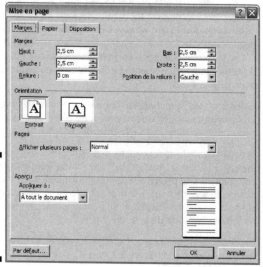

Figure 14.2 : L'onglet Marges de la boîte de dialogue Mise en page.

2. Dans la zone Orientation, cliquez sur l'icône Portrait ou sur l'icône Paysage.

En bas de la boîte de dialogue, l'aperçu reflète ce que vous sélectionnez.

3. Cliquez sur OK.

Si vous imprimez en mode Paysage, il vous faudra sans doute régler les marges du document. Voyez la section suivante.

Pour des documents ordinaires, il vaut mieux éviter le mode Paysage. D'austères savants qui ont voué leur vie à méditer sur ces questions ont découvert que plus les lignes sont longues, plus les gens lisent lentement. Le mode Paysage doit plutôt être réservé à des choses particulières, par exemple des tableaux, des graphiques, des illustrations, ou toutes choses pour lesquelles l'orientation habituelle ne convient pas.

De même que pour le format du papier, vous pouvez appliquer l'orientation Portrait ou Paysage à tout votre document, à partir d'un certain point ou à une section. Pour en savoir plus, voyez la section précédente.

Vous pouvez très bien changer l'orientation pour n'importe quelle page de votre document, par exemple une page dans laquelle vous voulez mettre un tableau en mode Paysage, alors que le reste du document est en mode Portrait. Pour cela, vous devez définir une section et appliquer l'orientation voulue à cette section seulement. Pour savoir comment créer des sections dans votre document, reportez-vous au Chapitre 15.

Attention à vos marges !

Toute page a des marges. Ce sont les quelques centimètres qui séparent le texte du bord de la page et qui permettent au document de respirer. Une page a quatre marges : en haut, en bas, à gauche et à droite. Dans Word, la valeur par défaut de ces quatre marges est de 2,5 cm, mais vous pouvez l'ajuster à votre guise, pour chacune d'entre elles.

Pour changer la largeur des marges, suivez ces étapes :

1. **Cliquez sur Fichier/Mise en page.**

   La boîte de dialogue Mise en page apparaît. Si nécessaire, cliquez sur l'onglet Marges pour le faire passer au premier plan (Figure 14.2).

2. **Dans les champs Haut, Bas, Droite et Gauche, entrez les nouvelles valeurs que vous voulez donner aux marges.**

   Faites attention à ne pas vous tromper de champ, et n'oubliez pas que les valeurs sont à spécifier en centimètres. Vous pouvez utiliser les flèches pointant vers le haut et vers le bas pour augmenter ou diminuer la valeur qui apparaît dans chaque champ.

   Dans la zone Aperçu, vous pouvez voir l'effet de vos modifications.

3. **Dans la liste Appliquer à, sélectionnez la partie de votre document à laquelle vous voulez appliquer vos modifications.**

- À **tout le document** applique les valeurs spécifiées à tout votre document.

- À **partir de ce point** signifie que les valeurs spécifiées s'appliquent à partir de la page dans laquelle se trouve le curseur.

- À **cette section** signifie que les valeurs spécifiées ne s'appliquent qu'à la section dans laquelle se trouve le curseur (pour en savoir plus sur les sections, reportez-vous au Chapitre 15).

4. **Cliquez sur OK.**

Vos nouvelles marges sont appliquées.

La définition des marges s'applique à l'échelle de la page, raison pour laquelle nous en parlons dans ce chapitre. Pour définir des retraits pour un paragraphe, ce sont les commandes de mise en forme de paragraphe que vous devez utiliser. Reportez-vous pour cela au Chapitre 12.

Pour imprimer sur du papier à perforations latérales, destiné à un classeur à anneaux, donnez à la marge gauche une largeur de trois à quatre centimètres. Vous aurez ainsi assez de place pour les anneaux.

Ne perdez pas de vue que la plupart des imprimantes laser ne peuvent pas imprimer trop près du bord du papier, en général 1,25 cm. Cet espace constitue une marge absolue dans laquelle vous ne pouvez rien imprimer, bien que Word vous permette de définir des marges de largeur nulle. Si vous le faites, le texte correspondant sera coupé par l'imprimante. Il vous faut donc définir des marges au moins égales à cette largeur. Reportez-vous à la documentation de votre imprimante pour la connaître.

De même, de nombreuses imprimantes à jet d'encre nécessitent une largeur plus importante pour la marge du bas. Si vous essayez d'imprimer dans la zone interdite, une boîte de dialogue apparaît pour vous en prévenir.

Numéroter les pages

Word peut numéroter pour vous les pages de votre document. Inutile de le faire à la main. Vous pouvez avoir autant de pages que vous le voulez, et en ajouter ou en supprimer à volonté, Word s'y retrouve toujours. Vous n'avez à vous occuper de rien, il vous suffit d'avoir indiqué à Word à quel endroit insérer le numéro sur les pages. Ne cherchez jamais à numéroter manuellement dans un traitement de texte.

Où placer le numéro de page ?

La question n'est pas : "Word *peut-il* mettre le numéro sur la page ?" mais : "*Où* faut-il mettre le numéro ?" Si vous suivez ces étapes, vous pouvez demander à Word de mettre le numéro n'importe où (en tout cas, à condition que ça tienne debout).

1. **Dans la barre de menus, sélectionnez Insertion/Numéros de page.**

   La boîte de dialogue Numéros de page apparaît (Figure 14.3).

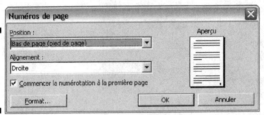

Figure 14.3 : La boîte de dialogue Numéros de page.

2. **Sélectionnez une position pour le numéro de page.**

   Word peut placer le numéro en haut ou en bas de la page (dans l'en-tête ou dans le pied de page). Dans la liste déroulante Position, sélectionnez la position voulue.

3. **Sélectionnez un alignement.**

   Le numéro peut être placé à gauche, à droite ou au milieu, dans la largeur délimitée par les marges de votre document.

3. **Cliquez sur OK.**

   Le numéro de page apparaît dans les pages de votre document.

Pour faire apparaître le numéro de page, vous pouvez aussi utiliser l'icône Numéro de page dans un en-tête ou un pied de page. Voyez le Chapitre 15 pour en savoir plus (si vous ne voulez pas mettre le numéro de page dans un en-tête ou un pied de page, n'utilisez pas la commande Numéros de page).

Surveillez l'aperçu pour voir le résultat de ce que vous sélectionnez.

> ✔ Si vous voulez que le numéro de page n'apparaisse pas sur la
> première page du document (qui est généralement la page de
> titre), ôtez la coche de la case Commencer la numérotation à la
> première page dans la boîte de dialogue Numéros de page (en
> cliquant dans la case).

Numérotation de page fantaisiste

Word ne limite pas la numérotation des pages aux seuls 1, 2, 3, etc.
Vous pouvez parfaitement numéroter des pages avec A, B, C, des
chiffres romains et même des *i*, *ii*, *iii*. Pour cela, cliquez sur le bouton
Format de la boîte de dialogue Numéros de page. Vous accédez aux
options représentées à la Figure 14.4.

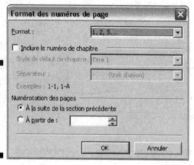

Figure 14.4 :
La boîte de
dialogue
Format des
numéros de
page.

Dans la liste Format, sélectionnez le type de numérotation.

Cliquez sur OK pour valider le format, puis de nouveau sur OK pour
l'appliquer.

Commencer la numérotation à une valeur spécifiée

Pour faire commencer la numérotation de vos pages à une valeur
spécifiée, suivez les instructions de la section précédente pour
afficher les numéros de page, puis suivez ces étapes :

1. **Cliquez sur Insertion/Numéros de page.**

2. **Dans la boîte de dialogue Numéros de page, cliquez sur le
   bouton Format.**

La boîte de dialogue Format des numéros de page apparaît
(Figure 14.4).

3. **Dans la zone Numéros de page, sélectionnez À partir de.**

4. **Cliquez sur OK pour fermer la boîte de dialogue Format des
   numéros de page.**

5. **Cliquez sur OK pour fermer la boîte de dialogue Numéros de
   page.**

Le numéro des pages apparaît dans le document. Pour bien l'appré-
cier, cliquez sur Affichage/Page. Malgré la numérotation, n'oubliez pas
que le numéro affiché dans la barre d'état reflète le numéro de la page
où se trouve le point d'insertion, mais pas celui qui sera imprimé sur la
feuille. En effet, si un document est divisé en sections possédant
chacune sa numérotation, chaque section commence par le n° 1. Dans
ce cas, la barre d'état affiche le numéro de la page dans le document et
pas dans la section.

Commencer une nouvelle page

Il y a deux manières de commencer une nouvelle page dans Word :
l'horrible, mais facile, mauvaise manière, et l'impressionnante bonne
manière.

✔ **L'horrible :** Appuyez sur la touche Entrée jusqu'à ce que vous
   voyiez apparaître la ligne de points qui indique le début d'une
   nouvelle page. Oui, ce procédé marche. Mais c'est ce qu'il ne
   faut pas faire.

✔ **L'impressionnante :** Appuyez sur Ctrl+Entrée. Voilà votre
   nouvelle page, obtenue comme il faut.

Le raccourci Ctrl+Entrée insère un *saut de page manuel* dans votre
document, demandant à Word de commencer une nouvelle page à cet
endroit précis. C'est la seule bonne manière de commencer une
nouvelle page.

Dans l'affichage Normal (voyez le Chapitre 2), un saut de page manuel
se présente comme un saut de page ordinaire (automatique), mais
avec les mots Saut de page qui apparaissent au milieu :

--Saut de page--

Dans l'affichage en mode Page, un saut de page manuel se présente comme n'importe quelle séparation entre deux pages (voyez la Figure 2.2).

Supprimer une page vierge

Parfois, votre document se termine par une page vierge qui n'a pas raison d'être. Elle est gênante dans la mesure où elle fait passer une feuille dans l'imprimante sans l'imprimer.

Pour supprimer cette dernière page blanche superflue :

1. **Appuyez sur Ctrl+Fin.**

   Ce raccourci place le point d'insertion en fin de document.

2. **Appuyez sur la barre d'espace.**

3. **Répétez la deuxième étape jusqu'à ce que la page disparaisse.**

Appuyer sur la barre d'espace supprime toutes les marques de paragraphes inutiles. Au fur et à mesure de leur éviction du document, vous remontez jusqu'à la dernière page contenant du texte. Dès que le point d'insertion l'atteint, la feuille blanche disparaît physiquement du document.

✔ Il est facile de vérifier que vous ne supprimez pas des informations importantes. Appuyez sur Ctrl+Maj+8. Cela affiche le code qui a créé cette dernière feuille blanche. Dès que vous avez terminé, appuyez de nouveau sur Ctrl+Maj+8. (Appuyez sur la touche 8 du clavier, pas sur celle du pavé numérique.)

✔ Si vous appuyez trop longtemps sur la barre d'espace au point d'effacer du texte, relâchez la barre et appuyez sur Ctrl+Z. Vous annulez la suppression.

Chapitre 15

Mettre en forme des documents

. . . .

Dans ce chapitre :

▶ Couper votre document en morceaux.

▶ Tirer le meilleur parti des sections.

▶ Ajouter un en-tête ou un pied de page.

▶ Créer deux jeux d'en-têtes et de pieds de page.

▶ Faire une première page sans en-tête ni pied de page.

▶ Utiliser les barres d'outils En-tête et Pied de page.

. . . .

Du point de vue de la mise en forme, un document n'est pas une page. La mise en forme d'un document n'est pas une chose compliquée. En fait, la plupart des informations que contient ce chapitre ne seront d'aucune utilité pour la majeure partie des documents que vous allez créer, votre courrier personnel, par exemple.

Tout sur les sections

Un bon nombre des commandes de mise en forme de Word s'appliquent à l'ensemble d'un document. Par exemple, la majeure partie des commandes de mise en forme décrites au Chapitre 14 concernent le document : format du papier, orientation, et ainsi de suite. Quant aux en-têtes et aux pieds de page (décrits dans ce chapitre), c'est aussi au document qu'ils s'appliquent.

Si vous devez changer la présentation d'un document sur seulement une page ou un groupe de pages, vous devrez le diviser en sections, chacune d'elles possédant sa propre mise en page. Si par exemple une seule page doit être imprimée en format Paysage, vous devrez créer une section pour cette page. Ou alors, si une page de titre doit comporter des marges particulières, vous devez créer une section rien que pour elle.

Créer une section

Diviser un document n'est pas difficile. Toutes les commandes d'insertion de saut de Word sont rassemblées dans une boîte de dialogue très pratique. Pour la faire apparaître, sélectionnez Insertion/ Saut dans la barre de menus.

La Figure 15.1 montre la boîte de dialogue Saut. Les éléments du premier groupe d'options sont les sauts de texte. Le deuxième groupe contient les sauts de section.

Figure 15.1 :
La boîte de
dialogue
Saut.

Imaginez que vous soyez en train de créer la page de titre d'un nouveau document. Avant de taper du texte, créez la page de cette façon :

1. **Sélectionnez Insertion/Saut.**

   La boîte de dialogue Saut apparaît (Figure 15.1).

2. **Dans la zone Types de saut de section, sélectionnez Page suivante.**

   L'option Page suivante insère à la fois un saut de page manuel et un saut de section dans votre document. C'est la forme la plus courante de saut de section, car la majeure partie des commandes de mise en forme que vous allez utiliser fonctionnent au niveau de la page.

3. **Cliquez sur OK.**

En mode Page, le saut de section se présente de la même manière qu'un saut de page. En mode Normal, il ressemble à ceci :

═══════════════════════Saut de section (page suivante)═══════════════════════

L'étape suivante du processus consiste à placer le curseur en haut de la première page (la page de titre dont nous avons parlé dans la section précédente), et à mettre en forme cette page selon vos besoins.

✔ Pour combiner des mises en forme différentes dans une même page, vous pouvez sélectionner l'option Continu. Par exemple, si vous voulez partager une page entre du texte sur plusieurs colonnes et du texte sur une colonne, le saut de section continu est le moyen idéal d'effectuer cette séparation.

✔ Pour faire commencer la section à la prochaine page paire ou à la prochaine page impaire, utilisez les options Page paire ou Page impaire. Par exemple, si votre document est destiné à être relié, vous pouvez vouloir que votre section commence sur le côté droit ou sur le côté gauche dans le document imprimé et relié (je ne connais personne qui utilise ces options).

✔ Les sauts de section sont aussi un excellent moyen de diviser un document en plusieurs parties. Par exemple, la page de titre peut être une section ; de même l'introduction, les différents chapitres et les annexes. Vous pouvez alors utiliser la commande Atteindre pour accéder directement à chaque début de section. Pour en savoir plus sur la commande Atteindre, reportez-vous au Chapitre 3.

Supprimer un saut de section

Pour supprimer un saut de section, vous pouvez utiliser la touche Retour arrière ou la touche Suppr.

Si vous le faites accidentellement, vous perdez toutes les informations de mise en forme que vous avez appliquées à cette section. Si cela vous arrive, annulez votre action en appuyant sur Ctrl+Z avant de faire quoi que ce soit d'autre.

✔ Vous pouvez supprimer un saut de section avec la touche Retour arrière.

✔ Pour bien supprimer des sauts de section, basculez en mode Normal. Cliquez sur Affichage/Normal.

Les joies des en-têtes et des pieds de page

Dans une lettre, l'en-tête n'apparaît que sur la première page. Dans un document, il apparaît sur toutes les pages, sauf en général sur la première. Son équivalent en bas de la page est le pied de page. On peut très bien utiliser les deux à la fois.

- ✔ Un en-tête contient généralement différentes informations, par exemple votre nom, le nom du document, la date, le numéro de la page, éventuellement un titre ou encore un numéro de téléphone.

- ✔ Dans un pied de page, on peut mettre toutes les informations que l'on veut de la même manière. La seule différence est qu'il est en bas de la page.

Ajouter un en-tête ou un pied de page

Les en-têtes et les pieds de page peuvent faire beaucoup pour embellir un document. Vous n'êtes pas obligé d'utiliser les deux à la fois. De plus, que vous préfériez utiliser l'un ou l'autre (ou les deux), c'est de la même manière que l'on définit un en-tête ou un pied de page.

Pour ajouter un en-tête ou un pied de page, suivez ces étapes :

1. **Sélectionnez Affichage/En-tête et pied de page.**

   Word vous fait passer dans une version spéciale de l'affichage Page qui rend accessibles les zones d'en-tête et de mise en page de votre document. Vous voyez aussi apparaître la palette d'outils flottante En-tête et pied de page. C'est ce que montre la Figure 15.2.

Figure 15.2 :
Un en-tête
avec la
palette
d'outils En-
tête et pied
de page.

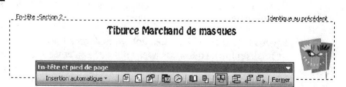

2. **Dans la palette d'outils, cliquez sur le bouton Basculer en-tête et pied de page (le quatrième à partir de la droite) pour**

sélectionner l'en-tête ou le pied de page selon ce que vous voulez modifier.

Ce bouton vous fait passer directement dans le pied de page si vous êtes dans l'en-tête, et réciproquement.

3. **Saisissez le texte de votre en-tête ou de votre pied de page.**

Tout le texte que vous tapez peut être mis en forme au moyen de toutes les commandes de mise en forme de texte et de paragraphe de Word, y compris les tabulations (voyez les Chapitres 11, 12 et 13).

Dans tous les documents, Word propose une mise en forme par défaut des en-têtes et pieds de page avec une tabulation centrée au milieu et une tabulation droite à l'extrémité droite de la règle. Vous pouvez donc appuyer sur la touche Tab, étape du texte qui sera automatiquement centré en haut ou en bas de chaque page. Ce tab n'est pas toujours nécessaire, mais c'est une très bonne idée de la part de Microsoft de l'avoir mis là.

4. **Pour définir des éléments particuliers, utilisez les boutons de la palette d'outils.**

Si vous placez le pointeur sur un bouton de la palette d'outils, vous voyez apparaître une bulle d'aide qui en décrit la fonction (comme pour les barres d'outils).

Par exemple, vous pouvez appuyer sur la touche Tab, puis cliquer sur le bouton Insérer un numéro de page pour insérer le numéro de la page au milieu d'un en-tête ou d'un pied de page.

Vous pouvez utiliser la liste déroulante Insertion automatique pour mettre un élément d'insertion automatique dans l'en-tête ou le pied de page. Les éléments insérés sont des "champs", automatiquement mis à jour par Word, qui donnent des informations sur différents aspects de votre document, comme le montre la Figure 15.3. Par exemple, Page X de Y indique le numéro de la page en cours et le nombre total de pages du document.

5. **Une fois que vous avez terminé, cliquez sur le bouton Fermer.**

Vous êtes de retour dans votre document.

En mode Page, vous pouvez voir l'en-tête et le pied de page, dont le texte est estompé (le texte est en gris au lieu d'être en noir). En mode Normal, vous ne voyez ni l'en-tête ni le pied de page, mais ils sont toujours là (pour voir l'en-tête et le pied de page, vous pouvez aussi utiliser l'aperçu avant impression).

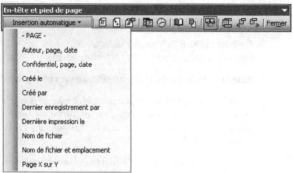

Figure 15.3 :
Les éléments
d'insertion
automatique
que l'on peut
placer dans
un en-tête ou
un pied de
page.

Dans un en-tête ou un pied de page, vous pouvez mettre tout ce que vous pouvez mettre dans un document, y compris des images (voyez la Figure 15.2). C'est particulièrement utile si vous voulez faire apparaître un logo sur chaque page.

- ✔ Il n'est pas nécessaire de vous placer dans la première page de votre document pour insérer le numéro de page dans l'en-tête. Word place le numéro adéquat sur chaque page, quelles que soient les modifications que vous apportez au document comme à l'en-tête.

- ✔ Ce que vous placez dans un en-tête ou un pied de page s'applique à toutes les pages de la section.

- ✔ Si votre document comporte plusieurs sections, le nom de l'en-tête ou du pied de page apparaît avec le numéro de la section, par exemple En-tête-Section 2-. Souvenez-vous que toute modification effectuée dans un en-tête ou un pied de page ne s'applique qu'à la section dans laquelle vous la faites.

- ✔ En mode Page, vous pouvez accéder rapidement à l'en-tête ou au pied de page en double-cliquant dedans (là où vous voyez le texte estompé).

- ✔ Vous voudrez peut-être mettre du texte avant le numéro de page. Sans préjuger de votre imagination, vous pouvez taper le mot **Page** suivi d'un espace avant de cliquer sur le bouton # dans la palette d'outils.

- ✔ Pour insérer l'heure ou la date dans un en-tête ou un pied de page, cliquez sur le bouton Insérer l'heure ou Insérer la date dans la palette d'outils.

↳ Pour permuter l'en-tête et le pied de page, utilisez le bouton
Basculer en-tête/pied page.

En-têtes pairs pour les pages paires, impairs pour les pages impaires

Word est capable de définir deux jeux d'en-têtes et de pieds de page
pour votre document : un pour les pages paires et un pour les pages
impaires. Par exemple, c'est de cette façon que ce livre a été mis en
forme. L'en-tête des pages paires contient le numéro de page et le titre
de partie ; l'en-tête des pages impaires le numéro du chapitre suivi du
titre du chapitre et du numéro de page. Vous pouvez en faire autant !

Pour demander à Word de créer deux jeux d'en-têtes et de pieds de
page, suivez ces étapes :

1. **Sélectionnez Affichage/En-tête et pied page.**

   Cette commande affiche l'en-tête et le pied de page, où que vous
   soyez dans votre document, ainsi que la palette d'outils flottante
   En-tête et pied de page (voyez la Figure 15.2).

2. **Dans la palette En-tête et pied de page, cliquez sur le bouton
   Mise en page.**

   La boîte de dialogue Mise en page apparaît, avec au premier
   plan l'onglet Disposition, comme le montre la Figure 15.4.

3. **Dans la zone En-tête et pied de page, cochez la case Paires et
   impaires différentes.**

   Remarquez la manière dont l'aperçu reflète l'effet de votre
   sélection.

4. **Cliquez sur OK.**

   Vous êtes à nouveau en mode d'édition de l'en-tête et du pied de
   page. Avez-vous remarqué l'indication En-tête de page paire ou
   En-tête de page impaire ?

5. **Créez le contenu de l'en-tête ou du pied de page impair.**

   Pour savoir comment créer le contenu d'un en-tête ou d'un pied
   de page, reportez-vous à la section précédente.

6. **Créez le contenu de l'en-tête ou du pied de page pair.**

Figure 15.4 :
L'onglet
Disposition
de la boîte de
dialogue
Mise en
page.

Cliquez sur le bouton Afficher en-tête/pied de page suivant (ou précédent). Ces boutons vous permettent de naviguer parmi les différents en-têtes et pieds de page pairs ou impairs de votre document.

7. **Une fois vos modifications terminées, cliquez sur le bouton Fermer de la palette En-tête et pied de page.**

Vous êtes de retour dans le texte de votre document.

Pas d'en-tête sur la première page !

Lorsque vous revenez à l'édition de l'en-tête ou du pied de page dans votre document, cliquez sur le bouton Afficher en-tête/pied de page précédent, jusqu'à ce que vous arriviez au premier en-tête, intitulé Premier en-tête. Laissez cet en-tête ou pied de page vierge. Cette méthode place un en-tête vide sur la première page. Sur les autres pages, l'en-tête apparaît tel que vous l'avez défini. Vous pouvez aussi vous servir de cette méthode pour définir un en-tête différent pour la première page, par exemple un logo.

Chapitre 16
Utiliser les styles

• •

Dans ce chapitre :

▶ Trouver vos styles.

▶ Créer un style.

▶ Modifier un style.

▶ Assigner un raccourci clavier à un style.

▶ Utiliser un style.

▶ Utiliser les styles de titre.

• •

*U*n style de Word n'a rien à voir avec un style littéraire. Il ne vous servira pas à mieux écrire. Mais grâce aux styles, vous appliquerez en un clin d'œil la même présentation pour tous les titres, tous les sous-titres et tous les paragraphes. C'est pour la rédaction de rapports et de thèses que vous apprécierez cette fonctionnalité.

Qu'est-ce qu'un style ?

Un *style* n'est rien d'autre qu'un ensemble de commandes de mise en forme de Word. Par exemple, si vous voulez mettre un paragraphe en police Courier 10 points et en retrait, il vous suffit de lui *appliquer* le style correspondant. Facile !

✔ Les styles ont été créés pour réduire le travail de mise en forme. Au fur et à mesure que les traitements de texte devenaient plus sophistiqués, que les imprimantes acceptaient de plus en plus de polices, et que Windows vous permettait de voir votre document à l'écran tel qu'il allait être imprimé, le besoin de commandes de mise en forme avancée n'a fait qu'augmenter. C'est pour aider les gens à manier tous ces raffinements de mise en forme que les styles ont été créés.

> ✔ Dans Word, tout texte a un style. Par défaut, Word utilise le style Normal : paragraphe aligné à gauche, en Times New Roman, 12 points, sans retrait.
>
> ✔ Word n'oblige pas à utiliser des styles. Mais si vous le faites, la mise en forme de vos documents en sera cependant grandement facilitée et la présentation sera d'une parfaite cohérence.

Où se cachent les styles ?

Les styles se nichent à deux endroits : la barre d'outils Mise en forme et le volet Styles et mise en forme que vous obtenez en sélectionnant Format/Styles et mise en forme.

Vous finirez sans doute par prendre l'habitude de sélectionner les styles dans la barre d'outils. Le volet Styles et mise en forme permet de créer et de modifier les styles de vos documents.

Les styles dans la barre d'outils Mise en forme

La manière la plus facile de voir et d'utiliser les styles disponibles dans un document est de passer par la liste déroulante de la barre d'outils Mise en forme (celle dans laquelle vous voyez Normal lorsque vous créez un nouveau document), telle que la montre la Figure 16.1.

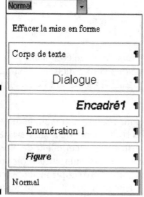

Figure 16.1 :
La liste
déroulante
Style dans la
barre d'outils
Mise en
forme.

Pour voir la liste déroulante Style, il vous faudra peut-être réorganiser vos barres d'outils.

Les styles que vous voyez dans la liste sont ceux que vous pouvez utiliser dans votre document. Dans la Figure 16.1, vous voyez les styles standard qui sont disponibles dans tout nouveau document. Il y en a quatre : le style Normal, qui est le style appliqué au texte, et trois styles de titre.

L'option Effacer la mise en forme qui apparaît dans cette liste est simplement une commande qui vous permet de supprimer toute mise en forme du texte sélectionné.

Le style "Autres..." n'est pas un style, mais simplement la commande qui ouvre le volet Style et mise en forme.

Au fur et à mesure que vous créez de nouveaux styles, ils sont ajoutés à la liste.

Une petite marque de paragraphe (¶) à droite du nom d'un style (juste avant la barre de défilement de la liste) indique qu'il s'agit d'un style de paragraphe, c'est-à-dire que lorsque vous le sélectionnez il s'applique à tout le paragraphe dans lequel se trouve le curseur.

Un petit *a* souligné (a) à droite du nom d'un style indique qu'il s'agit d'un style de caractère. Lorsque vous l'activez, il s'applique uniquement aux caractères sélectionnés, sans affecter le reste du paragraphe.

✔ S'il existe d'autres styles affichables à l'écran, une option Autres apparaît en bas de la liste. La sélection de cette option fait apparaître le volet Office, dont nous allons parler dans la section suivante.

✔ Les styles standard sont conservés dans un modèle de document que Word utilise pour tous les nouveaux documents. Le nom de ce modèle est NORMAL (ou NORMAL.DOT). Nous en parlerons au chapitre suivant.

✔ Les styles de titre permettent de mettre en forme les titres de différents niveaux dans un document, par exemple dans un livre comme celui-ci.

Les styles dans le volet Office

La majeure partie de ce que l'on peut faire avec des styles se passe dans le volet Office. Si vous l'avez évité jusqu'ici, le moment est venu d'accepter l'inévitable. L'inconvénient du volet Office est qu'il occupe près du quart de l'espace dont vous disposez pour écrire dans la fenêtre du document, mais il faut s'en accommoder.

Il y a plusieurs méthodes d'affichage du volet Styles et mise en forme. Voici mes préférées :

✔ Cliquez sur le bouton AA à côté de la liste déroulante Style.

✔ Cliquez sur Format/Style et mise en forme.

✔ Appuyez sur Ctrl+F1.

Le volet Styles et mise en forme apparaît (Figure 16.2).

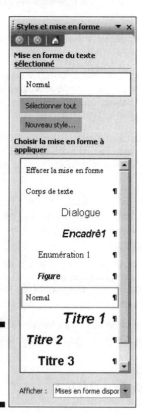

Figure 16.2 :
Le volet
Styles et
mise en
forme.

Le volet Styles et mise en forme est l'endroit qui vous permet de contrôler, de créer, de supprimer ou d'utiliser, de quelque manière que ce soit, les styles dans votre document. Tous les styles que comporte votre document apparaissent ici. Le style en cours d'utilisation (celui du texte sélectionné ou du paragraphe dans lequel se trouve le curseur) apparaît dans la case qui se trouve en haut du volet. Dans la Figure 16.2, c'est le style Normal.

Pour faire apparaître des informations supplémentaires sur un style de la liste, placez le pointeur dessus. Tout d'abord, un cadre apparaît autour du style, avec une flèche pointant vers le bas à l'extrémité droite de celui-ci, donnant accès à un menu pour le style correspondant (voyez la Figure 16.3). Un instant après, si vous ne bougez pas le pointeur, une info-bulle s'affiche, contenant la description complète de la mise en forme du style. Dans la Figure 16.3, le style Titre 1 est basé sur le style Normal avec différents attributs de mise en forme supplémentaires.

Informations sur la mise en forme du style

Nom du style

Figure 16.3 :
Afficher les
informations
sur un style.

Titre 1 ▾ — Cliquez ici pour afficher le menu du style

Titre 1 : Normal + Police :Helvetica, 24 pt, Gras, Italique, Droite :   4 cm, Droite, Espace Avant : 6 pt, Après : 12 pt, Niveau 1

- ✔ Le volet Styles et mise en forme est l'endroit qui vous permet de créer, de modifier et d'utiliser les styles.

- ✔ Le bouton Sélectionner tout sélectionne tout le texte de votre document qui est mis en forme avec le style correspondant (cliquez dans votre document pour sélectionner le style de ce texte, puis utilisez le bouton Sélectionner tout pour afficher tout le texte mis en forme avec ce style), exactement comme la commande Édition/Sélectionner tout ou le raccourci Ctrl+A. Il vous permet d'appliquer un style à tout votre document, sans sortir du volet Styles et mise en forme.

- ✔ Le menu associé à chaque style permet de le supprimer, de le modifier, de le sélectionner ou de le mettre à jour. La Figure 16.3 vous montre où cliquer. Nous allons parler de l'utilisation de ce menu plus loin dans ce chapitre.

Créer un nouveau style

Dans les sections suivantes, nous verrons comment créer de nouveaux styles pour votre document, ne serait-ce que pour faire mieux que le tristounet style Normal.

Créer un style à partir d'un paragraphe que vous avez déjà mis en forme

La manière la plus facile de créer un nouveau style dans un document consiste à utiliser tout ce que vous savez de la mise en forme pour donner à un paragraphe exactement la mise en forme que vous voulez. Vous pourrez ensuite créer le nouveau style sur la base de la mise en forme de ce paragraphe. Voici comment :

1. **Tapez un paragraphe de texte.**

   Vous pouvez utiliser un paragraphe qui existe déjà dans votre document. Vous avez simplement besoin d'un paragraphe pour visualiser votre mise en forme.

2. **Sélectionnez votre paragraphe.**

   Pour savoir comment sélectionner un bloc de texte, reportez-vous au Chapitre 6.

3. **Mettez en forme le paragraphe.**

   Sélectionnez les différents attributs de mise en forme des caractères. Choisissez une police et une taille. Pour savoir comment mettre en forme des caractères, reportez-vous au Chapitre 11.

   Dans la mesure du possible, limitez-vous au choix de la police et de la taille pour la mise en forme des caractères. Évitez le gras, l'italique et le soulignement, à moins que ces attributs doivent faire partie intégrante du style, c'est-à-dire s'appliquer à tout le texte du paragraphe.

   Sélectionnez la mise en forme du paragraphe : l'alignement (gauche, droit, centré ou justifié), les retraits, etc. Pour savoir tout ce que vous pouvez faire, voyez le Chapitre 12.

4. **Appuyez sur Ctrl+Maj+S.**

   Cette commande fait apparaître le nouveau style dans la liste Style de la barre d'outils Mise en forme. Il est affiché en surbrillance.

5. **Donnez un nom à votre nouveau style.**

   Choisissez un nom bref et descriptif.

   Par exemple, si vous créez un style de paragraphe en retrait que vous voulez utiliser pour des listes, vous pouvez lui donner le nom Liste.

   Si vous lui attribuez le nom d'un style existant, Word affiche un message. Saisissez un autre nom !

6. **Appuyez sur Entrée.**

   Le nouveau style est ajouté à la liste des styles de votre document.

Le nouveau style est maintenant associé au paragraphe que vous avez utilisé pour le créer. Si vous tapez à la suite de celui-ci un nouveau paragraphe, il adoptera automatiquement ce style. De même, vous pouvez appliquer votre nouveau style à tout autre paragraphe de votre document.

- ✔ Donnez à votre style un nom qui décrive sa fonction. Des noms comme Liste retrait ou Tableau texte sont excellents parce qu'ils permettent de se souvenir facilement de ce à quoi ils correspondent.

- ✔ Les styles que vous créez ne sont disponibles que dans le document dans lequel ils ont été créés.

- ✔ Si vous voulez utiliser dans différents documents les styles que vous avez définis, vous devez créer un *modèle*.

- ✔ Après avoir créé un style, il vous arrivera de vouloir le peaufiner ou le modifier. Voyez la section "Modifier un style", plus loin dans ce chapitre.

Créer un style en utilisant le volet Styles et mise en forme

La boîte de dialogue Nouveau style est très pratique pour créer un nouveau style, à condition de connaître assez bien les commandes de style de Word. Les étapes suivantes décrivent le cheminement qui permet de créer un style en utilisant la boîte de dialogue Nouveau style.

1. **Affichez le volet Styles et mise en forme.**

   Il suffit de reprendre les instructions indiquées dans ce chapitre.

Remarquez que dans cette étape vous n'avez pas besoin de créer un nouveau paragraphe ni de mettre en forme quoi que ce soit.

2. Cliquez sur le bouton Nouveau style.

La boîte de dialogue Nouveau style apparaît (Figure 16.4).

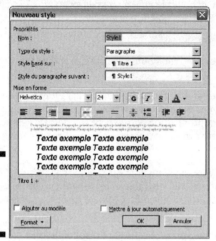

Figure 16.4 :
La boîte de dialogue Nouveau style.

3. Dans le champ Nom, entrez un nom pour votre nouveau style.

Comme c'est le nom qui va apparaître dans la liste des styles, choisissez un nom simple et descriptif, par exemple Légende pour un style destiné à des légendes.

Si vous tapez un nom déjà utilisé pour un style existant, Word vous prévient. Trouvez-en un autre.

4. Dans la liste Type de style, sélectionnez le type.

La plupart des styles que l'on utilise sont des styles de paragraphe, c'est-à-dire des styles qui s'appliquent à des paragraphes en tant que tels et peuvent combiner tous les attributs de mise en forme de paragraphe.

Les styles de caractère sont assez peu utilisés. Il m'est arrivé d'écrire un livre dans lequel les commandes à taper devaient apparaître non seulement dans la police Courier New, mais aussi en gras et en bleu. J'ai donc créé un style de caractère avec ces attributs et l'ai appelé "Texte bleu". Ensuite, pour mettre en forme le texte correspondant, je l'ai sélectionné et lui ai appliqué le style de caractère Texte bleu.

Les styles de tableau sont utilisés pour mettre en forme des tableaux. Les styles de liste permettent de mettre en forme des listes d'éléments à plusieurs niveaux, comme les styles de titre de Word. Avant de créer des styles de ces deux types, il est préférable de commencer par vous familiariser avec les tableaux et avec les listes.

5. Dans la liste Style basé sur, sélectionnez le style voulu.

Pour gagner du temps, vous pouvez utiliser un style existant et réaliser votre nouveau style à partir de celui-ci. Par exemple, si votre nouveau style est identique au style Corps, mais avec pour seule différence des caractères plus petits, vous pouvez sélectionner Corps dans la liste Style basé sur, puis spécifier uniquement les modifications pour définir votre nouveau style.

Au départ, tous les styles sont basés sur le style Normal.

La liste déroulante Style basé sur contient un grand nombre de styles. Faites défiler cette liste pour trouver un style particulier, sinon utilisez le style Normal.

6. Sélectionnez le style du paragraphe suivant.

C'est une option pratique, qui est définie par défaut avec le style que vous êtes en train de créer. De cette façon, tous les paragraphes que vous allez taper à la suite auront le même style. Cette option permet aussi quelques astuces de mise en forme. Voyez l'encadré "Après moi un nouveau style".

7. Sélectionnez les attributs de mise en forme de votre nouveau style.

La boîte de dialogue Nouveau style contient une pléthore de boutons et de listes déroulantes (éléments avec lesquels vous êtes sans doute déjà familier) qui vous permettent de sélectionner instantanément un certain nombre d'attributs de mise en forme de base. Utilisez la zone d'aperçu pour vous rendre compte de l'effet produit par vos sélections.

Pour faire des choses plus précises, par exemple sélectionner un double soulignement ou définir des tabulations, cliquez sur le bouton Format. Il fait apparaître un menu des commandes de mise en forme de Word. La sélection d'une option de ce menu affiche la boîte de dialogue correspondante qui permet de définir différents attributs de mise en forme. Beaucoup de ces boîtes de dialogue sont décrites en d'autres endroits de ce livre, mais gardez à l'esprit que ce que vous allez y sélectionner ici s'applique au style que vous êtes en train de créer, et non à un texte particulier dans votre document (tout au moins pas encore).

L'utilisation de la boîte de dialogue Nouveau style suppose que vous savez utiliser les attributs de mise en forme appliqués à un style. Si vous n'êtes pas très sûr de vous, mieux vaut utiliser la méthode décrite dans la section précédente, "Créer un style à partir d'un paragraphe que vous avez déjà mis en forme".

8. **Cliquez sur OK pour créer le style.**

La boîte de dialogue Nouveau style disparaît, et le style que vous avez créé apparaît dans la liste des styles.

Après moi un nouveau style

Lorsque je débute un nouveau chapitre, je commence par le style Chapitre titre. Le style suivant est Chapitre intro, lequel est suivi par le style Corps. Et après un paragraphe Corps, il y a un autre paragraphe Corps, et ainsi de suite. Quand je passe d'un paragraphe au suivant, il n'y a pas de raison de sélectionner le style correspondant, car Word passe automatiquement d'un style au suivant.

Dans la boîte de dialogue Nouveau style (ou Modifier le style), ouvrez la liste déroulante Style du paragraphe suivant. Le style que vous sélectionnez dans cette liste est celui auquel Word passera automatiquement lorsque vous appuierez sur la touche Entrée pour terminer un paragraphe dans le style que vous êtes en train de créer ou de modifier. Si vous conservez l'option par défaut pour cette liste, le style ne sera pas changé en passant au paragraphe suivant, ce qui correspond à ce dont on a besoin la plupart du temps. Mais, dans les situations où vous savez que le style doit changer, vous pouvez demander à Word de le faire automatiquement. Vous pouvez modifier le style Chapitre titre pour sélectionner dans cette liste le style Chapitre intro. De cette façon, chaque fois que vous appuierez sur la touche Entrée après avoir tapé le titre de votre chapitre dans le style Chapitre titre, le paragraphe suivant sera automatiquement en style Chapitre intro. C'est extrêmement pratique.

Créer un style de caractère

La majeure partie des styles que vous allez créer sont des styles de paragraphe. Pour créer un style correspondant à une mise en forme destinée à s'appliquer à des parties de texte qui ne sont pas nécessairement des paragraphes, vous devez créer un style de caractère. Dans la liste des styles, un style de caractère est reconnaissable au symbole a qui apparaît à sa droite.

Supposons que, dans un mémoire, les formules mathématiques doivent être en gras et en rouge. Naturellement, vous pouvez les sélectionner l'une après l'autre, et utiliser la commande Format/Police pour mettre le texte en gras et en rouge (vous pouvez aussi utiliser la barre d'outils), mais c'est bien compliqué pour l'âge de l'informatique. Pour vous délivrer de la répétition de cette lourde manipulation, vous pouvez créer un style de caractère qui mettra le texte sélectionné en gras et en rouge en une seule action.

Pour créer un style de caractère, suivez les étapes de la section précédente, mais en sélectionnant Caractère au lieu de Paragraphe dans la liste déroulante Type de style. La boîte de dialogue Nouveau style prend la forme correspondante, c'est-à-dire ne permet de définir que les mises en forme de caractère et non celles qui s'appliquent à l'échelle du paragraphe.

Faites vos sélections d'attributs de mise en forme dans la boîte de dialogue Nouveau style. Une fois que vous avez terminé, cliquez sur OK pour créer le style.

- ✔ L'application d'un style de caractère à une partie de texte sélectionnée n'affecte pas la mise en forme du paragraphe dans lequel elle se trouve.

- ✔ Pour appliquer rapidement une mise en forme de caractère, voyez aussi au Chapitre 18 la section sur la reproduction de la mise en forme.

Modifier un style

Il vous arrivera plus d'une fois d'avoir besoin de modifier un style.

La police Times New Roman – celle du style Normal – est une belle police, mais, comment dire... elle n'est plus de première jeunesse. Elle est utilisée par presque tout le monde pour presque tout, mais si vous voulez faire branché, dans le vent, et ainsi de suite, vous n'avez que l'embarras du choix parmi les milliers de polices qui existent de par le Web. Après quoi, il ne vous restera plus qu'à créer ou à modifier les styles concernés.

Voici comment procéder pour modifier un style (n'importe quel style, pas seulement le style Normal) :

1. **Ouvrez le volet Styles et mise en forme.**

   Vous pouvez aussi cliquer sur le bouton AA à côté de la liste Style dans la barre d'outils Mise en forme.

2. **Dans le volet Styles et mise en forme, placez le pointeur sur le style que vous voulez modifier.**

3. **Cliquez sur la flèche pointant vers le bas qui apparaît.**

   Le menu du style s'affiche. Si vous ne voyez pas la flèche pointant vers le bas, reportez-vous à la Figure 16.3.

4. **Sélectionnez Modifier.**

   La boîte de dialogue Modifier le style apparaît. C'est en fait la boîte de dialogue Nouveau style qui s'appelle ici "Modifier le style", puisqu'il s'agit de modifier un style qui existe déjà (voyez la Figure 16.4).

5. **Effectuez les modifications que vous voulez.**

   Pour modifier votre style, vous êtes libre d'utiliser tous les attributs de mise en forme disponibles. Vous pouvez aussi ajouter les attributs supplémentaires ou attribuer un raccourci clavier à votre style (nous vous dirons comment dans la section suivante).

6. **Une fois que vous avez terminé, cliquez sur OK.**

Si vous n'en avez plus besoin, vous pouvez fermer le volet Office.

✔ Lorsque vous modifiez un style de paragraphe, ces modifications sont appliquées à tous les paragraphes de votre document qui sont dans ce style. L'application de ces modifications est instantanée, ce qui est l'un des avantages de l'utilisation des styles.

✔ Utiliser un style pour modifier une mise en forme que l'on trouve dans tout le document, c'est très cool. Si vous voulez modifier le retrait de la première ligne de tous les paragraphes en style Corps, il vous suffit de modifier le style. Lorsque vous cliquez sur OK, tous les paragraphes concernés sont automatiquement modifiés.

✔ Si vous voulez vraiment changer le style Normal, il vous faut ouvrir et modifier le modèle Normal.dot. Nous en parlerons au Chapitre 17.

Attribuer un raccourci clavier à un style

Les styles permettent de mettre en forme rapidement des paragraphes de texte. L'attribution d'un raccourci clavier à un style rend la chose encore plus facile. Il est plus rapide d'appuyer sur Alt+Maj+C pour appliquer le style Corps que d'aller le sélectionner dans la liste Style, surtout si vous avez beaucoup de styles.

Pour attribuer un raccourci clavier à votre style, suivez ces étapes :

1. **Affichez le volet Styles et mise en forme.**

2. **Ouvrez le menu du style auquel vous voulez attribuer un raccourci (voyez la Figure 16.3).**

3. **Sélectionnez Modifier.**

   La boîte de dialogue Modifier le style apparaît.

4. **Cliquez sur le bouton Format.**

5. **Dans le menu, sélectionnez Touche de raccourci.**

   La boîte de dialogue Personnaliser le clavier apparaît.

6. **Appuyez sur le raccourci clavier que vous voulez attribuer au style.**

   Le mieux est d'utiliser une combinaison comme Ctrl+Maj+*lettre* ou Alt+Maj+*lettre* ou Ctrl+Alt+*lettre*, où *lettre* est une lettre quelconque sur le clavier. Par exemple, Ctrl+Alt+C pour le style Corps.

   Remarquez que la combinaison sur laquelle vous venez d'appuyer apparaît dans le champ Nouvelle touche de raccourci. Si vous faites une erreur, appuyez sur la touche Retour arrière pour l'effacer.

7. **Vérifiez que votre raccourci n'est pas déjà utilisé.**

   Par exemple, Word utilise Ctrl+G pour la commande de mise en gras des caractères. Si vous tapez cette combinaison de touches dans le champ Nouvelle touche de raccourci, vous voyez apparaître au-dessous "Affectées à : Gras". Surveillez cette indication ! Si vous ne voulez pas que votre raccourci se substitue à celui d'une commande que vous pouvez utiliser par ailleurs, appuyez sur la touche Retour arrière pour en choisir un autre.

   Ctrl+Maj+G est un autre raccourci de la commande de mise en gras des caractères. Contrairement au précédent, vous pouvez l'utiliser sans état d'âme, puisque vous aurez toujours Ctrl+G, qui est d'ailleurs plus pratique.

Si le raccourci que vous tapez ne correspond à aucune commande existante, vous voyez apparaître [Non attribuée] à la place du nom de la commande.

8. **Cliquez sur le bouton Attribuer.**

9. **Cliquez sur le bouton Fermer.**

La boîte de dialogue Personnaliser le clavier disparaît.

10. **Cliquez sur le bouton OK.**

La boîte de dialogue Modifier le style disparaît.

Si vous n'en avez plus besoin, vous pouvez aussi fermer le volet Office.

Vous disposez maintenant d'un raccourci clavier pour votre style.

Supprimer un style

Vous pouvez supprimer tout style que vous avez créé. Affichez le volet Styles et mise en forme, ouvrez le menu du style que vous voulez supprimer, et sélectionnez Supprimer dans ce menu. Une boîte de dialogue vous demande si vous êtes sûr de vouloir supprimer le style. Cliquez sur Oui et le style est supprimé.

Vous ne pouvez pas supprimer le style Normal, les styles Titre 1, Titre 2, et ainsi de suite, ni tout autre style standard de Word.

Appliquer un style

On n'utilise pas vraiment un style, on l'*applique*. Les mises en forme de caractère et de paragraphe qu'il contient s'appliquent au texte sélectionné à l'écran ou dans lequel se trouve le curseur.

Voici, étape par étape, comment appliquer un style :

1. **Choisissez le texte auquel vous voulez appliquer le style.**

Si c'est un paragraphe affiché à l'écran, placez simplement le curseur dedans. Vous pouvez aussi sélectionner un bloc de texte.

2. **Dans la liste Style de la barre d'outils Mise en forme, sélectionnez un style.**

   Vous pouvez aussi sélectionner le style dans le volet Styles et
   mise en forme si celui-ci est affiché. Mais ce volet prend de la
   place sur l'écran et rien ne vous oblige à l'afficher en perma-
   nence.

Les styles de titre de Word

Word comporte neuf styles de titre intégrés, dont trois sont directement disponibles dans la liste Style. Si vous voulez organiser votre
texte sur la base de titres de différents niveaux, vous pouvez vous en
servir. Il n'y a rien là d'obligatoire, mais vous pouvez en tirer quelques
avantages.

Par exemple, il y a dans ce chapitre un premier niveau de titre, comme
"Appliquer un style", puis des titres d'un niveau immédiatement
inférieur, comme "Attribuer un raccourci clavier à un style". Le
premier niveau de titre est mis en forme avec le style Titre 1, le second
avec le style Titre 2.

La mise en forme standard des styles de titre est banale et plutôt
ennuyeuse, mais vous pouvez la modifier selon les besoins de chaque
document. Pour savoir comment modifier un style, reportez-vous à la
section "Modifier un style", plus haut dans ce chapitre.

✔ De même que le style Normal, les styles de titre ne peuvent pas
   être supprimés.

✔ Word dispose de neuf styles de titre prédéfinis (de Titre 1 à
   Titre 9). Ils sont particulièrement utiles quand on utilise le mode
   Plan.

Chapitre 17

Travailler avec des modèles

. . . .

Dans ce chapitre :

▶ Utiliser un modèle.

▶ Créer un modèle de document.

▶ Modifier un modèle de document.

▶ Attacher un modèle à un document.

▶ Comprendre Normal.dot.

. . . .

*U*n *modèle* est la description de la présentation d'un document. C'est essentiellement un squelette de document dans lequel vous placez votre texte.

Un modèle contient principalement des styles, mais il peut aussi contenir du texte, des images et même ses propres barres d'outils personnalisées.

Utiliser un modèle de document

Word est fourni avec une assez abondante collection de modèles de document, qui peuvent vous aider à vous faire une idée de la manière dont on peut utiliser un modèle, mais que vous pouvez tout simplement utiliser pour créer des documents d'usage courant. Pour utiliser un modèle de document, suivez ces étapes :

1. **Cliquez sur Fichier/Nouveau.**

   Vous affichez le volet Nouveau document.

2. **Recherchez le modèle à utiliser.**

Dans Word, vous accédez aux modèles par deux supports différents. D'abord, il y a le site Web de Microsoft. Vous y trouvez des modèles sur tous les sujets. Ensuite, il y a Sur mon ordinateur qui centralise tous les modèles livrés avec Word et ceux que vous avez créés.

3. Sélectionnez un modèle récemment utilisé.

4. Cliquez sur le lien Sur mon ordinateur.

La boîte de dialogue Modèles apparaît (Figure 17.1). Elle contient de nombreux onglets qui organisent les modèles par catégorie.

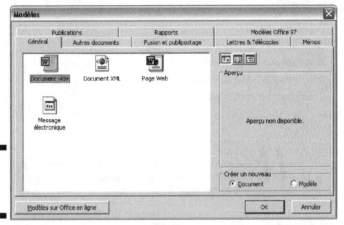

Figure 17.1 :
La boîte de
dialogue
Modèles.

5. Sélectionnez un modèle.

Les modèles sont organisés en catégories, représentées par les onglets dans la boîte de dialogue. Par exemple, si vous cliquez sur l'onglet Lettres & Télécopies, vous voyez apparaître les modèles de cette catégorie.

Les *assistants* sont des programmes qui vous guident à travers les étapes de la création d'un nouveau document.

6. Cliquez sur OK.

Word ouvre le nouveau document, sur la base du modèle sélectionné, avec les styles, mises en forme et autres, tout cela prêt à l'emploi. Vous pouvez donc utiliser aussitôt tous les styles contenus dans le modèle, de même que tout texte ou tout autre élément qui s'y trouverait aussi.

Créer un nouveau document sur la base d'un modèle ne modifie pas le modèle en question. Le nouveau document ne fait qu'utiliser les styles ou autres éléments que contient le modèle.

Pour en savoir plus sur les assistants, reportez-vous au Chapitre 18.

 Vous pouvez utiliser Word comme éditeur de courrier électronique, à condition que Outlook ou Outlook Express de Microsoft soient le programme de messagerie. Vous pouvez créer un nouveau message en sélectionnant le modèle Message électronique dans la boîte de dialogue Modèles (Figure 17.1), ou en cliquant sur le bouton Message électronique dans la barre d'outils ; ce modèle et ce bouton n'apparaissent que si vous avez installé Outlook sur votre ordinateur. Word est alors simplement utilisé comme éditeur de message électronique. Comme ce livre est consacré au traitement de texte et non à la messagerie électronique, reportez-vous à une documentation sur Outlook ou Outlook Express pour savoir comment utiliser Word de cette manière.

Certains des modèles de Word peuvent aussi être utilisés pour créer une page Web. Honnêtement, Word n'est pas un très bon éditeur de page Web. S'il l'était, pourquoi Microsoft aurait-il besoin de développer et de vendre FrontPage ?

Créer votre propre modèle bien à vous

Pour créer un modèle, suivez ces étapes :

1. **Choisissez le document sur lequel vous voulez baser le modèle.**

   Bien que Word vous permette de créer un modèle à partir de zéro, je trouve par expérience qu'il est plus pratique de partir d'un document existant. Vous pouvez donc partir d'un document que vous avez déjà créé ou en créer un nouveau pour les besoins de la cause.

   La Figure 17.2 montre un exemple de modèle que j'ai créé, avec un peu de texte et des images. Souvenez-vous qu'un modèle ne doit contenir que les styles dont vous avez besoin pour vos documents, et seulement le texte que vous allez retrouver dans tous vos documents. Dans la Figure 17.2, il n'y a que le texte qui

revient à l'identique dans tous les documents. Le reste sera
ajouté par l'utilisateur après avoir créé un nouveau document
sur la base du modèle.

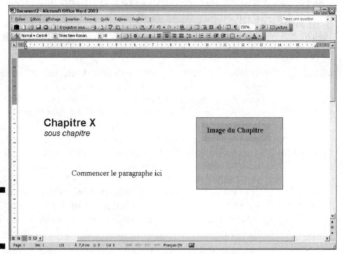

2. **Sélectionnez Fichier/Enregistrer sous.**

   La boîte de dialogue Enregistrer sous apparaît. C'est la même
   que pour enregistrer n'importe quel document Word. Si vous
   avez besoin de vous rafraîchir la mémoire à son sujet, reportez-
   vous au Chapitre 8.

3. **Dans le champ Nom du fichier, tapez un nom pour le fichier.**

   Choisissez un nom court et descriptif.

   Il n'est pas nécessaire d'utiliser le mot *modèle* pour nommer le
   fichier.

4. **Dans la liste déroulante Type de fichier, sélectionnez** Modèle
   de document.

   C'est là qu'est le secret. Le document doit être enregistré en tant
   que Modèle de document. Sélectionner ce type de fichier dans la
   liste indique à Word d'enregistrer le document en tant que
   modèle dans le dossier Modèles de Word.

5. **Cliquez sur le bouton Enregistrer.**

Votre travail est enregistré sur le disque en tant que modèle de document, à l'endroit où Word conserve tous ses modèles de document.

6. Fermez le modèle.

Pour fermer la fenêtre du modèle, sélectionnez Fichier/Fermer ou cliquez sur le bouton X dans le coin supérieur droit de la fenêtre.

Si vous voulez revenir au modèle pour le modifier, voyez la section suivante.

Souvenez-vous de ce qu'est la finalité d'un modèle : stocker en un endroit unique des styles et des informations souvent utilisés.

Vous pouvez donner à un modèle le nom de fichier que vous voulez, mais si vous choisissez le nom d'un modèle qui existe déjà, Word vous en prévient. C'est la même chose que pour enregistrer n'importe quel fichier : choisissez un autre nom, et poursuivez.

Modifier un modèle de document

Un modèle Word se modifie de la même manière que n'importe quel document Word. La seule différence est que vous commencez par ouvrir un modèle au lieu d'ouvrir un document. C'est une différence mineure dans le processus, mais elle est cruciale, car un modèle n'est pas vraiment un document :

1. Cliquez sur Fichier/Nouveau.

Vous affichez le volet Nouveau document.

2. Sélectionnez votre modèle dans la liste, ou cliquez sur le lien Sur mon ordinateur pour ouvrir votre modèle depuis la boîte de dialogue Modèles.

Cette action n'ouvre pas le modèle ; elle crée un nouveau document utilisant le modèle choisi.

3. Effectuez vos modifications.

Modifier le modèle comme n'importe quel autre document. Gardez à l'esprit que vous ne créez pas un nouveau document mais que vous modifiez un modèle.

4. **Pour enregistrer le modèle modifié, sélectionnez Fichier/ Enregistrer.**

5. **Donnez un nom à votre modèle ou bien gardez son nom actuel.**

6. **Dans la liste Type de fichier, choisissez Modèle de document.**

7. **Cliquez sur le bouton Enregistrer.**

   Si Word vous demande de confirmer l'enregistrement d'un modèle sous son nom actuel, cliquez sur Oui. Le nouveau fichier modèle remplace l'ancien.

Toutes les modifications apportées aux styles d'un modèle de document affecte l'ensemble des documents créés avec ce style. C'est normal puisque vous modifiez un modèle et non pas simplement un document.

Attacher un modèle à un document

Un document a un modèle, comme une personne a un nom de famille. Un document vient au monde avec son modèle. Vous pouvez choisir ce modèle dans la boîte de dialogue Modèles (voyez la Figure 17.1), ou bien créer un nouveau document vide, c'est-à-dire utiliser le modèle Normal. Mais que faire si vous voulez changer de modèle ?

Vous pouvez très bien changer le modèle d'un document, c'est-à-dire *attacher* un autre modèle à un document. Voici comment :

1. **Ouvrez un document auquel vous désirez assigner un nou- veau modèle.**

2. **Cliquez sur Outils/Modèles et compléments.**

3. **Cliquez sur l'onglet Modèles.**

   Le contenu de la boîte de dialogue apparaît, comme le montre la Figure 17.3.

4. **Cliquez sur le bouton Attacher.**

   La boîte de dialogue Attacher un modèle apparaît. Elle ressemble beaucoup à la boîte de dialogue Ouvrir. La différence est qu'elle s'ouvre directement dans le dossier Modèles, c'est-à-dire là où vous avez sans doute stocké les modèles que vous avez créés.

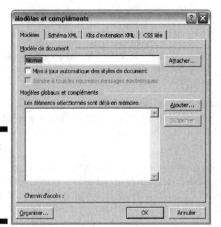

Figure 17.3 :
La boîte de
dialogue
Modèles et
complé-
ments.

5. **Sélectionnez le modèle que vous voulez attacher à votre document.**

6. **Cliquez sur le bouton Ouvrir.**

7. **Cliquez sur OK.**

   Les styles (ainsi que les barres d'outils et les macros) du modèle que vous venez d'attacher sont maintenant disponibles dans votre document.

Remarquez qu'attacher un modèle ne fait pas apparaître dans le document le texte et les images qui peuvent y être stockés. Seuls les styles, les barres d'outils et les macros du modèle sont importés dans votre document.

Vous suivrez ces étapes pour rompre l'attachement d'un modèle. Pour cela, il suffit de sélectionner NORMAL.DOT comme modèle à attacher.

Comprendre Normal.dot

Le modèle Normal est spécial. Souvent évoqué sous le nom Normal.dot (c'est son nom de fichier MS-DOS), le modèle Normal est l'endroit où se trouvent réunis tous les paramètres utilisés par Word pour tout nouveau document que vous créez en utilisant le raccourci Ctrl+N ou en cliquant sur le bouton Nouveau dans la barre d'outils.

Il est important de connaître le modèle Normal.dot, car vous pouvez le modifier. Par exemple, si vous voulez changer la taille et la police du style de base (ou toute autre mise en forme), effectuez ces modifications dans Normal.dot. Modifiez le style Normal à votre guise, puis enregistrez à nouveau Normal.dot sur le disque. Vous avez modifié le modèle Normal.dot.

Maintenant que vous connaissez mieux Normal.dot, je dois vous avertir des risques d'une modification de ce modèle. Il est judicieux de laisser Normal.dot en l'état. Si vous le modifiez, enregistrez-le sous un autre nom.

Important : chaque fois que vous modifiez NORMAL.DOT, Word demande si vous désirez actualiser le "modèle global" quand vous fermez le document ou quittez Word. La réponse universelle à cette question est Oui ; vous voulez enregistrer les modifications.

- ✔ Normal.dot apparaît dans le volet Nouveau document en tant que modèle de document vierge.

- ✔ Si vous voulez seulement changer la police par défaut, reportez-vous à l'encadré "Changer la police par défaut" au Chapitre 11.

Chapitre 18

Astuces
de mise en forme

• •

Dans ce chapitre :

▶ Vérifier les mises en forme de votre document.

▶ Jouer avec les champs.

▶ Mettre du texte en couleur.

▶ Centrer du texte verticalement sur une page.

▶ Cliquer-taper.

▶ Emprunter une mise en forme.

• •

*J'*ai réuni dans ce chapitre tout ce que j'ai pu récolter au cours de mes nombreuses années d'utilisation de Word. Et j'aime autant vous prévenir : des astuces et des ruses de Russes blancs, comme le chantait Boby Lapointe dans *Ta Katie t'a quitté,* vous en trouverez bien d'autres dans d'autres chapitres.

Mais qu'est-ce qui cloche dans cette mise en forme ?

Ah, le mystérieux format ! Vous êtes en train de relire votre dernier chef-d'œuvre, et voilà, sous vos yeux, un paragraphe qui ne se comporte pas comme il devrait. Il y a quelque chose qui cloche dans la mise en forme, mais quoi ? Pour savoir ce qui se passe, vous pouvez placer le curseur dans ce paragraphe et essayer différentes commandes de mise en forme jusqu'à ce que vous arriviez à tirer les choses au clair. Inutile de dire que c'est un moyen particulièrement laborieux d'y arriver.

Pour lever un mystère que vous rencontrez dans votre document, il y a une astuce très commode qui consiste à appuyer sur Maj+F1. Cela ouvre le volet Révéler la mise en forme (Figure 18.1).

Figure 18.1 :
Une
révélation !

Le volet Révéler la mise en forme décrit exactement la mise en forme à l'endroit où vous avez cliqué. Accédez aux informations masquées en faisant glisser la barre de défilement.

Vous pouvez continuer à cliquer où vous voulez pour révéler la mise en forme à l'endroit où vous placez le curseur. Une fois que vous avez terminé, fermez le volet Révéler la mise en forme.

Tout texte souligné en bleu dans le volet Révéler la mise en forme permet d'afficher la boîte de dialogue à laquelle est associé ce texte. Vous pouvez y faire des modifications en profondeur.

Dès que vous avez accompli vos modifications ou plus simplement vos contrôles, cliquez sur le bouton de fermeture du volet, ou appuyez de nouveau sur Ctrl+F1.

Laissez Word faire le travail !

Word peut faire beaucoup de choses que vous pourriez effectuer vous-même, mais de manière beaucoup moins efficace. Pour vous aider dans les tâches de mise en forme, j'ai réuni un certain nombre d'informations sur ce que Word peut faire vite et bien à votre place. Ce sont des choses que bien des utilisateurs n'accomplissent qu'au prix d'un dur labeur. Alors, pourquoi s'en faire, puisque Word peut s'en charger ?

Les joies de la mise à jour des champs

Un *champ* est une zone de texte spéciale que vous pouvez insérer dans votre document. Il se présente comme du texte ordinaire, mais il a pour fonction d'afficher des informations particulières : le numéro de la page, la date, le nom de code du document ou d'autres informations susceptibles de changer. Au Chapitre 17, nous avons expliqué comment insérer un champ de date dans un modèle. Vous pouvez faire de même avec d'autres types de champs, et pas seulement dans des modèles, mais dans tous les documents que vous créez.

Le secret est qu'il faut utiliser la commande Insertion/Champ. Elle affiche la boîte de dialogue Champ (Figure 18.2). La partie gauche de cette boîte contient une liste de champs (il y en a beaucoup), alors que sa partie droite change selon le champ que vous avez sélectionné dans la liste.

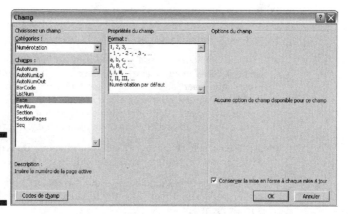

Figure 18.2 :
La boîte de
dialogue
Champ.

Mes champs préférés sont les champs de numérotation de page. Par exemple, dans un document, je peux écrire "vous êtes sur la page 212". Si jamais vous ajoutez des pages, cette référence est perdue. Pour qu'elle s'actualise automatiquement, insérez un champ ne numérotation de la page en cours :

1. **Ouvrez la boîte de dialogue Champ.**

2. **Dans la liste Catégories, sélectionnez Numérotation.**

3. **Dans la liste Champs, sélectionnez Page.**

   Vous observez que la zone Description affiche `Insère le numéro de la page active`. Ce numéro sera actualisé en cas de changement du numéro de la page où se trouve le champ.

4. **Sélectionnez un format de numéro de page.**

5. **Cliquez sur OK.**

   Le numéro de la page en cours est inséré dans votre document.

Vous pouvez insérer d'autres choses intéressantes dans un document. Si vous êtes un auteur payé au mot, choisissez la catégorie Résumé et le type de champ NumWords. Ce champ affiche le nombre de mots contenus dans votre document.

Le champ Author insère le nom de la personne qui travaille sur le document.

Le fond gris est le signe visible qu'il s'agit d'un champ et non d'une partie de texte ordinaire.

- ✔ Pour savoir à quoi correspond un certain champ, cliquez sur son nom dans la liste de la boîte de dialogue Champ et consultez la description qui apparaît au-dessous de la liste.

- ✔ L'un des meilleurs champs que l'on puisse utiliser est le champ de numérotation automatique des pages. Contrairement à la commande Insertion/Numéros de page, ce champ peut être inséré à n'importe quel endroit sur la page. Pour insérer le numéro de page à l'endroit voulu dans votre document, sélectionnez `Page` dans la liste de la boîte de dialogue Champ.

- ✔ J'utilise aussi le champ `Date` assez fréquemment. De cette façon, le document est imprimé avec la date du jour.

- ✔ Vous ne pouvez pas modifier le texte d'un champ. Vous pouvez seulement le supprimer : sélectionnez tout le champ et appuyez sur la touche Suppr.

Mettre du texte en couleur

Le moyen le plus facile de donner des couleurs à votre prose est de mettre votre texte en couleur. Dans Word, la couleur est un attribut de mise en forme du texte, tout comme le gras ou l'italique. Une adolescente pourrait écrire en rose et un banquier en vert, et vous pouvez écrire vos lettres d'insultes à vos ennemis en rouge.

Pour changer la couleur d'un bloc de texte, sélectionnez-le, puis cliquez sur la flèche pointant vers le bas du bouton Couleur de police (voyez dans la marge) dans la barre d'outils Mise en forme. Une palette de couleurs apparaît. Cliquez sur la couleur que vous voulez. Le texte sélectionné est affiché dans la couleur que vous avez choisie.

✔ À moins d'avoir une imprimante couleur, ne vous attendez pas à voir votre texte imprimé en couleur.

✔ Pour supprimer l'attribut de couleur d'un bloc de texte, sélectionnez-le et activez Automatique dans la palette Couleur de police.

✔ Lorsque vous activez Automatique dans la palette Couleur de police, le texte sélectionné prend la couleur définie par le style de paragraphe. Pour le style Normal, c'est le noir. Mais si vous utilisez un style particulier pour lequel le texte est en vert, le texte se retrouve en vert.

✔ Le texte en couleur est beaucoup plus facile à reconnaître à l'écran. Par exemple, pour le texte auquel j'ai l'intention de revenir par la suite pour le modifier ou le vérifier, j'utilise du violet. Il est ainsi beaucoup plus facile à reconnaître lorsque je relis le document.

✔ Si le bouton Couleur de police apparaît avec la couleur que vous voulez utiliser pour votre texte, cliquez directement sur le bouton (pas sur la flèche) pour appliquer cette couleur au texte sélectionné.

N'oubliez pas ces astuces !

Voici quelques-unes des astuces de mise en forme que j'ai évoquées plus haut :

✔ Pour commencer en haut d'une nouvelle page, utilisez toujours Ctrl+Entrée.

✔ Pour aligner votre texte, utilisez des tabulations, jamais des espaces. Il ne faut jamais plus d'une tabulation. S'il vous en faut plus pour obtenir ce que vous voulez, c'est que vous avez besoin de redéfinir vos taquets de tabulation. Voyez le Chapitre 13.

✔ Utilisez toujours un tab entre deux colonnes pour les aligner. Modifier du texte n'en sera que plus facile, si vous avez à le faire.

✔ Si vous avez besoin d'une mise en page particulière à un endroit quelconque de votre document, il vous faut créer une nouvelle section. Voyez le Chapitre 15.

✔ Enregistrez vos styles dans un modèle. Vous pourrez ainsi les utiliser dans de nouveaux documents sans avoir à les recréer. Voyez les Chapitres 16 et 17.

✔ Pour annuler rapidement une mise en forme de caractère, sélectionnez le texte concerné et appuyez sur Ctrl+Barre d'espace.

Centrer du texte verticalement dans la page

Le titre d'un document est toujours beaucoup plus séduisant quand il est bien centré sur la page. Il est généralement centré entre le bord gauche et le bord droit de la page, ce que l'on obtient en sélectionnant l'alignement Centré pour le paragraphe correspondant. Mais comment faire pour le centrer verticalement sur la page ? Word peut aussi faire cela pour vous :

1. **Placez le curseur tout à fait au début de votre document.**

   Le raccourci Ctrl+Début vous y conduit directement.

2. **Saisissez et mettez en forme le titre de votre document.**

   Il peut tenir sur une seule ligne ou s'étendre sur plusieurs.

   Pour centrer le titre latéralement, appuyez sur Ctrl+E (le raccourci de la commande Centré). Appliquez toute autre mise en forme si vous le souhaitez.

   Evitez la touche Entrée pour augmenter l'espace au-dessus ou en dessous du titre. Pour le moment, il est en haut de la page. Nous y remédierons dans un instant.

3. **Juste après la dernière ligne du titre, sélectionnez Insertion/ Saut.**

   La boîte de dialogue Saut apparaît.

4. **Sélectionnez Page suivante.**

   Cette action produit deux effets. Elle insère un saut de page et crée une nouvelle section. De cette manière, la commande

Centré, que nous allons bientôt utiliser, ne s'applique qu'à la première section qui est la première page du document.

5. **Cliquez sur OK.**

   La nouvelle section apparaît à l'écran.

6. **Placez le curseur en haut de la page titre.**

   Vous devez placer le curseur dans la section dont vous voulez définir la mise en page.

7. **Sélectionnez Fichier/Mise en page.**

   La boîte de dialogue Mise en page apparaît.

8. **Cliquez sur l'onglet Disposition.**

9. **Dans la liste déroulante Alignement vertical, sélectionnez** Centré.

   Cette liste déroulante se trouve dans la zone Page, à mi-hauteur de la boîte de dialogue.

10. **Dans la liste Appliquer à, sélectionnez A cette section.**

11. **Cliquez sur OK.**

Il ne sera pas forcément évident à l'écran que la page soit centrée verticalement. Pour vous en assurer, cliquez sur le bouton Aperçu avant impression dans la barre d'outils, et vous en aurez la preuve.

Dans l'aperçu avant impression, cliquez sur le bouton Fermer pour revenir à votre document.

Cliquer-taper

Cette opération consiste à appliquer des mises en forme en cliquant de ci de là. Pour ce faire, le document doit être affiché en mode Page. Si ce n'est pas le cas, sélectionnez Affichage/Page dans la barre de menus. En outre, il vous sera plus pratique de commencer dans une page blanche.

En mode Page, le pointeur change de forme selon l'endroit où vous le placez sur la page. Cette forme vous donne des indications sur la mise en forme du texte que vous allez taper si vous double-cliquez à cet endroit.

Si vous double-cliquez avec ce pointeur, vous obtenez un paragraphe en retrait, aligné à gauche.

Double-cliquez avec ce pointeur pour définir un paragraphe aligné à gauche. Le début de ce paragraphe est automatiquement placé sur la page à l'endroit où vous avez double-cliqué.

En double-cliquant dans votre document avec ce pointeur, vous créez en ce point un paragraphe centré.

Un double clic avec ce pointeur dit à Word de créer en ce point un paragraphe aligné à droite.

✔ Je préfère ne pas utiliser la fonction cliquer-taper, essentiellement parce que je connais toutes les autres commandes de mise en forme. Si vous l'apprivoisez, elle est pratique, mais pour avoir une vraie maîtrise de ce que vous faites, elle est battue à plate couture par les commandes de mise en forme dont je parle dans cette partie du livre.

✔ Pour désactiver le cliquer-taper, choisissez Outils/Options. Dans la boîte de dialogue Options, cliquez sur l'onglet Edition. Décochez Activer le cliquer-taper, et validez par un clic sur OK.

Reproduire une mise en forme

Avez-vous remarqué le pinceau qui ressemble à un balai dans la barre d'outils Standard ? C'est bien un pinceau, et l'outil s'appelle Reproduire la mise en forme. L'idée est ici qu'il permet de peindre une mise en forme de caractère en la copiant dans une partie de texte pour l'appliquer à une autre. Voici comment procéder :

1. **Placez le point d'insertion dans le texte qui a la mise en forme que vous voulez copier.**

   Attention ! le point d'insertion doit bien être dans le texte et pas à côté (pas un espace trop à droite ou un espace trop à gauche).

2. **Cliquez sur le bouton Reproduire la mise en forme dans la barre d'outils Standard.**

   Le pointeur est maintenant accompagné d'un pinceau (voir ci-contre). Celui-ci indique qu'en sélectionnant du texte avec la souris vous allez lui appliquer la mise en forme que vous venez de copier.

3. **Identifiez le texte auquel vous voulez appliquer la mise en forme.**

4. **Mettez ce texte en surbrillance.**

Vous devez utiliser la souris pour mettre en surbrillance le texte auquel vous voulez appliquer la mise en forme.

Le texte prend la mise en forme que vous avez copiée.

Pour bien utiliser l'outil Reproduire la mise en forme, retenez ceci :

✔ Cet outil ne fonctionne qu'avec une mise en forme de caractère ou de paragraphe, pas avec une mise en page.

✔ Pour changer la mise en forme de plusieurs parties de texte distinctes, double-cliquez sur le bouton Reproduire la mise en forme. De cette manière, le pointeur en forme de pinceau reste actif après chaque utilisation, ce qui permet d'appliquer plusieurs fois une mise en forme en différents endroits, après l'avoir copiée. Une fois que vous avez terminé, appuyez sur la touche Échap pour vous débarrasser du pointeur en forme de pinceau.

✔ Ctrl+Maj+C et Ctrl+Maj+V sont des raccourcis faciles à retenir pour copier et coller une mise en forme, puisque Ctrl+C et Ctrl+V sont respectivement les raccourcis des commandes Copier et Coller, que tout utilisateur de Word qui se respecte doit avoir en tête.

Utiliser la mise en forme automatique

La commande Mise en forme automatique de Word n'a en fait rien à voir avec la mise en forme de caractère ou de paragraphe dont nous avons parlé jusqu'à maintenant. La mise en forme automatique sert à "nettoyer" votre document, en supprimant les espaces là où il y en a en trop, en ajoutant des espaces là où il en manque, en appliquant un style de titre à ce qui semble être un titre, et autres tâches ménagères mineures. Elle fait disparaître diverses imperfections que nous introduisons tous dans nos documents sans nous en rendre compte.

Pour que la mise en forme automatique puisse faire son travail, il faut que vous ayez déjà saisi le texte de votre document. Faites donc, et suivez ces étapes :

1. Enregistrez votre document sur le disque.

Cette étape est très importante. On ne doit jamais oublier d'enregistrer son document, surtout avant une opération de modification globale comme la mise en forme automatique. Pour plus de détails sur l'enregistrement des documents, reportez-vous au Chapitre 8.

2. Sélectionnez Format/Mise en forme automatique.

Si nécessaire, cliquez sur la flèche au bas du menu pour faire apparaître cette option. La boîte de dialogue Mise en forme automatique apparaît, comme le montre la Figure 18.3.

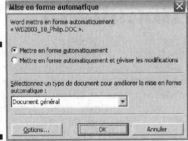

Figure 18.3 :
La boîte de dialogue Mise en forme automatique.

3. Cliquez sur OK.

Word travaille d'arrache-pied, mais en silence.

4. La mise en forme automatique est terminée.

Word a remis à neuf votre document. Vous verrez peut-être de nouvelles mises en forme de titre, des listes à puces, et autres paillettes appliquées automatiquement à votre texte.

Regardez : la mise en forme automatique a créé une liste à puces avec les indications suivantes :

✔ Si vous cliquez sur le bouton Options dans la boîte de dialogue Mise en forme automatique, vous pouvez définir vous-même les paramètres avec lesquels sera faite la mise en forme automatique.

✔ Si vous avez un document assez monotone, vous aurez peut-être l'impression que la mise en forme automatique n'a rien fait du tout. Ne désespérez pas pour autant. La mise en forme automatique sait très bien appliquer des styles de titre et créer des listes à puces, mais elle ne peut pas lire dans votre pensée.

✔ Si vous n'aimez pas ce qu'a fait la mise en forme automatique dans votre document, recourez à la commande Annuler.

Troisième partie
Faire briller
votre document

Papa a ajouté des sons et des images
aux histoires de fantômes

Dans cette partie...

*P*lus nous avançons dans ce livre, plus nous nous éloignons des tâches de base du traitement de texte. La première partie était consacrée aux tâches élémentaires, plus précisément à la saisie et à la modification de texte. La deuxième concernait la mise en forme, aspect essentiel du traitement de texte. Et celle-ci, la troisième ? Eh bien, nous allons passer en revue un domaine traditionnellement dominé par les programmes de PAO (publication assistée par ordinateur). Vous y trouverez du dessin, des tableaux, des traits, des images, des colonnes, des listes, des objets et toute une galerie de trucs bizarres, toutes choses que Word peut traiter, mais qui sont habituellement considérées comme appartenant à la PAO.

D'une certaine manière, si je me prenais pour un membre du marketing de Microsoft, j'envisagerais d'appeler Word "L'idée de Microsoft" plutôt que "Word". C'est un programme qui fait énormément de choses (il en fait parfois trop d'ailleurs) dont beaucoup l'éloignent du rôle traditionnel d'un traitement de texte. Vraiment, avec tout ce qu'ils y mettent, c'est un moyen de création et d'expression de vos idées qui va bien au-delà de la simple production de texte. Les chapitres de cette partie vous en diront plus.

Chapitre 19

Cadres, bordures et trames

. . . .

Dans ce chapitre :

▶ Tracer un cadre autour de votre texte.

▶ Encadrer la page entière.

▶ Encadrer partiellement le texte.

▶ Mettre une trame derrière le texte.

▶ Faire du texte en blanc sur fond noir.

. . . .

l y a une frontière bien réelle mais un peu floue entre le traitement de texte et la PAO. Un traitement de texte sert à saisir et à organiser du texte en y ajoutant une touche de mise en forme pour embellir un peu les choses. La PAO porte la mise en page graphique bien au-delà des capacités de la plupart des traitements de texte. Aujourd'hui, la frontière entre les deux n'est plus aussi claire que par le passé.

Encadrer votre texte

Encadrer un texte est un jeu d'enfant, comme vous le constaterez dès à présent.

Encadrer des paragraphes ou de petites parties du texte

Word vous permet de mettre un cadre autour de n'importe quelle partie de texte dans votre document. Vous pouvez par exemple encadrer un titre ou un paragraphe dont vous voulez faire ce que l'on appelle justement un "encadré", ou même un simple mot. Peu importe. Quoi que vous vouliez encadrer, suivez ces étapes :

1. **Sélectionnez le texte à encadrer.**

   Si vous n'avez rien sélectionné, Word encadre le paragraphe dans lequel se trouve le curseur.

2. **Sélectionnez Format/Bordure et trame.**

   La boîte de dialogue Bordure et trame apparaît. Si nécessaire, cliquez sur l'onglet Bordures pour le faire passer au premier plan, comme le montre la Figure 19.1.

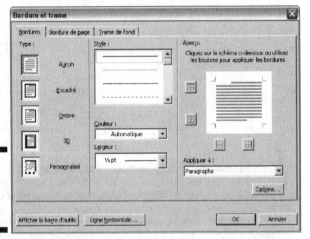

Figure 19.1 : La boîte de dialogue Bordure et trame.

3. **Dans la colonne Type, sélectionnez le type de bordure que vous voulez.**

   Vous disposez de quatre types de bordure prédéfinis, prêts à l'emploi. Ne vous occupez pas du type Personnalisé avant d'avoir fait plus ample connaissance avec les bordures. Cliquez simplement sur le type de bordure que vous voulez. Mon préféré est Ombre.

   La zone d'aperçu vous permet de visualiser l'effet de ce que vous sélectionnez.

4. **Dans la liste déroulante Appliquer à, sélectionnez Texte ou Paragraphe.**

Word est ici particulièrement malin. Si vous ne sélectionnez qu'une partie de texte à l'intérieur d'un paragraphe, il suppose que vous ne voulez encadrer que cette partie, mais il vous laisse quand même la possibilité d'encadrer tout le paragraphe si c'est ce que vous souhaitez.

5. **Cliquez sur OK.**

Votre texte est maintenant encadré.

Encadrer partiellement des zones

Les bordures n'ont pas besoin d'être fermées. Sur la Figure 19.2, le titre de la lettre d'informations est pris entre une bordure supérieure et une bordure inférieure. Vous pouvez obtenir cet effet via la boîte de dialogue Bordure et trame :

Figure 19.2 :
Les bordures supérieure et inférieure du titre d'une lettre d'informations.

1. **Sélectionnez le texte à placer entre des lignes.**

2. **Choisissez Format/Bordure et trame.**

Ne perdez plus de vue la zone d'aperçu qui reflète vos choix.

3. **Dans la section Type, cliquez sur Aucun.**

Le mieux est de commencer sans aucune ligne.

4. **Sélectionnez un style de ligne dans la liste Style.**

5. **Si nécessaire, sélectionnez une couleur.**

La couleur Automatique applique la même couleur que celle utilisée pour le texte qui est généralement le noir.

6. **Sélectionnez une largeur dans la liste homonyme.**

7. **Pour définir une bordure (ou une ligne) autour de votre texte, cliquez dans la fenêtre d'aperçu aux endroits précis où vous souhaitez l'appliquer.**

   Par exemple, pour placer une ligne au-dessus du texte, cliquez au-dessus de la simulation de texte grise.

   La bordure peut apparaître sur n'importe quel bord de votre texte : en haut, en bas, à gauche ou à droite. Cliquez sur le bord en question dans la zone d'aperçu. Vous pouvez également utiliser les boutons de définition des contours.

8. **Pour définir davantage de bordures, répétez les étapes 4 à 7.**

9. **Cliquez sur OK dès que vous avez terminé d'encadrer votre texte.**

Vous pouvez supprimer n'importe quelle bordure en cliquant dans la fenêtre d'aperçu. Cliquez une fois pour définir un trait, et cliquez de nouveau pour le supprimer. Vous pouvez aussi cliquer sur l'icône Aucun pour enlever toutes les bordures en une seule opération.

Mettre un cadre autour d'une page

Non seulement vous pouvez encadrer des mots et des paragraphes, mais vous pouvez aussi mettre un cadre autour de toutes les pages de votre document. Ce n'est pas toujours nécessaire, loin de là, mais si vous faites une lettre d'information ou un prospectus, le cadre peut être bien utile.

Pour mettre un cadre autour des pages de votre document :

1. **Placez le point d'insertion sur la page à encadrer.**

2. **Cliquez sur Format/Bordure et trame.**

3. **Cliquez sur l'onglet Bordure de page.**

   Il ressemble comme un frère à l'onglet Bordure et fonctionne de la même manière. Pour les détails, reportez-vous à la section précédente.

4. **Choisissez le style de bordure.**

5. **Dans la liste Appliquer à, choisissez les pages à encadrer.**

   Pour que le cadre s'applique à toutes les pages de votre document, sélectionnez À tout le document.

   Voici un secret :

6. **Cliquez sur le bouton Options.**

   La boîte de dialogue Options de bordures et trame apparaît.

7. **Définissez la distance du texte par rapport aux bordures.**

8. **Cliquez sur OK.**

9. **Cliquez de nouveau sur OK pour fermer la boîte de dialogue Bordure et trame.**

Le meilleur moyen de voir la bordure de la page consiste à cliquer sur Fichier/Aperçu avant impression.

Utiliser le bouton Tableaux et bordures de la barre d'outils

Si jamais vous devez tracer rapidement une bordure autour d'un paragraphe ou d'un tableau, cliquez sur le bouton Tableaux et bordures de la barre d'outils (celui que vous voyez en marge de ce paragraphe), avec sa très pratique palette d'outils.

Dans la palette Tableaux et bordures qui apparaît, cliquez sur la flèche pointant vers le bas à côté du bouton Bordure extérieure : un choix de positions de trait s'affiche (Figure 19.3). Sélectionnez dans cette palette ce que vous voulez appliquer au paragraphe dans lequel se trouve le curseur. Ce paragraphe apparaît aussitôt avec la bordure que vous venez de choisir.

Figure 19.3 :
Une palette de bordures, offerte par le bouton Tableaux et bordures.

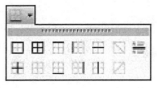

✔ Cette palette ne définit que les contours de la bordure. Le style de trait est ce qui a été précédemment sélectionné dans la boîte de dialogue Bordure et trame.

✔ Pour supprimer toutes les bordures d'un paragraphe, cliquez sur le bouton Aucune bordure dans le menu Bordure extérieure de la palette Tableaux et bordures.

✔ Le menu Bordure extérieure de la palette Tableaux et bordures n'affecte que le texte sélectionné ou le paragraphe dans lequel se trouve le curseur, et non la page entière. Pour appliquer une bordure à une page, voyez la section "Mettre un cadre autour d'une page", plus haut dans ce chapitre.

Mettre une trame derrière votre texte

La trame est le plus bel effet que permet de produire la boîte de dialogue Bordure et trame. Vous pouvez donner une trame de fond à un mot, une phrase, un paragraphe, en somme à n'importe quelle partie de texte, donc à des éléments particuliers de votre document, comme le montre la Figure 19.4. Vous pouvez donner à une trame la couleur ou le motif que vous voulez, avec ou sans bordure autour. Suivez ces étapes :

Figure 19.4 :
Ce texte a
une bordure
et une trame.

1. **Sélectionnez le texte auquel vous voulez appliquer une trame.**

   Pour la sélection d'un bloc de texte, reportez-vous au Chapitre 6.

   Si vous voulez une trame qui s'étende au-delà de la ligne d'un titre, sélectionnez aussi la ligne qui précède et la ligne qui suit le titre.

2. **Sélectionnez Format/Bordure et trame.**

La boîte de dialogue Bordure et trame apparaît, mais...

3. Assurez-vous que l'onglet Trame de fond est au premier plan.

Si ce n'est pas le cas, cliquez dessus pour le faire passer au premier plan (Figure 19.5).

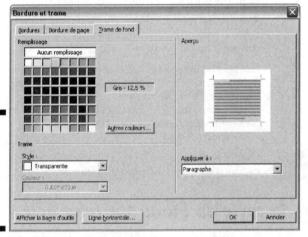

Figure 19.5 : L'onglet Trame de fond de la boîte de dialogue Bordure et trame.

4. Dans la palette Remplissage, sélectionnez une couleur de remplissage.

Les trois premières lignes de cette palette proposent un choix de nuances de gris, du blanc au noir. Viennent ensuite les couleurs de base, et naturellement le bouton Autres couleurs donne accès à une autre palette qui vous permet de fabriquer la couleur que vous voulez parmi des millions.

Les meilleures couleurs de fond pour du texte sont des nuances de gris. Personnellement, j'aime bien le gris à 20 % de noir, parce qu'il s'imprime bien sans rendre le texte illisible.

Dans la mesure du possible, évitez d'utiliser les motifs (on les trouve en bas de la liste déroulante Style). En général, l'effet obtenu est plutôt moche. S'ils existent, je suppose que c'est parce qu'il y a des gens qui les trouvent utiles, mais pour mettre derrière du texte, ce n'est sans doute pas ce dont vous avez besoin.

5. Cliquez sur OK.

La trame de fond que vous venez de définir apparaît derrière le texte que vous aviez sélectionné. Tout le monde va se demander comment vous avez fait.

Vous venez d'utiliser la boîte de dialogue Bordure et trame, mais rien ne vous oblige pour autant à mettre aussi une bordure autour de votre texte.

Ne soyez pas distrait : si vous choisissez une trame de fond en couleur, vous ne pourrez l'imprimer qu'avec une imprimante couleur (sinon, elle sera imprimée en gris).

Si le résultat obtenu ne vous plaît pas – tout le monde peut se tromper, surtout avec une trame de fond –, vous pouvez le faire disparaître. Suivez les étapes ci-dessus, mais en cliquant sur Aucun remplissage à l'étape 4. D'ailleurs, vous pouvez aussi utiliser Ctrl+Z (la commande Annuler) pour annuler la trame que vous venez d'obtenir.

Un titre avec une trame de fond fait un meilleur effet quand il est en haut d'une page plutôt qu'au milieu.

Faire du texte en blanc sur fond noir

Le texte blanc sur fond noir est ce que les imprimeurs appellent un "noir au blanc". C'est un effet visuel très agressif, qui détache nette-ment le texte de la page.

Ce texte est réservé aux greffés du cerveau

Pour produire un noir au blanc, vous devez d'abord créer un fond noir puis mettre le texte en blanc. Voici comment créer le fond noir :

1. **Sélectionnez le texte à mettre sur fond noir.**

   Il est plus pratique de partir d'un texte déjà écrit. (Pour sélec-tionner du texte, voyez le Chapitre 6.)

2. **Sélectionnez Format/Bordure et trame.**

   Si nécessaire, cliquez sur l'onglet Trame de fond pour le faire passer au premier plan, comme le montre la Figure 19.5.

3. **Dans la palette Remplissage, cliquez sur le carré Noir.**

Ce carré est le premier de la quatrième colonne. Lorsque vous cliquez dessus, vous voyez apparaître le mot <u>Noir</u> dans le champ qui se trouve à droite de la palette.

4. Cliquez sur OK pour fermer la boîte de dialogue Bordure et trame.

Le document comporte à présent un rectangle noir, dans lequel apparaît votre texte en surbrillance car il est toujours sélectionné, c'est-à-dire en noir sur fond blanc.

Votre texte étant encore en surbrillance, vous devez à présent le mettre en blanc avec l'outil Couleur de police de la barre d'outils Mise en forme.

1. Dans la barre d'outils, cliquez sur la flèche à côté de l'outil Couleur de police.

Une palette apparaît.

2. Cliquez sur Automatique.

Il s'agit du premier élément du menu local. Cette commande indique à Word de choisir la couleur en fonction de l'arrière-plan. Comme celui-ci est noir, le texte sera blanc.

Normalement, le texte tire sa couleur de l'option Automatique de Word. Lorsque le texte obtient sa couleur d'un modèle, vous devez accomplir les deux dernières étapes ci-dessus.

✔ Je ne conseille pas d'inverser, de mettre de longs passages de texte en noir au blanc, d'abord parce que texte en blanc sur fond noir ne donne pas de très bons résultats sur la plupart des imprimantes, et surtout parce qu'il pompe énormément d'encre. Le noir au blanc est tout sauf économique !

Chapitre 20

Elaborer des tableaux

. . . .

Dans ce chapitre :

▶ Comprendre les tableaux dans Word.

▶ Dessiner un tableau dans votre document.

▶ Mettre du texte dans un tableau.

▶ Modifier un tableau.

▶ Créer un tableau à partir de texte dans votre document.

▶ Convertir un tableau en texte.

▶ Utiliser la commande Tableau : Format automatique.

. . . .

*W*ord ne dispose pas seulement d'une commande Tableau, mais aussi d'un menu Tableau rempli de commandes et de paramètres. Il n'est pas nécessaire d'être savant, ni de consulter de longues instructions. Tout se fait interactivement, le plus facilement du monde, dans le menu Tableau.

Pourquoi utiliser des tableaux ?

Le tableau est l'extension naturelle des tabulations. D'ailleurs, *tableau* et *tabulation* ont la même racine latine "table". Mais là n'est pas l'essentiel. Les tabulations permettent d'aligner des éléments dans les colonnes d'un tableau.

✔ Utilisez un tableau chaque fois que vous avez des informations qui peuvent être organisées en lignes et en colonnes.

✔ Chaque élément du tableau s'appelle *cellule*. Dans chacune de ces cellules, Word vous permet de mettre du texte (en quantité quelconque) ou des images, ou les deux.

✔ Les cellules ont leur propre mise en forme de marges, de texte et de paragraphe. Vous pouvez même y mettre des images.

✔ Contrairement à ce qui se passe avec des tabulations, un tableau peut être réorganisé et redimensionné pour s'adapter aux données que vous y mettez. Autrement dit, si vous avez l'intention de modifier ultérieurement vos données, il vaut mieux utiliser un tableau qu'une simple liste mise en forme avec des tabulations.

Dessine-moi un tableau !

Vous pouvez "dessiner" un tableau dans votre document en utilisant le bouton Tableaux et bordures. Vous commencez par dessiner le tableau, et vous en remplissez ensuite les lignes et les colonnes. Que le texte soit déjà ou non dans votre document est sans importance. Le tableau est inséré dans le document à l'endroit où se trouve le curseur, en déplaçant si nécessaire le texte qui se trouve autour pour se faire une place.

Pour insérer un tableau au milieu d'un document, suivez ces étapes :

1. Cliquez sur le bouton Tableaux et bordures.

Lorsque vous cliquez sur ce bouton (que vous voyez dans la marge), la palette Tableaux et bordures apparaît, flottant au-dessus de votre texte (Figure 20.1). Elle contient différents boutons pour créer des tableaux, ainsi que pour tracer des bordures (dont nous avons parlé au chapitre précédent).

Figure 20.1 :
La palette
Tableaux et
bordures.

Si vous n'étiez pas déjà en mode Page, vous y êtes passé automatiquement en cliquant sur le bouton Tableaux et bordures (cette palette ne fonctionne qu'en mode Page).

2. Dans la palette, cliquez sur l'outil Dessiner un tableau pour l'activer.

Pour que vous puissiez dessiner un tableau, il faut commencer par activer l'outil Dessiner un tableau, en cliquant sur le bouton ci-contre.

Le pointeur prend la forme d'un crayon, que j'appellerai dans ce qui suit *pointeur crayon*.

3. Utilisez la souris pour "dessiner" le cadre de votre tableau dans votre document.

Commencez par placer le pointeur crayon à l'endroit où vous voulez mettre le coin supérieur gauche de votre tableau, puis cliquez et maintenez enfoncé le bouton gauche de la souris en faisant glisser vers le bas et vers la droite jusqu'à l'endroit où vous voulez mettre le coin inférieur droit de votre tableau. Tout en faisant glisser, vous voyez apparaître le cadre que vous définissez ainsi (Figure 20.2).

Figure 20.2 : Dessiner un tableau dans un document.

Ne vous préoccupez pas de donner exactement la bonne taille au tableau. Vous pourrez le redimensionner par la suite.

Remarquez que le texte qui se trouvait au-dessous de l'endroit où vous avez inséré le tableau s'est déplacé vers le bas pour lui faire de la place.

4. Utilisez le pointeur crayon pour dessiner les lignes et les colonnes.

Aussi longtemps que le pointeur a la forme du crayon, vous pouvez vous en servir pour dessiner des lignes et des colonnes dans votre tableau.

Pour dessiner une ligne, faites glisser le pointeur crayon du bord gauche au bord droit du tableau, à la hauteur voulue.

Pour dessiner une colonne, faites glisser le pointeur crayon du bord supérieur au bord inférieur du tableau, comme le montre la Figure 20.3.

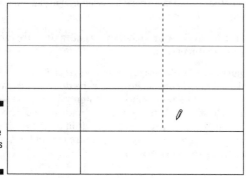

Figure 20.3 :
Dessiner une
colonne dans
un tableau.

Au fur et à mesure que vous faites glisser le pointeur crayon, une ligne en pointillé apparaît, montrant où apparaîtra la séparation de ligne ou de colonne que vous êtes en train de tracer. La Figure 20.3 montre un tableau en train de prendre forme. Notez aussi que vous pouvez diviser une ligne ou une colonne en plusieurs cellules en faisant simplement glisser dedans le pointeur crayon.

Encore une fois, ne vous inquiétez pas si vous avez trop ou trop peu de lignes ou de colonnes. Ne vous inquiétez pas non plus si le tableau n'est pas très régulier. Vous pourrez réorganiser par la suite vos lignes et vos colonnes.

5. **Une fois que vous avez dessiné votre tableau, cliquez sur le bouton Dessiner un tableau dans la palette.**

Cette action désactive l'outil Dessiner un tableau, et vous fait revenir dans le mode d'édition de texte. Vous pouvez maintenant introduire le texte dans votre tableau ou le modifier comme vous voulez.

Il est pratique d'avoir à portée de main la palette Tableaux et bordures quand on est en train de travailler sur un tableau. Pour vous en débarrasser une fois que vous avez terminé, cliquez sur le bouton X dans le coin supérieur droit de la palette pour la fermer.

Remplir le tableau

Vous pouvez entrer du texte dans votre tableau comme à n'importe quel endroit de votre document. Voici quelques indications :

✔ Lorsque vous entrez dans une cellule plus de texte qu'elle ne peut en afficher, sa hauteur augmente en conséquence.

✔ Pour commencer un nouveau paragraphe à l'intérieur d'une cellule, appuyez sur la touche Entrée. Pour commencer une nouvelle ligne sans créer un nouveau paragraphe, appuyez sur Maj+Entrée.

✔ Pour vous déplacer d'une cellule à l'autre dans un tableau, utilisez la touche Tabulation.

✔ Si vous appuyez sur la touche Tabulation alors que le curseur est dans la dernière cellule du tableau, vous créez une nouvelle ligne de cellules.

✔ La combinaison Maj+Tab permet de se déplacer en sens inverse dans un tableau (c'est plus pratique que d'utiliser les touches de curseur qui ne produisent que le déplacement du curseur d'un caractère à la fois dans une cellule).

✔ Si vous avez besoin d'utiliser une tabulation dans un tableau, appuyez sur Ctrl+Tab.

✔ Pour mettre en forme le texte d'une cellule, utilisez la boîte de dialogue Police, comme pour n'importe quel texte dans votre document.

✔ Chaque cellule est une unité de mise en forme de paragraphe. Pour aligner ou mettre en retrait une ligne ou une colonne entière de cellules, sélectionnez Tableau/Sélectionner, puis activez Colonne ou Ligne dans le sous-menu qui apparaît pour sélectionner une ligne ou une colonne.

✔ Vous pouvez aussi sélectionner une colonne en plaçant le pointeur juste au-dessus de celle-ci. Le pointeur prend alors la forme d'une flèche pointant vers le bas. Cliquez pour sélectionner la colonne. Pour sélectionner plusieurs colonnes avec la même méthode, faites glisser le pointeur latéralement tout en maintenant enfoncé le bouton gauche de la souris.

✔ Un triple clic dans une cellule sélectionne tout le texte de la cellule.

✔ On peut aussi mettre des images dans les cellules d'un tableau.

Arranger le tableau

Une fois le tableau dessiné dans votre document, vous pouvez l'arranger de toutes les manières possibles et imaginables. Voici quelques suggestions :

- ✔ Si vous placez le pointeur dans l'espace du tableau, vous voyez apparaître, dans le coin supérieur gauche de celui-ci, la poignée de déplacement (voir ci-contre). Pour déplacer le tableau, faites simplement glisser cette poignée avec la souris. Toutefois :

- ✔ Comme pour déplacer un bloc de texte avec la souris, il vous sera sans doute plus pratique de couper et de coller le tableau si vous voulez le déplacer de plus de quelques lignes vers le haut ou vers le bas. Placez le curseur dans le tableau, et sélectionnez Tableau/Sélectionner/Tableau dans la barre de menus pour sélectionner le tableau. Après quoi, vous pouvez le couper et le coller.

- ✔ Si l'égalité des colonnes et des lignes vous pose problème, cliquez sur Tableau/Ajustement automatique/Uniformiser la largeur des colonnes ou Uniformiser la hauteur des lignes.

- ✔ Pour redimensionner une ligne ou une colonne, placez le pointeur sur la séparation entre deux lignes ou deux colonnes que vous voulez déplacer. Le pointeur prend la forme de l'outil de redimensionnement (voir ci-contre). Faites glisser ce pointeur dans la direction voulue pour redimensionner la ligne ou la colonne.

Les suggestions suivantes supposent que vous avez affiché la palette Tableaux et bordures. Si ce n'est pas le cas, sélectionnez Afficher/ Barres d'outils/Tableaux et bordures dans la barre de menus, ou cliquez sur le bouton Tableaux et bordure dans la barre d'outils.

- ✔ Pour supprimer une séparation entre deux cellules dans un tableau, cliquez sur l'outil Gomme dans la palette, puis sur la séparation que vous voulez supprimer. Si les deux cellules contiennent du texte, Word réunit le contenu de ces deux cellules dans la nouvelle.

- ✔ Utilisez les listes déroulantes Style de trait et Épaisseur de trait pour définir le style et l'épaisseur des traits de séparation du tableau. Après avoir sélectionné un style et une épaisseur, utilisez le pointeur crayon pour cliquer sur un trait de sépara-tion dans le tableau qui prend alors les paramètres sélectionnés.

✔ Vous pouvez modifier votre tableau plus avant en utilisant le bouton Insérer un tableau. Cliquez sur la flèche pointant vers le bas à côté du bouton pour faire apparaître un menu de différentes commandes de tableau qui permettent d'insérer des lignes ou des colonnes ou d'ajuster automatiquement les dimensions du tableau.

✔ Pour supprimer tout le tableau de votre document, placez le curseur dans le tableau, puis sélectionnez Tableau/Supprimer/Tableau. Le tableau disparaît.

Convertir un texte existant en tableau

Lorsque vous aurez pris conscience de toute la beauté des tableaux, vous aurez sans doute le désir de convertir en tableau une partie du texte mis en forme avec des tabulations dans votre document. Ou alors, le désir vous en viendra simplement sous forme d'impulsion irrésistible, par obsession perfectionniste.

Pour convertir en tableau du texte déjà existant, suivez ces étapes :

1. **Sélectionnez le texte à convertir en tableau.**

   C'est encore mieux si votre texte est séparé par un caractère de tabulation, formant ainsi des colonnes.

2. **Cliquez sur Tableau/Convertir/Texte en tableau.**

   La boîte de dialogue Convertir un texte en tableau apparaît, comme l'illustre la Figure 20.4.

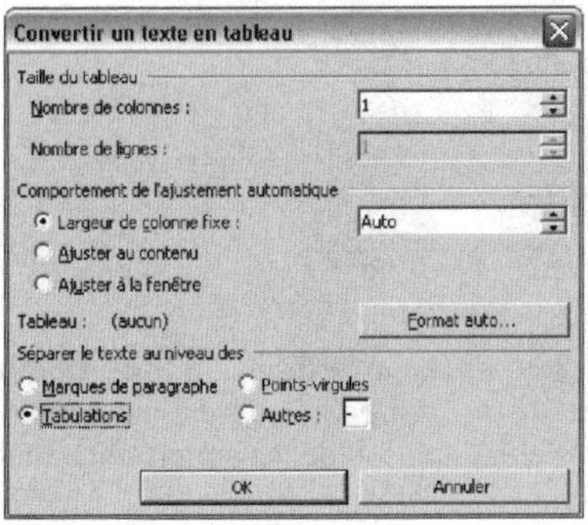

Figure 20.4 :
La boîte de dialogue Convertir un texte en tableau.

3. **Cliquez sur OK.**

Le texte devient bel et bien un tableau s'il est parfaitement séparé par des taquets de tabulation. Si votre texte était séparé par des points-virgules ou était un paragraphe, indiquez-le dans la section Séparer le texte au niveau des.

En somme, tout est possible, mais vous aurez probablement à ajuster différents éléments, comme redimensionner les colonnes et ainsi de suite. Ce sera peut-être un peu laborieux, mais c'est beaucoup mieux que d'avoir à tout retaper.

Convertir un tableau en texte

Tout comme la sorcière peut transformer l'affreux crapaud en belle princesse, la belle princesse peut aussi se transformer à nouveau en crapaud. Pour convertir un tableau en texte, avec peut-être des tabulations pour séparer les colonnes, commencez par sélectionner le tableau en sélectionnant Tableau/Sélectionner/Tableau. Puis sélectionnez Tableau/Convertir/Tableau en texte. Cette commande est simplement l'inverse de celle que nous avons utilisée dans la section précédente.

Utilisez la boîte de dialogue Convertir le tableau en texte (Figure 20.5) pour définir quel caractère ou quel symbole utiliser pour séparer les cellules de votre tableau (je vous conseille de sélectionner Tabulations, comme dans la figure). Puis cliquez sur OK.

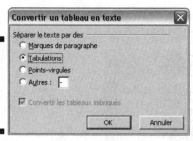

Figure 20.5 : La boîte de dialogue convertir le tableau en texte.

Dans l'autre sens, lorsque vous convertissez du texte en tableau, il y a le plus souvent un peu de mise au point à faire. Pour l'essentiel, il s'agit de redéfinir les tabulations (ou de les supprimer). Rien d'effrayant.

Une manière rapide de confectionner un tableau

Pour créer rapidement un tableau vide dans votre document, vous pouvez utiliser le bouton Insérer un tableau dans la barre d'outils (voir ci-contre).

Lorsque vous cliquez sur ce bouton, une palette apparaît. Faites glisser le pointeur sur celle-ci, et cliquez lorsque vous avez mis en surbrillance le nombre de lignes et de colonnes que vous voulez (par exemple, un tableau de deux lignes et trois colonnes, comme celui de la Figure 20.6).

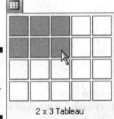

Figure 20.6 :
La palette de
l'outil Insérer
un tableau.

2 x 3 Tableau

Le bouton Insérer un tableau permet aussi d'ajouter rapidement des cellules, des lignes ou des colonnes à un tableau. Pour cela, sélectionnez une cellule, une ligne ou une colonne dans un tableau, puis cliquez sur le bouton Insérer un tableau dans la barre d'outils, qui a entretemps changé de forme pour devenir Insérer des cellules, Insérer des lignes ou Insérer des colonnes.

Améliorer automatiquement un tableau

Word contient des quantités d'astuces de mise en forme, dont certaines que vous pouvez utiliser sur un tableau existant pour le rendre vraiment brillant. Cette astuce de format automatique vous permet de commencer par créer un tableau, et d'utiliser ensuite une commande spéciale de Word pour le personnaliser. Voici comment :

Placez le curseur dans le tableau que vous voulez mettre en forme, de préférence un tableau déjà rempli. Sélectionnez ensuite dans la barre de menus Tableau/Tableau : Format automatique. La boîte de dialogue Mise en forme automatique de tableau apparaît (Figure 20.7).

Figure 20.7 :
La boîte de
dialogue
Mise en
forme
automatique
de tableau.

Regardez bien l'exemple de tableau montré dans la zone d'aperçu de la boîte de dialogue. Puis sélectionnez successivement avec votre souris dans la liste Style de tableau tous les styles disponibles.

Lorsque vous avez trouvé le style qui vous convient, cliquez sur le bouton Appliquer. Votre tableau prend alors automatiquement la mise en forme que vous avez vue dans l'aperçu de la boîte de dialogue.

Chapitre 21
Mettre du texte en colonnes

. . . .

Dans ce chapitre :

▶ Comprendre les colonnes.

▶ Disposer votre texte en colonnes.

▶ Insérer un saut de colonne.

▶ Restaurer du texte normal à partir de colonnes.

▶ Utiliser le bouton Colonnes.

. . . .

a présentation en colonnes a un côté journalistique qui a toujours séduit. Vous ne l'utiliserez pas pour un mémoire ou pour une thèse, mais plutôt pour une lettre d'information, voire un rapport annuel.

Quelques lignes sur les colonnes

Il est en fait assez surprenant que Word soit capable de faire des colonnes. Le texte en colonnes appartient normalement au monde de la PAO et pas au traitement de texte. Mais les progrès aidant, cette fonctionnalité est à présent disponible dans de nombreux traitements de texte. L'utiliser est très facile, pour peu que vous suiviez mes suggestions.

✔ En utilisant des colonnes, vous pouvez créer vos propres lettres d'informations, bulletins, manifestes, et j'en passe. Toutefois :

✔ Utiliser Word pour mettre du texte en colonnes dans un document assez court semble marcher de façon tout à fait satisfaisante. À partir d'une dizaine de pages, il vaut mieux utiliser un logiciel de PAO.

✔ Si vous travaillez avec des colonnes et que vous observez un ralentissement de Word, enregistrez votre travail ! Ensuite, envisagez de refaire le travail dans un programme de PAO.

✔ Les logiciels de PAO sont généralement assez chers. Dans le haut de gamme, on peut signaler QuarkXpress, une application de niveau professionnel ; dans le milieu de gamme, InDesign d'Adobe ; enfin, parmi les logiciels plus abordables, Publisher de Microsoft, que je vous recommande.

Disposer le texte en colonnes

Pour disposer votre texte en colonnes, suivez ces étapes :

1. **Placez le curseur à l'endroit où vous voulez faire commencer la mise en colonnes de votre texte.**

   Si votre document contient déjà du texte, placez le curseur au début du premier paragraphe de texte que vous voulez mettre en colonnes.

   Si vous n'avez pas encore écrit le texte que vous voulez mettre en colonnes, placez le curseur en bas de votre document pour que le texte que vous saisirez à partir de ce point soit mis en colonnes.

2. **Sélectionnez Format/Colonnes.**

   La boîte de dialogue Colonnes apparaît, comme le montre la Figure 21.1.

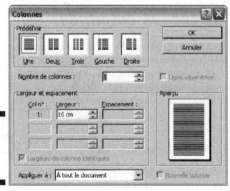

Figure 21.1 :
La boîte de
dialogue
Colonnes.

3. **Dans la zone Prédéfinir, sélectionnez le style que vous voulez.**

   En général, il suffit de deux colonnes, parfois trois. Au-delà, elles sont trop étroites, et le texte devient difficile à lire.

   Remarquez la zone d'aperçu, dans laquelle apparaît le résultat de vos sélections.

   Si vous voulez plus de trois colonnes, vous devez le spécifier dans le champ Nombre de colonnes.

   Vous pouvez ajuster la largeur et l'espacement de vos colonnes dans la zone Largeur et espacement de la boîte de dialogue.

   Si vous voulez faire apparaître un trait de séparation entre deux colonnes voisines, cochez la case Ligne séparatrice.

4. **Dans la liste déroulante Appliquer à, sélectionnez la partie de votre document à laquelle vous voulez appliquer ces paramètres.**

   Vous avez trois possibilités : À tout le document, À partir de ce point (le paragraphe dans lequel se trouve le curseur et tous ceux qui suivent se verront alors appliquer les paramètres que vous venez de définir) et À cette section (cette option n'apparaît que si vous avez défini des sections dans votre document ; les paramètres s'appliquent alors à la section dans laquelle se trouve le curseur).

5. **Cliquez sur le bouton OK.**

Dans le mode Page, les colonnes sont affichées à l'écran avec les paramètres que vous avez définis.

Si vous passez en mode Normal, vous voyez un saut de section continu juste avant le texte mis en colonnes, mais vous ne voyez qu'une colonne, du côté gauche. Pour voir le texte présenté avec le nombre de colonnes spécifié, sélectionnez Affichage/Page dans la barre de menus.

✔ Pour déplacer le curseur d'une colonne à l'autre, utilisez plutôt la souris que les touches de déplacement du curseur. Pour passer à la colonne suivante en utilisant ces touches, il faut commencer par arriver en bas de la colonne précédente dans la page.

✔ L'espacement entre deux colonnes (que l'on appelle aussi *gouttière*) a une largeur par défaut de 1,25 cm. Elle suffit en général.

✔ Vous pouvez ajuster la largeur des colonnes en utilisant la zone Largeur et espacement de la boîte de dialogue. Si vous ne définissez rien vous-même dans cette zone, vous avez les valeurs par défaut de Word.

✔ Quel est le nombre maximal de colonnes ? Tout dépend de la largeur de la page. Comme la largeur minimale autorisée par Word pour une colonne est de 1,25 cm, on peut mettre jusqu'à une douzaine de colonnes sur une feuille de papier standard au format A4.

✔ Une mise en forme sur trois colonnes convient très bien en format Paysage. Elle est souvent utilisée pour réaliser des brochures.

✔ Les commandes de mise en forme de texte et de paragraphe de Word s'appliquent comme partout ailleurs au texte en colonnes. La différence est que les bords droit et gauche de vos paragraphes sont définis par les marges des colonnes, et plus seulement par les marges de la page.

✔ Pour savoir comment diviser votre document en sections, reportez-vous au Chapitre 15.

✔ Pour arrêter une colonne en plein milieu d'une page, utilisez la commande Saut de colonne. Il suffit de cliquer sur Insertion/ Saut. Activez l'option Saut de colonne, et cliquez sur OK. La colonne en cours s'arrête à ce point de la page ; le reste du texte continuant sur la page suivante commence en haut d'une nouvelle colonne.

✔ Bien que vous puissiez appliquer une mise en forme de colonnes à des sections d'un document, Word vous permet d'activer et de désactiver la mise en colonnes en divers endroits d'un document sans vous obliger à utiliser des sections.

Annuler une mise en colonnes

Pour annuler une mise en forme en plusieurs colonnes dans un document, placez le curseur à l'endroit où commence cette mise en forme (pour identifier cet endroit plus facilement, vous pouvez utiliser la commande Affichage/Aperçu avant impression). Suivez ensuite les étapes de la section précédente, mais en sélectionnant l'icône Une dans la zone Prédéfinir à l'étape 3, et À tout le document à l'étape 4.

Si vous avez un document en colonnes, et que vous voulez revenir à du texte normal à partir d'un certain point dans ce document, placez le curseur à l'endroit à partir duquel vous voulez arrêter la mise en colonnes. Suivez ensuite les étapes de la section précédente, mais en sélectionnant l'icône Une dans la zone Prédéfinir à l'étape 3, et À partir de ce point à l'étape 4. Cliquez sur OK.

Si vous envisagez de créer des colonnes sur une partie d'un document, convertissez-la préalablement en section. La création des sections est décrite en détail au Chapitre 15. Veillez ensuite à appliquer les colonnes à cette section uniquement.

Utiliser le bouton Colonnes de la barre d'outils

Si vous êtes pressé, vous pouvez utiliser le bouton Colonnes. Lorsque vous cliquez dessus, une palette apparaît, vous permettant de sélectionner le nombre de colonnes que vous voulez (Figure 21.2). Mettez en surbrillance le nombre de colonnes voulu, et cliquez. Les colonnes apparaissent dans votre document.

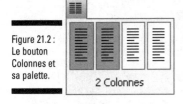

Figure 21.2 :
Le bouton
Colonnes et
sa palette.

2 Colonnes

Chapitre 22
Listes, tables des matières, notes et index

. . . .

Dans ce chapitre :

▶ Listes à puces et listes numérotées automatiques.

▶ Créer une table des matières pour votre document.

▶ Créer un index.

▶ Notes de bas de page, notes de fin d'ouvrage et autres beautés académiques.

. . . .

*L*es publications scientifiques et universitaires sont dotées d'une table des matières et parfois d'un index, voire, ce qui est beaucoup plus rare, d'une table des illustrations et des légendes. Elles contiennent aussi quantité de notes de bas de page ou de fin d'ouvrage. Peut-être croyez-vous que ce sont là des fonctions avancées hors de portée du commun des mortels ? Que nenni ! Ce chapitre vous démontrera comme c'est simple et rapide.

Listes à gogo

La liste de la forme la plus simple est celle que vous tapez vous-même. Par exemple, une liste de choses à faire ou la liste des étapes de l'assemblage d'un accélérateur de particules. Ces listes-là sont numérotées, mais il y a aussi des listes à puces qui portent des symboles au lieu de numéros.

Pour créer une liste à puces de plusieurs paragraphes qui se suivent, sélectionnez les paragraphes, puis Format/Puces et numéros dans la

barre de menus. La boîte de dialogue Puces et numéros apparaît
(Figure 22.1).

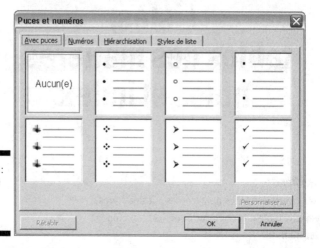

Figure 22.1 :
La boîte de
dialogue
Puces et
numéros.

Il n'y a pas grand-chose à faire dans cette boîte de dialogue. Il suffit de
double-cliquer sur le type de puce que vous voulez, et le texte
préalablement sélectionné reçoit le format correspondant.

- ✔ En utilisant la même boîte de dialogue, vous pouvez aussi créer
  une liste numérotée : cliquez sur l'onglet Numéros, sélectionnez
  le type de numérotation que vous voulez appliquer aux paragraphes sélectionnés, puis cliquez sur OK.

- ✔ Lorsque vous avez sélectionné un type de liste dans la boîte de
  dialogue Puces et numéros, vous pouvez cliquer sur le bouton
  Personnaliser pour personnaliser le format de la puce ou du
  numéro.

- ✔ Pour mettre rapidement sous forme de liste à puces une suite de
  paragraphes, vous pouvez cliquer sur le bouton Puces dans la
  barre d'outils Mise en forme.

- ✔ Pour mettre rapidement sous forme de liste numérotée une
  suite de paragraphes, vous pouvez cliquer sur le bouton
  Numérotation dans la barre d'outils Mise en forme.

Tables des matières et index

À leur manière, les tables des matières et les index sont aussi des listes (Word peut gérer d'autres types de liste, mais je n'ai pas la place de les évoquer tous). À partir des informations contenues dans votre document (à condition tout de même que vous ayez fait le nécessaire pour ça), Word est capable de construire ces listes et de les placer à l'endroit que vous lui indiquez, avec les bons numéros de pages, la bonne mise en forme, et ainsi de suite.

Créer une table des matières

Word vous permet de générer une table des matières à partir de n'importe lequel de vos documents, à condition bien sûr que vous ayez utilisé les styles de titre appropriés (pour en savoir plus sur l'utilisation des divers styles intégrés de Word, reportez-vous au Chapitre 16). Dans ce cas, la création d'une table des matières est un jeu d'enfant.

Pour créer une table des matières dans votre document (si vous avez utilisé les styles de titre de Word pour vos différents niveaux de titre), suivez ces étapes :

1. **Placez le point d'insertion à l'endroit où vous voulez insérer la table des matières.**

   En général, une table des matières vient se placer au début ou à la fin d'un document.

2. **Sélectionnez Insertion/Référence/Tables et index.**

   La boîte de dialogue Tables et index apparaît.

3. **Cliquez sur l'onglet Table des matières.**

   L'onglet Table des matières passe au premier plan (Figure 22.2).

4. **Faites vos choix dans la boîte de dialogue.**

   Vous pouvez vous amuser avec toutes les options de mise en forme et en découvrir les effets dans la zone d'aperçu.

   Plus sérieusement : choisissez les options qui vous intéressent à partir de leur effet sur la table des matières. C'est une boîte de dialogue amusante à utiliser.

5. **Cliquez sur OK pour créer la table des matières.**

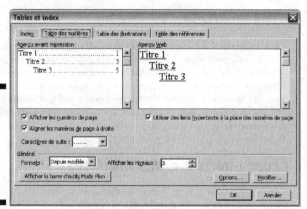

Figure 22.2 :
L'onglet
Table des
matières de
la boîte de
dialogue
Tables et
index.

Word passe au crible votre document pour en extraire tout ce qui est mis en forme avec un style de titre (de Titre 1 jusqu'au niveau que vous avez spécifié dans la boîte de dialogue Tables et index), en identifiant le numéro de la page correspondante, et construit la table des matières qui en résulte.

Générer un index

En plus de la table des matières, on trouve dans de nombreux ouvrages un index. Le monde de l'édition n'a pas encore trouvé de sigle pour le mot index.

Un index est plus précis qu'une table des matières. Il référence des mots particuliers, termes techniques, événements, noms propres ou autres dans l'ensemble d'un document. Manifestement, ça n'en vaut la peine que pour un document un peu conséquent. Je suppose que vous n'envisageriez pas de faire un index pour une lettre adressée à votre bien-aimé(e), et j'espère que vous n'aurez jamais de raison de le faire.

La création d'un index dans Word comporte deux étapes principales. La première consiste à identifier dans votre document les termes que vous voulez placer dans l'index (ce qui signifie que vous devez avoir écrit votre document avant de pouvoir l'indexer). La seconde est la création de l'index proprement dit à partir de ces indications.

Pour marquer une partie de texte à indexer, suivez ces étapes :

1. **Sélectionnez le texte que vous voulez référencer dans l'index.**

   Il peut s'agir d'un mot ou d'un groupe de mots quelconque.

2. **Sélectionnez Insertion/Référence/Tables et index.**

   La boîte de dialogue Tables et index apparaît.

3. **Cliquez sur l'onglet Index.**

4. **Cliquez sur le bouton Marquer entrée.**

   La boîte de dialogue Marquer les entrées d'index apparaît
   (Figure 22.3). Remarquez que le texte que vous avez sélectionné
   dans votre document apparaît dans le champ Entrée (où vous
   pouvez le modifier si vous voulez).

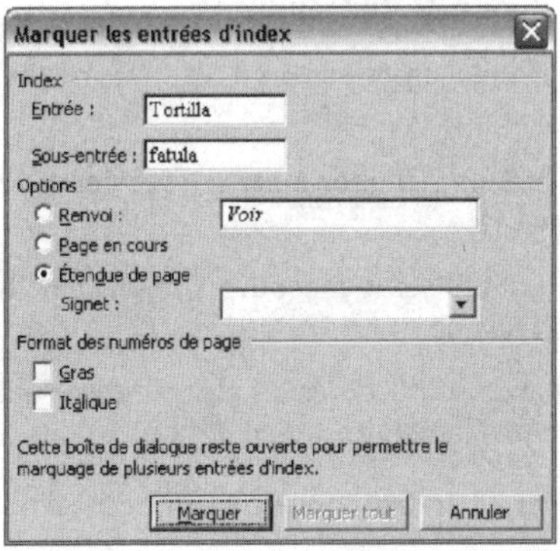

Figure 22.3 :
La boîte de
dialogue
Marquer les
entrées
d'index.

5. **Cliquez sur le bouton Marquer *ou* sur le bouton Marquer tout.**

   Si vous cliquez sur le bouton Marquer, seule l'instance du mot
   ou du groupe de mots sélectionnée est marquée pour référence
   dans l'index. Utilisez ce bouton pour marquer uniquement ce
   que vous avez sélectionné vous-même. Le bouton Marquer tout
   demande à Word de rechercher dans le document toutes les
   instances du texte qui apparaît dans le champ Entrée de la boîte
   de dialogue Marquer les entrées d'index, et de les marquer
   toutes pour référence dans l'index. N'utilisez ce bouton que si
   vous êtes sûr de vouloir marquer comme entrées d'index toutes
   les occurrences d'un mot ou d'un groupe de mots.

   Vous pouvez tester les autres options de la boîte de dialogue
   Marquer les entrées d'index. Amusez-vous bien.

   Vous voyez aussi la clé d'index que vous venez de définir
   apparaître dans le document, entourée par des accolades.

6. **Continuez à avancer dans votre document, à la recherche de ce que vous voulez référencer dans l'index.**

   La boîte de dialogue Marquer les entrées d'index reste ouverte, vous permettant de continuer à définir vos clés d'index. Sélectionnez le texte voulu dans le document, puis cliquez dans la boîte de dialogue Marquer les entrées d'index. Le texte sélectionné apparaît dans le champ Entrée. Cliquez sur le bouton Marquer ou sur le bouton Marquer tout pour marquer chaque entrée ou chaque série d'entrées.

7. **Une fois que vous avez terminé, cliquez sur le bouton de fermeture de la boîte de dialogue.**

   C'est le X dans le coin supérieur droit. La boîte de dialogue disparaît.

8. **Cliquez sur le bouton Afficher masquer (¶) dans la barre d'outils Standard.**

   Vous pouvez aussi utiliser le raccourci Ctrl+*. Le texte masqué est de nouveau masqué.

Maintenant que vous avez entré toutes les clés d'index, l'étape suivante consiste à créer l'index proprement dit :

1. **Placez le curseur à l'endroit où vous voulez insérer l'index.**

2. **Sélectionnez Insertion/Référence/Tables et index.**

3. **Cliquez sur l'onglet Index (Figure 22.4).**

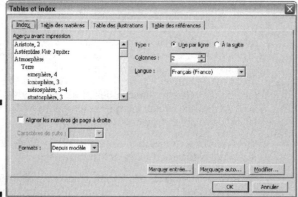

Figure 22.4 :
L'onglet
Index de la
boîte de
dialogue
Tables index.

4. **Sélectionnez les options qui vous conviennent dans la boîte de dialogue.**

Vous pouvez sélectionner un style d'index dans la liste déroulante Format. Regardez la zone d'aperçu pour vous rendre compte de l'effet produit par votre sélection.

Dans le champ Colonnes, entrez le nombre de colonnes que vous voulez donner à votre index. Le plus souvent, on réalise un index sur deux colonnes, parfois trois.

5. **Cliquez sur OK.**

L'index est inséré dans votre document, dans une nouvelle section qui est automatiquement créée pour lui (pour en savoir plus sur les sections, voyez le Chapitre 15).

De très sérieux chercheurs ont montré que les lecteurs se réfèrent plutôt à un index qu'à une table des matières. Faites donc attention à réaliser un index complet et bien construit.

Notes de pied de page ou de fin d'ouvrage (ou les deux)

Ai-je besoin d'expliquer de quoi il s'agit ? Sans doute pas. Les gens dont les documents nécessitent de telles notes savent très bien ce que c'est et où les mettre. Voici comment procéder :

1. **Placez le curseur dans votre document à l'endroit où vous voulez référencer la note de bas de page ou de fin d'ouvrage.**

2. **Dans la barre de menus, sélectionnez Insertion/Référence/ Note de bas de page.**

La boîte de dialogue Note de bas de page et de fin de document apparaît, comme sur la Figure 22.5.

3a. **Pour créer une note de bas de page, cliquez sur le bouton Note de bas de page.**

3b. **Pour créer une note de fin d'ouvrage, cliquez sur le bouton Note de fin.**

4. **Paramétrez toute information de mise en œuvre optionnelle.**

Vous n'y procédez qu'une seule fois, lors de la création de la première note de bas de page ou de fin de document. Les autres suivront ce modèle.

Figure 22.5 :
La boîte de
dialogue
Note de bas
de page et de
fin de
document.

5. Cliquez sur OK.

Si vous êtes en affichage Normal, une nouvelle "fenêtre" apparaît comme par magie en bas de votre page.

Si vous êtes en affichage Page, le curseur vient se placer en bas de la page, prêt pour que vous puissiez passer à l'étape suivante.

6. Saisissez le contenu de votre note.

Vous êtes libre de mettre dans une note tout ce que vous pouvez mettre dans un document : des images en tout genre aussi bien que du texte.

7. Continuez à travailler sur votre document.

Si vous êtes en affichage Normal, cliquez sur le bouton Fermer de la zone d'affichage de la note.

En mode Page, vous pouvez utiliser le raccourci Maj+F5, mais ça ne marchera peut-être pas toujours. Le plus simple est de cliquer avec la souris à l'endroit que vous voulez dans le corps du texte.

Voici quelques conseils qui ne sont pas des notes de bas de page :

✔ Pour afficher ou modifier une note de bas de page en affichage Normal, sélectionnez Affichage/Note de bas de page (en affichage en mode Page, les notes de bas de page apparaissent de toute façon en bas de chaque page).

✔ Pour accéder rapidement à une note de bas de page en affichage Normal, double-cliquez sur le numéro de la note dans le texte. La fenêtre d'édition de la note apparaît aussitôt.

✔ Pour supprimer une note de bas de page, sélectionnez (mettez en surbrillance) son numéro dans le texte du document, et appuyez sur la touche Suppr. Word supprime la note sélectionnée et redéfinit en même temps les numéros des autres notes.

✔ Vous pouvez très bien insérer une image dans une note, tout comme dans un en-tête ou un pied de page. Vous avez là de quoi vous attirer la jalousie de tous les universitaires de la planète Terre.

Chapitre 23

Illustrez-moi ça !

● ●

Dans ce chapitre :

▶ Trouver des images.

▶ Utiliser le menu Insertion pour une image.

▶ Insérer une image à partir d'un fichier graphique.

▶ Ajuster une image.

▶ Déplacer une image.

▶ Redimensionner une image.

▶ Rogner une image.

▶ Pivoter une image.

▶ Faire habiller une image par le texte.

▶ Ajouter une légende.

● ●

*U*ne image vaut mille mots... oui, d'accord ; pourtant, en informatique, ce n'est pas tout à fait vrai. En effet, 1 000 mots pèsent environ 1 Ko alors qu'une image pèse beaucoup plus ! En informatique, c'est le choc des mots et surtout, le poids des photos.

Word permet d'insérer de multiples fichiers graphiques dans vos documents.

✔ Word permet aussi d'insérer d'autres types d'objets dans votre texte.

✔ Plus vous placez d'images dans votre document, plus Word ralentit. Je vous conseille donc d'insérer les images en dernier.

✔ Ce n'est pas la première fois que je fais cette recommandation dans ce livre, mais comme il n'y a pas beaucoup de gens qui lisent tout, je vais me répéter un peu : Word est un traitement de texte. Il est vrai qu'il vous permet d'insérer des images et autres éléments de toutes sortes dans vos documents, mais si vous voulez vraiment maîtriser ce que vous faites avec vos images et votre texte, il vous faut un véritable logiciel de PAO.

Où trouver des images ?

Vous disposez de plusieurs moyens d'insérer une image dans un document Word :

- Copier une image dans un logiciel graphique (ou une page Web), puis la coller dans votre document à l'endroit où se trouve le curseur.

- Insérer une image clipart.

- Insérer un fichier graphique quelconque qui se trouve sur votre disque dur.

- Insérer une image provenant d'un scanner ou d'un appareil photo numérique relié à votre PC.

- Créer une image en utilisant l'outil de dessin de Word.

Voici quelques indications supplémentaires :

- Pour capturer une image dans une page Web, cliquez dessus du bouton droit, et sélectionnez Enregistrer l'image sous dans le menu qui apparaît. Une fois que vous avez enregistré l'image sur votre disque dur, vous pouvez l'insérer dans tout document Word.

- Il est plus judicieux d'enregistrer une image sur un disque dur sous forme de fichier graphique, plutôt que de la copier puis de la coller dans Word.

- Windows est fourni avec un logiciel de peinture assez simple, Paint. Vous pouvez vous en servir pour créer des images intéressantes, bien qu'un peu rudimentaires, que vous pourrez insérer dans des documents Word.

- Word (ou Office) est fourni avec une collection d'images clipart. Il vous faudra peut-être les installer. En lisant ce chapitre, gardez à portée de main le CD de Word (ou d'Office) au cas où il vous serait demandé.

Voilà une image !

Pour insérer une image dans un document, suivez ces étapes :

1. **Passez en mode Page.**

   Si vous n'êtes pas encore en mode Page, sélectionnez Affichage/
   Page dans la barre de menus (si vous ne commencez pas par là,
   Word le fera automatiquement en insérant l'image).

2. **Placez le curseur à l'endroit où voulez insérer l'image.**

   Le texte sera déplacé pour faire de la place pour l'image.

   Insérer une image dans un document Word revient un peu à
   insérer une seule lettre, mais l'image se comporte comme une
   lettre de très grande taille.

3. **Sélectionnez Insertion/Image.**

   Dans le sous-menu Image, sélectionnez l'origine du fichier à
   insérer.

4. **Cliquez sur A partir du fichier.**

   La boîte de dialogue Insérer une image apparaît (Figure 23.1).

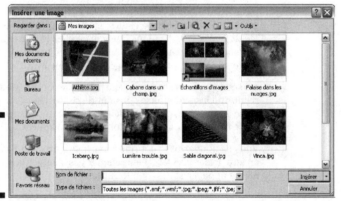

Figure 23.1 :
La boîte de
dialogue
Insérer une
image.

5. **Utilisez la boîte de dialogue pour trouver des fichiers.**

   La boîte de dialogue affiche par défaut le contenu du dossier
   Mes images. Si vous stockez vos images dans un autre dossier,
   localisez-le par le biais de la liste Regarder dans.

6. **Sélectionnez l'image que vous souhaitez insérer.**

   Cliquez simplement sur le fichier.

7. Cliquez sur le bouton Insérer.

L'image apparaît à l'emplacement du point d'insertion.

L'image aura certainement besoin de quelques ajustements. Ils sont traités dans la prochaine section.

- ✔ Word gère de nombreux formats de fichiers graphiques. Toutefois, en ce qui concerne les documents destinés à l'impression, le format TIFF est plus recommandé que n'importe quel autre. Les images GIF et JPEG seront, de préférence, réservées au Web.

- ✔ Vous ne pouvez pas utiliser la touche Retour arrière pour supprimer une image. Pour cela, cliquez dessus pour la sélectionner et appuyez sur la touche Suppr.

- ✔ La commande "À partir d'un scanneur ou d'un appareil photo numérique" vous permet de capturer une image à partir d'un scanner ou d'un appareil photo numérique, à condition que ce matériel soit installé pour être utilisé avec votre ordinateur. Toutefois, je ne vous conseille pas cette solution, car Word n'est pas un bon éditeur graphique. Utilisez plutôt un éditeur graphique pour capturer l'image et pour y apporter les ajustements ou les modifications que vous voulez et l'enregistrer sur le disque. Vous pourrez alors utiliser la commande À partir du fichier pour insérer cette image dans un document Word.

- ✔ Lorsque vous insérez une image par copier-coller, inutile de recourir à Insertion/Image. Il suffit de copier l'image depuis une autre application, par exemple Paint, et de la coller à l'endroit où se trouve le point d'insertion dans le document.

- ✔ Vous ne pouvez pas supprimer une image avec la touche Retour arrière. Il faut préalablement cliquer dessus pour la sélectionner, et appuyer sur la touche Suppr.

Ajuster l'image

À moins que vous ne soyez un pro du graphisme, auquel cas le livre que vous avez acheté n'est probablement pas le bon, vous allez devoir faire quelques ajustements pratiquement pour toutes les images que vous allez insérer dans vos documents. Il arrive que Word fasse des choses assez frustrantes avec les images. Heureusement, il y a toujours une manière plus ou moins clandestine de les réparer.

Lorsque l'on travaille sur une image, il est toujours préférable de se trouver en mode Page. Sélectionnez Affichage/Page dans la barre de menus.

Il est aussi bien pratique d'avoir sous la main la palette Image pour ajuster une image. Pour la faire apparaître, sélectionnez Affichage/ Barres d'outils/Image (Figure 23.2). Les sections suivantes supposent que cette palette est visible.

Figure 23.2 :
La palette
Image.

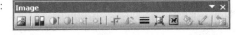

Quand vous en avez terminé avec la modification d'une image, cliquez sur le texte pour la désélectionner.

Vous pouvez aussi fermer la palette Image en cliquant sur le X dans le coin supérieur droit de celle-ci.

Déplacer une image sur une page

Pour déplacer une image, faites-la glisser en utilisant la souris. Commencez par placer le pointeur à l'intérieur de l'image et non sur un bord pour la faire glisser.

✔ Souvenez-vous que dans Word une image est traitée comme une grosse lettre. L'image que vous manipulez va venir se placer dans votre document de la même manière qu'un caractère qui aurait la même taille.

✔ Si vous voulez plutôt que l'image "flotte" au-dessus de votre texte, voyez la section "Image flottante et habillage par le texte", plus loin dans ce chapitre.

✔ Si vous voulez que votre image soit centrée sur la page, mettez-la toute seule sur une ligne (un paragraphe), et définissez l'alignement Centré pour ce paragraphe.

Modifier la taille d'une image

Pour redimensionner une image, il suffit de la sélectionner et de faire glisser l'une de ses huit poignées. Faites glisser la poignée d'un côté ou d'un coin pour donner à l'image la taille que vous voulez. La Figure 23.3 montre une image agrandie de cette façon.

Figure 23.3 :
Agrandir une
image.

✔ Pour augmenter ou réduire la hauteur d'une image, utilisez la poignée du bord supérieur ou la poignée du bord inférieur.

✔ Pour augmenter ou réduire la largeur d'une image, utilisez la poignée du bord droit ou la poignée du bord gauche.

✔ La poignée de chaque coin permet de déplacer le coin dans deux directions à la fois (verticalement et horizontalement), ce qui permet aussi de redimensionner l'image sans distorsion.

Rogner une image

Dans le jargon du graphisme, *rogner* signifie couper les bords d'une image plutôt que la redimensionner. Dans le monde physique, c'est ce que l'on fait avec une paire de ciseaux. La Figure 23.4 en montre un exemple.

Pour rogner une image, commencez par cliquer dessus pour la sélectionner, puis cliquez sur l'outil Rogner dans la palette Image. La suite du processus ressemble à la méthode utilisée pour redimensionner une image. Avec le pointeur (qui est maintenant accompagné du symbole ci-contre), faites glisser l'une des poignées de l'image vers l'intérieur de celle-ci, jusqu'à l'endroit où vous voulez couper.

En général, j'utilise les poignées des bords pour rogner une image. Je n'arrive jamais à obtenir exactement ce que je veux avec les poignées des coins.

Figure 23.4 :
Une image
rognée.

Une fois que vous avez fini de rogner votre image, cliquez à nouveau sur l'outil Rogner dans la palette Image pour le désactiver.

Si vous vous apercevez que vous en avez coupé trop (ce sont des choses qui arrivent), cliquez sur le bouton Réinitialiser image (à l'extrémité droite de la palette Image) pour annuler l'opération.

Faire pivoter l'image

C'est très simple : cliquez sur l'image pour la sélectionner. Ensuite, dans la barre d'outils Image, cliquez sur le bouton Faire pivoter à gauche de 90° jusqu'à ce que l'image soit correctement orientée.

Word ne possède pas de commande pour faire pivoter librement une image. Si vous avez besoin de modifier l'orientation d'une image avec plus de précision, utilisez un programme d'édition graphique. Ensuite, importez l'image dans Word.

Image flottante et habillage par le texte

Le bouton Habillage du texte de la palette Image permet de contrôler la relation entre l'image et le texte dans le document. Il vous offre un bon nombre de possibilités, vous permettant de coller l'image au texte comme si elle n'y était qu'un caractère comme les autres, aussi bien que de la faire flotter comme un fantôme derrière le texte.

Pour définir l'habillage de l'image par le texte, cliquez sur l'image pour la sélectionner, puis cliquez sur le bouton Habillage du texte dans la palette Image. Un menu apparaît (Figure 23.5), proposant un certain nombre d'options.

Figure 23.5 :
Le menu
Habillage du
texte.

Légender une illustration

Vous pouvez placer une légende de deux manières : par la commande Légende et par l'insertion de l'image dans un tableau.

La commande Légende est si élémentaire que je ne perdrai pas mon temps à vous la décrire. Apprenez plutôt à créer un tableau pour la légende :

1. **Cliquez pour sélectionner l'image à légender.**

2. **Cliquez sur le bouton Insérer un tableau de la barre d'outils standard.**

   Vous créez ainsi un tableau d'une cellule autour de l'image.

3. **Faites glisser le coin inférieur droit du tableau de sorte qu'il ait la même taille que l'image (voir la Figure 23.6).**

4. **Appuyez sur la touche Tab.**

   Une nouvelle ligne est insérée, sous l'image.

5. **Saisissez le texte de la légende.**

   Mettez en forme le texte comme vous le faites pour n'importe quel autre texte d'un document. La Figure 23.6 illustre parfaitement la mise en place d'une légende.

Figure 23.6 :
L'image est
dans une
cellule d'un
tableau, et la
légende dans
une autre.

Le roi de la forêt asiatique

Enfin, définissez l'aspect du tableau.

6. **Cliquez sur Tableau/Sélectionner/Tableau.**

7. **Dans le menu local du bouton Bordure de la barre d'outils Tableaux et bordures, choisissez Aucune bordure.**

Et voilà ! L'image est légendée !

Chapitre 24
Insérer des objets

. . . .

Dans ce chapitre :

▶ Insérer un document.

▶ Utiliser les Formes automatiques.

▶ Jouer avec WordArt.

▶ Faire des dessins dans Word.

. . . .

Diverses commandes permettent d'insérer dans vos documents des éléments stockés à différents endroits de vos disques durs. Certains sont utiles et intéressants. Nous les traiterons dans ce chapitre. D'autres sont étranges et obscurs ; vous les découvrirez par vous-même, au hasard de vos pérégrinations dans les menus.

Insérer un document dans un autre

Vous avez peut-être rédigé votre curriculum vitæ sur votre disque, et vous voulez l'ajouter à la fin d'une lettre de candidature. Dans cette circonstance comme dans toute autre, pour insérer un document dans un autre, suivez ces étapes :

1. **Placez le point d'insertion à l'endroit où vous voulez insérer le texte de l'autre document.**

   Vous allez voir apparaître ce texte comme si vous l'aviez tapé vous-même avec vos propres doigts, mais à une vitesse foudroyante.

2. **Cliquez sur Insertion/Fichier.**

   La boîte de dialogue Insérer un fichier apparaît, semblable à la boîte de dialogue Ouvrir (voyez le Chapitre 8).

3. **Sélectionnez le document que vous voulez insérer.**

Vous pouvez utiliser cette boîte de dialogue pour naviguer jusqu'au fichier voulu, où qu'il soit, dans un autre dossier, sur un autre disque ou même sur un autre ordinateur connecté au même réseau que vous.

4. **Cliquez sur le bouton Insérer.**

   Le document sélectionné est inséré à l'endroit où se trouve le curseur.

   Le résultat, la combinaison des deux documents, porte toujours le même nom que le premier document (c'est toujours le même fichier, modifié par l'insertion du fichier sélectionné).

   Rien ne limite le nombre de documents que vous pouvez ainsi insérer dans un autre document, l'un après l'autre.

   Ce procédé permet de récupérer différents blocs de texte stockés sous forme de fichiers pour les intégrer dans un autre document. Certains assurent que c'est de cette façon que sont écrits les romans à l'eau de rose.

Encore plus de trucs amusants à insérer

Word contient une quantité de petits programmes permettant d'insérer dans un document divers objets, aussi amusants qu'étranges, pour égayer ce qui sans eux ne serait, tristement, que du texte. Dans les sections suivantes, nous allons faire un très rapide tour d'horizon des plus populaires d'entre eux. Je vous encourage vivement à jouer sans retenue avec toutes ces fonctions pour vous rendre compte de ce que vous pouvez en faire.

Les formes automatiques

Les *formes automatiques* sont des images qui peuvent s'avérer extrêmement pratiques dans un document. On y trouve des étoiles, des lunes, des diamants, des trèfles et autres formes diverses que tout le monde peut dessiner dans Word, puisqu'elles sont automatiquement dessinées pour vous.

Dans l'exemple de la Figure 24.1, la forme automatique est la bulle de bande dessinée, dans laquelle j'ai inséré du texte.

Pour insérer une forme automatique, sélectionnez Insertion/Image/ Formes automatiques. La palette Formes automatiques apparaît (Figure 24.1).

Figure 24.1 :
Une forme
automatique,
avec la
palette
Formes
automatiques
et la tour
Eiffel.

Chaque bouton de cette palette donne accès à un menu de formes. Sélectionnez celle que vous voulez. Le pointeur se mue en un signe plus, et vous passez automatiquement en mode Page si vous n'y êtes pas déjà. Vous pouvez maintenant "dessiner" la forme automatique dans votre document en faisant glisser avec la souris. Le déplacement de la souris définit la position et la taille de la forme automatique, mais vous pourrez la déplacer ou la redimensionner par la suite si vous le souhaitez.

> ✔ Pour déplacer une forme automatique, placez le pointeur dessus. Le pointeur prend la forme de quatre flèches pointant dans des directions opposées. Faites alors glisser l'image jusqu'à l'endroit que vous voulez dans la page.

> ✔ Une forme automatique peut être redimensionnée ou déformée en faisant glisser les poignées qui apparaissent sur ses coins et ses côtés.

> ✔ La poignée verte qui apparaît au-dessus permet de faire tourner la forme automatique.

> ✔ Les poignées jaunes peuvent être déplacées indépendamment les unes des autres. Il est donc facile de placer correctement la flèche d'une bulle de bande dessinée.

> ✔ Toutes les formes automatiques ne sont pas des zones de texte comme celle représentée Figure 24.1.

Ah, que j'aime WordArt !

De tout ce que l'on trouve dans Word, je considère que WordArt est le truc le plus amusant, le plus utile, et le plus efficace pour perdre son temps. Dès qu'un utilisateur de Word découvre WordArt, il est sous l'emprise.

Pour insérer un objet WordArt dans votre document, sélectionnez Insertion/Image/WordArt. La boîte de dialogue Galerie WordArt apparaît, montrant tous les objets WordArt que vous pouvez créer, ce qui me fait irrésistiblement penser à un présentoir de rouges à lèvres dans un rayon Cosmétiques de grand magasin (voyez la Figure 24.2).

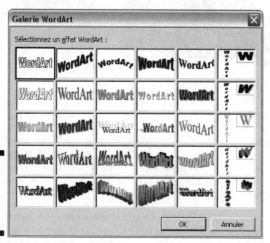

Figure 24.2 :
La boîte de
dialogue
Galerie
WordArt.

Dans cette boîte de dialogue, sélectionnez le style de votre objet WordArt, puis cliquez sur OK.

Dans la boîte de dialogue Modification du texte WordArt, tapez le (court) texte que vous voulez "wordartifier". Sélectionnez une police, une taille, et mettez-le éventuellement en gras ou en italique. Cliquez sur OK : ce texte est devenu une image WordArt dans votre document, avec le style que vous avez choisi.

✔ Pour modifier une image WordArt, cliquez dessus (une fois) : la palette WordArt apparaît. Vous pouvez l'utiliser pour réaliser toutes sortes d'ajustements dans votre objet WordArt.

✔ Tout comme n'importe quel autre élément graphique dans votre document, un objet WordArt est inséré à l'endroit où se trouve le curseur. Aussi, comme nous l'avons dit plus haut pour une image, si vous voulez pouvoir déplacer votre objet WordArt dans le texte, utilisez le bouton Habillage du texte dans la palette WordArt.

✔ Une image WordArt peut être manipulée comme n'importe quelle image. Reportez-vous à la section "Ajuster l'image", au Chapitre 23.

✔ Pour changer le texte d'une image WordArt, cliquez sur le bouton Modifier le texte dans la palette WordArt pour faire apparaître la boîte de dialogue Modification du texte WordArt. Vous pouvez aussi double-cliquer sur l'image WordArt elle-même.

✔ Le bouton Formes WordArt donne accès à un menu de formes, dans lequel vous pouvez sélectionner la forme que vous voulez appliquer au texte de votre image WordArt.

Dessiner dans Word

Word dispose d'un mode de dessin qui vous permet d'insérer des cercles, des traits, des flèches et autres œuvres, au gré de votre fantaisie. Comme la réalisation d'un véritable dessin pourrait faire l'objet d'un livre entier, je ne vais pas entrer ici dans les détails, mais me contenter du minimum qu'il vous est utile de savoir.

Pour activer le mode de dessin de Word, cliquez sur le bouton Dessin dans la barre d'outils Standard (vous pouvez aussi sélectionner Affichage/Barres d'outils/Dessin dans la barre de menus). Cette action fait apparaître en bas de la fenêtre la barre d'outils Dessin.

La barre d'outils Dessin est divisée en plusieurs zones. La zone centrale contient les outils que vous pouvez utiliser pour tracer des traits, des flèches, des carrés et des cercles. La zone de droite contient des outils qui permettent de contrôler les couleurs, la largeur des traits, les effets en trois dimensions, etc.

✔ Les outils de dessin sont bons, mais ils conviennent plutôt à des illustrations assez simples. Si vous avez besoin de faire des dessins complexes ou détaillés, je vous conseille de vous procurer un bon logiciel de dessin pour votre ordinateur.

✔ Les outils de dessin ne permettent pas de créer des organigrammes. Il est préférable de cliquer sur Insertion/Image/Organigramme hiérarchique.

✔ Une fois que votre dessin est inséré dans votre document, il se comporte comme n'importe quelle image. Pour en savoir plus sur l'ajustement des images, reportez-vous au Chapitre 23.

✔ Selon ce que vous faites dans Word, la barre d'outils Dessin peut apparaître automatiquement de temps à autre. Malheureusement, elle ne disparaît pas de même, ce qui veut dire qu'elle occupe inutilement de l'espace dans la fenêtre. Pour la faire disparaître, sélectionnez Affichage/Barres d'outils/Dessin.

Quatrième partie

Des documents auxquels on ne pense pas

"C'est un logiciel qui reflète à la perfection un environnement bureautique réel. Il est multitâche, il partage les données, et utilise à bon escient toutes les rumeurs qui circulent sur les employés du bureau."

Dans cette partie...

Parfois les choses paraissent faciles. C'est la grande force des professionnels. Ce sauteur à la perche qui efface 6 mètres, ce gymnaste qui semble voler sur ses agrès, ce cuisinier qui fait des sauces parfaites sans jamais les brûler, et qui nous fait saliver devant nos postes de télévision. Toutefois, pour en arriver là, des heures d'entraînement et de formation sont nécessaires.

Cette partie aborde des fonctions et des possibilités qui augmentent votre connaissance de Word. Vous atteignez un niveau que personne ne supposait, devenant alors, aux yeux de tous, un expert du traitement de texte. Bientôt vous donnerez des leçons à la télévision qu'un auditoire béat suivra avec la plus grande attention. Vous passez du statut de *nul* à celui de *professionnel* !

Chapitre 25

Brochures
et cartes de vœux

Si vous voulez créer un document qui impressionne les gens, vous êtes dans le bon chapitre. Les informations que vous y trouverez ne sont pas bien compliquées. Elles ont même déjà été fournies dans ce livre, mais je les ai réunies ici dans un *but* précis : créer une brochure à trois volets ou une carte de vœux. Amusez-vous bien !

Une brochure à trois volets

Il y a sans doute des tâches pour lesquelles vous pensez que Word rencontre ses limites, mais qu'il peut en fait accomplir facilement. Prenez par exemple la brochure à trois volets de la Figure 25.1.

Si vous en avez déjà saisi le texte, il ne faut que quelques minutes pour réaliser une brochure à trois volets. Encore quelques minutes, et elle peut sortir de votre imprimante.

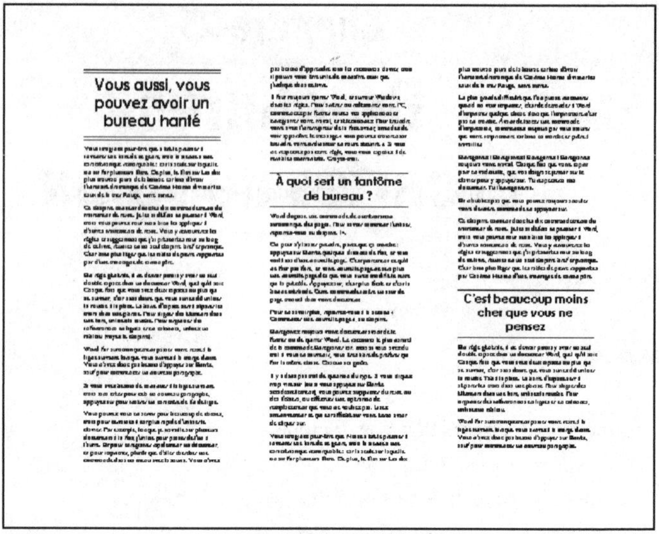

Figure 25.1 :
La réalisation
d'une
brochure à
trois volets
est un jeu
d'enfant pour
Word.

Donner forme à la brochure

Une *brochure à trois volets* est essentiellement une feuille de papier ordinaire, mais présentée dans l'orientation Paysage (plus large que haute), avec deux plis qui définissent les trois volets. Pour l'obtenir dans Word, il suffit de deux étapes simples, *après* avoir rédigé le texte.

Il est toujours préférable de rédiger le texte d'abord, et de mettre en forme ensuite. En plus, Word fonctionne plus vite avec une seule colonne (en mode Normal) qu'avec plusieurs. Si vous aviez besoin de modifier votre texte par la suite, rien ne vous en empêcherait.

Pour mettre un document dans l'orientation Paysage, suivez ces étapes :

1. **Sélectionnez Fichier/Mise en page.**

   La boîte de dialogue Mise en page apparaît.

2. **Cliquez sur l'onglet Marges.**

3. **Dans la zone Orientation, sélectionnez Paysage.**

   Voyez l'aperçu : la page a tourné de 90 degrés.

4. **Dans la liste déroulante Appliquer à, sélectionnez À tout le document.**

5. Cliquez sur OK.

Pour mettre votre document en trois colonnes, suivez ces étapes :

1. **Sélectionnez Format/Colonnes.**

2. **Dans la zone Prédéfinir, cliquez sur l'icône Trois.**

   Cette zone est en haut de la boîte de dialogue.

3. **Dans la liste déroulante Appliquer à, sélectionnez À tout le document.**

4. **Cliquez sur OK.**

Votre document est maintenant mis en forme pour que le texte qu'il contient soit réparti en trois volets sur une seule page dans l'orientation Paysage. Pour répartir votre texte sur les deux côtés de la page, il faut quelques astuces supplémentaires, décrites dans la section "Imprimer la brochure", plus loin dans ce chapitre.

Intituler la brochure

Le meilleur moyen de créer un titre pour une brochure consiste à créer un tableau. Non seulement un tableau donne des facilités pour créer des bordures, mais il vous permet aussi d'ajouter un peu de texte à droite ou à gauche du titre, sans avoir à vous compliquer la vie avec des tabulations et des subtilités de mise en forme de paragraphe.

Pour créer le titre de votre document, utilisez les instructions de création d'un tableau de données au Chapitre 20. C'est ce que j'ai fait dans la Figure 25.1. J'ai ensuite utilisé la commande Format/Bordure et trame pour ajouter les bordures du haut et du bas. J'aurais pu également utiliser le volet Trame de fond de la boîte de dialogue Bordure et trame pour donner une couleur de fond au titre du document.

Essayez de créer un titre en trois colonnes avec du texte dans la colonne de droite et dans la colonne de gauche, et le titre lui-même au milieu. Et n'oubliez pas que vous pouvez facilement insérer une image dans un tableau.

Commencer un paragraphe par une lettrine

Une *lettrine* est une lettre de taille nettement supérieure, et dans une police différente du reste du texte, placée au début d'un paragraphe.

La Figure 25.1 en montre un exemple. Voici comment ajouter une lettrine dans votre brochure (ou à tout document existant) :

1. **Placez le curseur dans le paragraphe que vous voulez faire commencer par une lettrine.**

   Par exemple, "Il était une fois...".

   Il est également préférable que le paragraphe soit aligné à gauche et ne soit pas mis en retrait, que ce soit par une tabulation ou par les procédés de mise en forme présentés dans la deuxième partie.

2. **Sélectionnez Format/Lettrine.**

   La boîte de dialogue Lettrine apparaît (Figure 25.2).

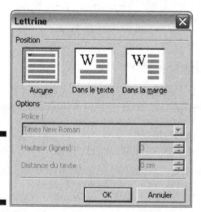

Figure 25.2 :
La boîte de dialogue Lettrine.

3. **Sélectionnez un style de lettrine.**

   Avec la première option, Aucune, vous n'avez pas de lettrine. Vous avez ensuite le choix entre Dans le texte et Dans la marge. Pour ma part, je préfère Dans le texte. Sélectionnez ce que vous préférez.

   Si vous le souhaitez, sélectionnez une police.

   Vous pouvez aussi vous amuser avec les autres options qui permettent de préciser les dimensions et le placement de la lettrine par rapport au texte.

4. **Cliquez sur OK.**

Si vous êtes en mode Normal, Word passe automatiquement en mode Page pour que vous puissiez voir la lettrine en action.

La lettrine apparaît sélectionnée, dans un cadre auquel sont attachées huit petites poignées noires. Le lecteur attentif aura remarqué : comme une image que vous venez d'insérer (voyez le Chapitre 23).

Il vous faudra peut-être faire glisser la lettrine (qui se comporte donc comme une image) pour la placer exactement où vous voulez, surtout si vous utilisez un tableau pour le titre du document, comme dans la Figure 25.1. Placez le pointeur entre deux poignées sur le cadre de la lettrine (celle-ci étant sélection-née). Vous pouvez faire glisser lorsque le pointeur prend la forme de quatre flèches pointant dans des directions opposées.

5. Cliquez dans le texte (pas sur la lettrine).

La lettrine est désélectionnée. Vous pouvez continuer à tra-vailler sur votre texte.

Pour annuler une lettrine, cliquez dessus pour la sélectionner, puis sélectionnez Format/Lettrine. Dans la boîte de dialogue Lettrine, double-cliquez sur l'icône Aucune, et cliquez sur OK. La lettrine disparaît.

Faire flotter une zone de texte

Il y a un autre élément amusant que vous pouvez ajouter dans une brochure : la *zone de texte flottante*. Elle fonctionne essentiellement comme une image qui flotte au-dessus de votre texte. La différence est que cette "image" est réellement une partie de texte que vous pouvez modifier et mettre en forme. Voici comment faire :

1. Placez le curseur approximativement à l'endroit où vous voulez mettre la zone de texte flottante.

Comme vous pourrez la déplacer par la suite, il n'est pas nécessaire d'être précis, mais il faut bien commencer quelque part.

2. Sélectionnez Insertion/Zone de texte.

Si vous êtes en mode Normal, l'affichage bascule en mode Page.

Un texte vous invite à saisir le vôtre dans votre zone de texte. Comme vous n'en avez pas besoin :

3. Appuyez sur la touche Suppr.

4. Faites glisser le pointeur pour définir les contours de votre zone de texte.

En maintenant enfoncé le bouton gauche de la souris, tracez un rectangle en faisant glisser du coin supérieur gauche au coin inférieur droit. Lorsque vous relâchez le bouton de la souris, vous voyez flotter votre zone de texte au-dessus de votre texte, comme le montre la Figure 25.3.

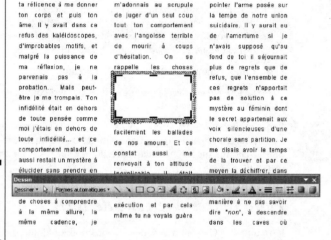

Figure 25.3 :
Tracer une
zone de texte
dans votre
document.

5. Saisissez et mettez en forme le texte de la zone de texte.

Vous pouvez utiliser tous les procédés habituels de Word pour saisir et mettre en forme du texte dans la zone de texte, comme à n'importe quel endroit dans le document. Vous pouvez utiliser des polices, des styles, et tous les attributs de mise en forme de caractères et de paragraphe que vous voulez. Vous pouvez même faire pivoter le texte de 90 degrés.

Pour redimensionner la zone de texte, faites glisser les poignées de ses coins et de ses bords.

Pour déplacer la zone de texte, placez le pointeur sur le cadre, entre deux poignées. Lorsqu'il prend la forme de quatre flèches pointant dans des directions opposées, vous pouvez faire glisser la zone de texte.

Pour définir un style de bordure pour la zone de texte, utilisez le bouton Style de trait dans la barre d'outils Dessin. D'autres boutons de cette barre d'outils ont un effet sur la zone de texte. Ne vous privez pas de les essayer.

6. **Une fois que vous avez terminé, cliquez dans le texte de votre document.**

   La zone de texte est désélectionnée, et vous pouvez à nouveau travailler au texte de votre document. Si vous voulez masquer la barre d'outils Dessin, sélectionnez Affichage/Barres d'outils/ Dessin.

Si vous voulez revenir à la zone de texte pour en modifier le contenu, il vous suffit de cliquer dedans.

Il est plus facile de travailler avec des zones de texte en mode Page. Cependant, vous pouvez également les manipuler en mode Normal.

Imprimer la brochure

Pour imprimer une brochure, le mieux est d'avoir recours aux services d'un imprimeur professionnel. Mais si votre budget est serré, vous pouvez le faire vous-même.

Commencez par imprimer un premier exemplaire pour voir exactement comment les choses se passent. Une fois que tout est bien au point, vous pouvez imprimer un lot de brochures.

Pour imprimer un premier exemplaire de la brochure, suivez ces étapes :

1. **Mettez votre imprimante en marche et en état d'imprimer.**

2. **Sélectionnez Fichier/Imprimer.**

3. **Dans la deuxième liste déroulante Imprimer, sélectionnez Pages impaires.**

   Cette liste se trouve dans la partie inférieure gauche de la boîte de dialogue. Vous allez commencer par imprimer la première face de la brochure, c'est-à-dire les pages impaires.

4. **Cliquez sur OK.**

Les pages impaires de votre brochure sont imprimées. Si vous en avez plusieurs, vous voyez apparaître les pages 1, 3, 5, et ainsi de suite.

Voici maintenant la partie délicate :

Prenez les feuilles que vous avez obtenues, et remettez-les dans le bac d'alimentation papier de votre imprimante, mais en les retournant. Le but de l'opération est évidemment d'imprimer les pages paires de l'autre côté. Il vous faudra peut-être vous y reprendre à plusieurs fois pour réaliser toute l'opération sans erreur. Il vous faut faire en sorte que les feuilles soient placées et orientées dans le bac de telle façon que les pages paires soient imprimées sur la bonne face et dans la bonne direction. Si vous n'obtenez pas du premier coup le résultat voulu, ne vous découragez pas, et notez bien l'orientation des feuilles dans le bac pour en déduire celle qui convient.

Une fois que vous avez remis les feuilles de papier dans le bac dans l'orientation voulue, suivez ces étapes pour imprimer les pages paires :

1. **Sélectionnez Fichier/Imprimer.**

2. **Dans la deuxième liste Imprimer, sélectionnez Pages paires.**

3. **Cliquez sur OK.**

Vérifiez le résultat. Éventuellement, recommencez avec la bonne orientation du papier.

Autre point à vérifier : la position de vos colonnes par rapport aux plis de la brochure. Si un ajustement est nécessaire, utilisez la boîte de dialogue Colonnes pour redéfinir la largeur et l'espacement des colonnes. Vous pouvez aussi utiliser l'onglet Marges de la boîte de dialogue Mise en page pour ajuster les marges de la page.

Une fois que vous êtes prêt à produire votre brochure en quantité, répétez les étapes précédentes en spécifiant le nombre d'exemplaires voulu dans le champ Nombre de copies de la boîte de dialogue Imprimer (attention à la capacité du bac d'alimentation de votre imprimante).

Faites vous-même vos cartes de vœux

Une carte de vœux n'est rien d'autre qu'une variante de l'exemple de brochure que nous venons de voir, à une exception près.

Pour créer avec Word une carte de vœux à partir d'une simple feuille de papier de format standard, suivez ces étapes :

1. **Sélectionnez Fichier/Mise en page.**

2. **Cliquez sur l'onglet Marges.**

3. **Dans la zone Orientation, sélectionnez Paysage.**

4. **Dans la liste déroulante Afficher plusieurs pages, sélectionnez**
    `2 pages par feuille`.

    Comme vous le montre l'aperçu, chaque feuille est ainsi divisée
    en deux verticalement, ce qui vous donne (vous avez deviné)
    une carte de vœux.

5. **Cliquez sur OK.**

Votre document est maintenant convenablement mis en forme. Il ne
vous reste plus qu'à taper dans votre carte le texte que vous voulez y
mettre, et peut-être à y insérer quelques images. Mais il y a une
manière spéciale de procéder.

Votre carte de vœux doit faire au total quatre pages : deux à l'intérieur
et deux à l'extérieur (n'oubliez pas qu'il y a deux pages par feuille).
Voici à quoi correspondent ces quatre pages :

✔ **La page 1** est la page intérieure gauche. En général, elle est
  laissée en blanc. Dans votre document, vous pouvez donc
  appuyer sur Ctrl+Entrée pour insérer un saut de page manuel
  sans rien mettre sur cette page.

✔ **La page 2** est la page intérieure droite. C'est là que vous allez
  écrire vos vœux, avec peut-être une image.

✔ **La page 3** est la page de "couverture". Elle peut rester en blanc,
  mais vous pouvez aussi y mettre en bas un texte en tout petits
  caractères pour faire croire que vous avez acheté la carte dans
  un magasin.

✔ **La page 4** est la "quatrième de couverture" de votre carte de
  vœux. Vous pouvez y mettre une image ou un texte, ou les deux.

Je vous assure que ça marche.

Il ne vous reste plus qu'à y ajouter le texte que vous voulez.

Pour imprimer votre carte de vœux, il faut un peu d'astuce. Suivez ces
étapes :

1. **Sélectionnez Fichier/Imprimer.**

2. **Dans le champ Pages, tapez 1-2.**

    Pour votre premier essai, vous n'allez imprimer que les pages 1
    et 2.

3. **Cliquez sur OK.**

Une fois la feuille sortie de l'imprimante, remettez-la dans le bac d'alimentation, dans le sens voulu pour que la suivante soit imprimée de l'autre côté et dans la bonne orientation.

Vous pouvez maintenant imprimer l'extérieur :

1. **Sélectionnez Fichier/Imprimer.**

2. **Dans le champ Pages, tapez 3-4.**

   Cette fois-ci, vous n'imprimez que les pages 3 et 4.

3. **Cliquez sur OK.**

   Si tout s'est bien passé, vous devez pouvoir plier en deux votre feuille pour obtenir votre carte de vœux telle que vous l'avez conçue.

Si vous voulez vous lancer dans une mise en forme élaborée de votre carte de vœux, vous pouvez utiliser des sauts de section à la place de sauts de page manuels pour en séparer les différentes parties.

Méfiez-vous des papiers épais. Ils ont tendance à produire des bourrages avec la plupart des imprimantes laser (si votre imprimante laser dispose d'une alimentation feuille à feuille, il est possible que ça marche). Ce n'est pas forcément facile non plus avec une imprimante à jet d'encre.

Chapitre 26
Créer des étiquettes

. . . .

Dans ce chapitre :

▶ Tout sur les étiquettes.

▶ Imprimer une feuille d'étiquettes.

▶ Imprimer une feuille d'étiquettes avec une image.

. . . .

*L'*une des fonctions les plus ésotériques de Word est l'impression d'étiquettes. Cette tâche n'est pas tellement en dehors du domaine du traitement de texte. La première fois que j'ai imprimé mes propres étiquettes, c'était avec WordPerfect 4.0, à l'époque lointaine de DOS. Contrairement à WordPerfect 4.0, toutefois, Word dispose de sa propre fonction Étiquettes, avec de nombreuses options. Ce chapitre explique comment les utiliser.

Tout sur les étiquettes

Avant d'acheter des étiquettes, assurez-vous qu'elles sont compatibles avec votre imprimante. Les imprimantes laser nécessitent des étiquettes spéciales, de même que certaines imprimantes à jet d'encre. Les imprimantes à impact ont besoin d'un support à picots pour l'entraînement du papier.

De toutes les marques d'étiquettes existantes, je recommande Avery. Ses références sont standard et reconnues par la majorité des ordinateurs. Si vous achetez la référence Avery 5160 (ou autre), votre programme et votre imprimante connaissent le type d'étiquettes que vous vous apprêtez à créer.

Imprimer une feuille d'étiquettes identiques

Voici comment procéder pour imprimer une feuille entière d'étiquettes avec Word, portant par exemple votre nom et votre adresse :

1. **Sélectionnez Outils/Lettres et publipostage/Enveloppes et étiquettes.**

2. **Cliquez sur l'onglet Étiquettes.**

   L'onglet Étiquettes apparaît (Figure 26.1).

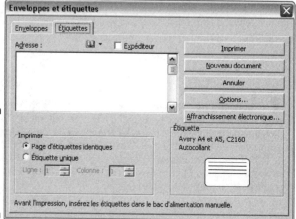

Figure 26.1 :
L'onglet Étiquettes de la boîte de dialogue Enveloppes et étiquettes.

3. **Sélectionnez le type d'étiquette que vous voulez imprimer.**

   Vérifiez que le modèle indiqué dans la zone Étiquette (en bas à droite) correspond bien aux étiquettes sur lesquelles vous voulez imprimer.

   Si le modèle ne correspond pas, cliquez sur le bouton Options pour afficher la boîte de dialogue Options pour les étiquettes. Dans cette boîte de dialogue, sélectionnez la marque et le modèle de vos étiquettes dans les listes déroulantes Tailles internationales et Numéro de référence, puis cliquez sur OK.

4. **Dans le champ Adresse, tapez le texte que vous voulez imprimer sur les étiquettes.**

N'oubliez pas la largeur et la hauteur dont vous disposez pour le modèle sélectionné. Vous ne pouvez pas faire de mise en forme à cette étape, mais vous le pourrez à l'étape 6.

Appuyez sur Entrée à la fin de chaque ligne.

A ce niveau, vous pouvez appliquer une mise en forme simple : Gras, Italique, Souligné. Si vous cliquez dans la zone Adresse avec le bouton droit de la souris, choisissez Police ou Paragraphe dans le menu local qui apparaît.

5. Cliquez sur le bouton Nouveau document.

Vous pensiez peut-être que vous pouviez déjà cliquer sur le bouton Imprimer ? Un peu de patience. Imprimer une étiquette est plus compliqué qu'il n'y paraît, et il vous reste encore quelques détails à mettre au point.

Dans le nouveau document qui s'affiche, les étiquettes apparaissent comme un tableau. À partir de là, vous pouvez mettre en forme vos étiquettes comme dans n'importe quel tableau (pour en savoir plus sur les tableaux, reportez-vous au Chapitre 20).

Faites attention à ne pas toucher aux dimensions des lignes et des colonnes. Elles ont été calculées pour la taille des étiquettes et leur répartition sur la feuille. Si vous changez quelque chose, vous risquez fort d'imprimer à côté.

6. Si vous le souhaitez, mettez en forme les étiquettes.

Appuyez sur Ctrl+A pour sélectionner tout le document (il ne fait qu'une page), puis sélectionnez la police qui vous convient. Pour en savoir plus sur la mise en forme, reportez-vous au Chapitre 11.

Ne touchez pas à la mise en forme des marges des paragraphes. Tout cela a été calculé pour le modèle d'étiquettes sélectionné.

Vous pouvez modifier le contenu de chaque étiquette. Rien ne vous empêche d'avoir besoin d'étiquettes d'adresses pour différentes personnes. Faites seulement attention à ne pas modifier le format.

7. Imprimez le document.

Assurez-vous que votre imprimante est en marche et prête à imprimer, que vous y avez mis le bon modèle d'étiquettes, dans le bon sens, et ainsi de suite. Puis imprimez votre document comme vous le feriez normalement. Cliquez sur le bouton Imprimer dans la barre d'outils : les étiquettes sortent de votre imprimante, prêtes à être collées.

▶ À moins que vous n'ayez l'intention de réimprimer par la suite les mêmes étiquettes, il n'est pas nécessaire d'enregistrer le document. Appuyez sur Ctrl+W pour fermer le document, et cliquez sur Non pour ne pas enregistrer.

▶ Avery, l'un des fabricants d'étiquettes les plus connus, vend un programme nommé LabelPro que j'utilise pour gérer et imprimer mes étiquettes. Je vous le recommande.

Imprimer une feuille d'étiquettes avec des images

Il est possible d'ajouter des images à une étiquette. Voici comment procéder :

1. **Créez un nouveau document.**

2. **Choisissez Affichage/Barre d'outils/Fusion et publipostage.**

   La barre d'outils du même nom apparaît.

3. **Cliquez sur le bouton Préparation du document principal.**

4. **Dans la boîte de dialogue Type de document principal, choisissez Etiquettes.**

5. **Cliquez sur OK.**

   La boîte de dialogue Options pour les étiquettes apparaît.

6. **Sélectionnez un type d'étiquette dans la liste Tailles internationales. Ensuite, choisissez un numéro de référence.**

   Par exemple, choisissez la taille internationale Avery standard et la référence 5160.

7. **Cliquez sur OK.**

   Le document est alors divisé en cellules comme un tableau géant.

8. **Cliquez sur Insertion/Image/A partir du fichier.**

9. **Dans la boîte de dialogue Insérer une image, localisez celle qui va illustrer votre étiquette.**

10. **Cliquez sur le bouton Insérer.**

    Heureusement, Word est intelligent. Il redimensionne votre image pour qu'elle s'ajuste à la taille de l'étiquette.

11. **Cliquez sur l'image pour la sélectionner.**

    Huit poignées apparaissent autour de l'image. Utilisez-les pour la redimensionner.

12. **Cliquez sur la poignée située dans le coin inférieur droit, puis faites-la glisser vers le haut pour réduire la taille de l'image insérée.**

13. **Double-cliquez sur l'image.**

    La boîte de dialogue Format de l'image apparaît.

14. **Cliquez sur l'onglet Habillage.**

15. **Choisissez l'option Encadré.**

16. **Cliquez sur OK.**

17. **Utilisez la souris pour placer l'image dans l'étiquette.**

    Utilisez les poignées pour redimensionner l'image, ou utilisez la poignée verte pour la faire pivoter.

    Créez maintenant votre texte.

18. **Cliquez en dehors de l'image, mais dans la même cellule.**

19. **Saisissez le texte de votre étiquette.**

20. **Cliquez sur le bouton Propager les étiquettes de la barre d'outils Fusion et publipostage.**

    Votre étiquette est répartie sur toute la page comme le montre la Figure 26.2.

21. **Sélectionnez le texte Enregistrement suivant, incluant les guillemets.**

22. **Appuyez sur Ctrl+C pour copier ce texte.**

23. **Appuyez sur Ctrl+H pour ouvrir la boîte de dialogue Rechercher et remplacer.**

24. **Cliquez dans le champ Rechercher et appuyez sur Ctrl+V pour coller le texte copié à l'étape 22.**

    Ne remplissez pas le champ Remplacer par.

25. **Cliquez sur le bouton Remplacer tout.**

Vos étiquettes sont prêtes pour l'impression.

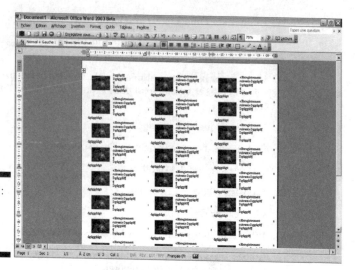

Figure 26.2 :
Créer des
étiquettes
avec des
images.

 Si vous désirez imprimer une page d'étiquettes identiques, suivez les étapes de la précédente section.

 N'oubliez pas d'enregistrer votre travail ! Il est très facile d'imprimer une nouvelle page d'étiquettes si elle est déjà sauvegardée sur votre disque dur.

 Pour plus d'informations sur l'insertion des images dans Word, consultez le Chapitre 23.

Cinquième partie
Plus loin avec Word

"Nous sommes ici pour nettoyer le code."

Dans cette partie...

*W*ord n'est pas une usine à gaz, mais il y a un peu de ça. A l'usage, et parfois des années après, on finit toujours par trouver une nouvelle fonction qui facilite l'existence, un truc auquel on n'avait pas pensé. On en est tout content et bien sûr, on demande comment on ne l'avait pas découvert plus tôt.

Cette partie vous fera gagner du temps en vous évitant d'avoir à découvrir ces astuces par hasard.

Chapitre 27

Mettre en page rapidement

Dans ce chapitre :

▶ Quelle fonction Word utiliser pour de rapides mises en page.

▶ Réduire le travail de mise en page.

L e premier écueil pour la plupart des utilisateurs de Word est lorsqu'il faut disposer le texte d'une façon non familière. Vous avez par exemple besoin d'un formulaire où l'on doit pouvoir remplir le nom et l'adresse, et vous n'arrivez pas à aligner les colonnes. Ou encore vous travaillez sur un curriculum où les dates sont à gauche et les activités à droite, et vous avez un mal de chien à garder tout en ligne.

Mon épreuve du feu personnelle, il y a de nombreuses années, fut une lettre d'information. Le contenu était facile à gérer ; en fait, d'autres membres du club écrivaient la plupart du texte. Mais la mise en page ! Ouille ! Je passais des heures chaque mois à aligner les colonnes et conserver les titres bien organisés. Ajouter une photo ou un exergue était pire que d'aller se faire arracher une dent.

Cela a pris des années mais j'ai maintenant compris que j'essayais de faire travailler Word de la façon dont je pensais qu'il devrait fonctionner – j'étais condamné à l'échec. C'est comme si je décidais que mon vélo devrait savoir nager, et qu'un nombre incalculable de plongeons ratés ne diminuerait en rien ma détermination.

Voir comme Word voit

Word n'a aucun problème à gérer les documents ordinaires du type états, mémos, lettres, etc. Vous pouvez aligner les paragraphes à droite, ou insérer une photo et obtenir que le texte l'habille en un clin d'œil (voir Chapitre 23).

Lorsque vous allez au-delà de la mise en forme standard, Word a quatre outils pour les travaux lourds. Chaque outil convient à une certaine classe de problèmes de mise en forme – et ne résout pas les autres. Votre premier travail, lorsque confronté avec un problème de mise en forme qui sort de l'ordinaire, est de trouver le bon outil pour effectuer le travail :

✔ **Tabulations :** Conviennent pour créer des formulaires (Figure 27.1) ou dans toute autre situation où vous avez besoin de lignes blanches soulignées (_____) entre colonnes de texte alignées.

Figure 27.1 :
Les formulaires fonctionnent mieux avec des tabulations.

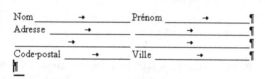

Mon conseil : Pour imprimer des soulignés ____ ou des points..... et aligner le texte accompagnant, utilisez des tabulations.

✔ **Tableaux :** Utiles pour aligner des colonnes de texte. Vous utiliserez des tableaux pour un curriculum (Figure 27.2), un catalogue d'articles, une liste de consultants avec leur qualifications, etc.

Figure 27.2 :
Les tableaux facilitent l'alignement de texte en colonnes.

1991–2002:	Traducteur - Auteur de livres d'informatique¶
	Editions First Interactive, Larousse, Marabout, OEM, Sybex.¶
	• → **Plus de 50 ouvrages traduits** de l'américain° : Système d'exploitation, Programmation, Graphisme, Bureautique, Internet, PAO, Jeux, Matériel¶
	• → **Une quinzaine de livres écrits°** : Internet, Graphisme, PAO.¶
	• → **Consultant pour Larousse** (réalisation du plan pour la partie consacrée à ↵ Internet dans un ouvrage encyclopédique sur le savoir-communiquer).¶
	¶
	Gestionnaire de site Web¶
	France 2 - 1997¶
	• → Refonte du site Web de France 2 Jeunesse¶

Mon conseil : pour aligner du texte ou des graphiques, essayez d'abord les tableaux.

✔ **Colonnes :** Ce sont des colonnes comme dans un journal, rarement utilisées par les connaisseurs... bien qu'elles sont mentionnées à de nombreux endroits sur Internet et dans l'aide de Word. Les colonnes servent pour gérer une longue liste d'éléments que l'on veut afficher en plusieurs colonnes dans une même page (Figure 27.3). Les employer pour les colonnes d'une lettre d'information est une invitation au désastre. Lisez l'encadré "Création de lettres d'information", plus loin dans ce chapitre.

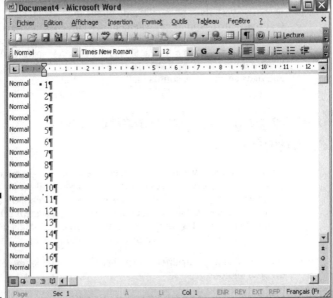

Figure 27.3 : Les colonnes ne conviennent que dans un petit nombre de situations.

Mon conseil : si vous pensez que les colonnes résoudront votre problème, la solution est probablement ailleurs. Envisagez les zones de texte liées, qui réaliseront probablement tout ce dont vous avez besoin en vous épargnant les maux de tête. J'explique comment employer les zones de texte liées plus loin dans ce chapitre.

✔ **Zones de texte :** Ce sont des formes automatiques que vous dessinez, et où vous insérez du texte. Il est même possible de lier des zones de texte, de façon que lorsque vous placez trop de texte dans une zone, il s'écoule dans la zone suivante. Les zones de texte sont infiniment supérieures aux colonnes dans presque tous les cas.

L'on penserait qu'avec toutes les possibilités avancées de Word, il est possible de l'exploiter pour monter une lettre d'information de qualité. La réalité est que l'on rencontre par-ci par-là de petits problèmes qui réclament de bricoler sur les paramètres, avec une grosse perte de temps. Je n'aime pas l'admettre mais si vous possédez un exemplaire de Microsoft Publisher, il vous sera beaucoup plus facile de mettre en page une bonne lettre d'information que dans Word. Si vous avez besoin de véritables possibilités de publication assistée par ordinateur (capacité d'équilibrer facilement des colonnes, moyen de générer une table des matières sans s'arracher les cheveux) tournez-vous vers un programme conçu pour ça. Si votre situation vous force à créer une lettre d'information dans Word, les zones de texte liées, abordées plus loin dans ce chapitre, sont la meilleure solution.

Mise en page de formulaires avec des tabulations

Si vous travaillez avec une police à espacement fixe – comme Prestige Elite, où tous les caractères ont la même largeur – il est facile d'aligner le texte de façon que toutes les colonnes débutent aux mêmes emplacements. Il suffit de taper comme sur une machine à écrire, de compter les caractères, et tout sera aligné. Mais dès lors que vous abandonnez Courier, les problèmes commencent.

Voici comment construire un formulaire rapidement et avec précision, du premier coup :

La création d'un formulaire remplissable est quasiment impossible lorsque Word n'affiche pas les marques de paragraphes et les caractères de tabulation. Reportez-vous au Chapitre 5 pour en savoir plus sur ces marques.

1. **Ouvrez (ou créez) le document devant contenir le formulaire. Placez le pointeur à l'endroit prévu pour le formulaire, appuyez sur Entrée pour chaque ligne du formulaire. Puis accordez-vous un peu d'espace supplémentaire en appuyant sur Entrée plusieurs fois de suite.**

Le formulaire de la Figure 27.1 fait en réalité quatre lignes seulement. Mais comme je voulais deux marques de paragraphe supplémentaires à la suite du formulaire, j'ai appuyé sur Entrée six fois en tout.

Pour créer un formulaire remplissable, il faut un paragraphe séparé pour chaque ligne. Cela parce que Word stocke les informations de tabulations (ainsi que les autres mises en forme de paragraphe) *dans la marque de paragraphe*. Le réglage des taquets de tabulation est plus facile s'il y a une ligne par paragraphe. Dès que le paragraphe compte plusieurs lignes, la situation tourne vite au cauchemar.

2. **Déterminez exactement où chaque ligne et chaque élément se situeront.**

   Vous pouvez utiliser un crayon. Mesurez à partir du bord gauche du texte. Sur la Figure 27.1, j'ai décidé de placer le prénom à 5 cm du bord gauche, et que le dernier souligné se trouvera à 10 cm.

3. **Cliquez sur la première ligne de votre formulaire, puis choisissez Format/Tabulations.**

   Word affiche la boîte de dialogue Tabulations du premier paragraphe – la première ligne, dans notre cas – du formulaire (Figure 27.4).

Figure 27.4 : Définissez les taquets de tabulations de la première ligne du formulaire.

L'alignement de tabulation *Barre* (Figure 27.4) est une séquelle inutile qui remonte à l'époque de Word 1.0. N'y touchez pas.

4. Dans la case Position, tapez l'emplacement du premier taquet de tabulation sur la ligne.

Dans l'exemple de formulaire de la Figure 27.1, le premier taquet de tabulation apparaît où le souligné se termine, à 5 cm.

5. Choisissez un alignement pour le taquet de tabulation.

Tous les taquets de tabulations dans l'exemple de formulaire sont alignés à gauche. Word propose quatre alignements exploitables pour les taquets de tabulation (Figure 27.5) :

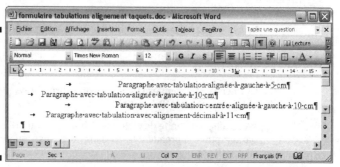

Figure 27.5 : Les caractères de tabulation symbolisent l'emplacement des taquets de tabulation.

- *Gauche* signifie que le texte après le caractère de tabulation débute immédiatement après le taquet de tabulation.

- *Droit* signifie que tout texte après le caractère de tabulation est aligné à droite sur le taquet de tabulation.

- *Centre* signifie que le texte après le caractère de tabulation est centré sur le taquet de tabulation.

Décimal signifie que Word place sur le taquet de tabulation le premier séparateur décimal (point) détecté après le caractère de tabulation et agence le reste du texte de part et d'autre du séparateur décimal.

6. Choisissez des points de suite pour le taquet de tabulation.

Les *points de suite* sont une suite de caractères insérés par Word pour remplir les portions vides de la ligne. Pour un formulaire remplissable, il est fréquent d'employer le souligné pour les points de suite.

Si vous n'aimez pas les styles de points de suite de la boîte de dialogue Tabulations, vous pouvez en créer d'autres. Sélectionnez Aucun dans la zone Points de suite, sélectionnez le caractère de tabulation dans votre document (il faut pour cela que les marques de format soient affichées), puis choisissez Format/ Police pour accéder aux divers styles dans la boîte de dialogue Police.

7. **Cliquez sur le bouton Définir pour régler le taquet de tabulation.**

8. **Répétez les étapes 4 à 7 pour définir les autres taquets de tabulations de la ligne. Lorsque vous en avez terminé avec cette ligne, cliquez sur OK.**

Il est très facile de dupliquer un jeu de taquets de tabulation que vous avez déjà définis dans la boîte de dialogue Tabulations. Il suffit de dupliquer à un autre emplacement la marque de paragraphe à laquelle sont associées ces tabulations. Ou encore, appuyez sur Entrée avec le curseur à la fin d'un paragraphe contenant les taquets de tabulation désirés : le nouveau paragraphe héritera des taquets de tabulations. Cette méthode rapide et facile est possible car les taquets de tabulations sont stockés dans la marque de paragraphe. Il faut donc afficher les marques de format, sous peine que cette astuce ne soit pas applicable.

9. **Répétez les étapes 3 à 8 pour chaque ligne du formulaire.**

Les taquets de tabulation par défaut de Word

Vous avez probablement remarqué que Word dispose de taquets de tabulation prédéfinis : ainsi, lorsque vous appuyez sur la touche Tabulation, vous êtes automatiquement positionné au taquet de tabulation suivant, même si vous n'avez pas créé de taquet personnalisé. Les taquets de tabulation par défaut de Word sont alignés à gauche, tous les 1,25 cm. Lorsque vous définissez vos propres taquets de tabulation, les tabulations par défaut ne disparaissent pas complètement. Ils demeurent après le dernier taquet de tabulation personnalisé que vous avez défini. Si vous définissez des taquets de tabulation à 7,5 cm et 12 cm dans un paragraphe, vous trouverez les tabulations à 7,5 cm et 12 cm comme prévu. Mais vous trouverez également qu'il reste des taquets par défaut, alignés à gauche, à 12,5 cm, 13,75 cm, 15 cm, etc., jusqu'au bout du papier.

Aligner du texte à l'aide de tableaux

Si vous pensez que les tableaux de Word sont juste des petites feuilles Excel sans la même puissance de calcul – ou comme un moyen de dessiner des cases dans un document – vous méconnaissez un point important.

Les tableaux sont un des premiers moyens d'aligner du texte dans une page. Dès que vous avez du texte à placer sur la gauche et un autre sur la droite, avec alignement vertical des deux éléments, pensez aux tableaux.

La Figure 27.2 illustre un usage classique des tableaux : la construction d'un curriculum. Un curriculum typique comporte des titres du côté gauche et des détails sur la droite. Il faut que les titres s'alignent avec les descriptions, et c'est *la croix et la bannière* d'essayer de synchroniser les deux côtés sans recourir aux tableaux.

Pour agencer un document avec deux colonnes de texte synchronisées :

1. **Créez ou ouvrez le document concerné.**

2. **Appuyez sur Entrée cinq ou six fois.**

   Il est toujours utile de disposer de quelques marques de paragraphe supplémentaires lorsque l'on travaille avec les tableaux.

3. **Cliquez à l'endroit où vous désirez placer le tableau, puis choisissez Tableau/Insertion/Tableau.**

   Word affiche la boîte de dialogue Insérer un tableau (Figure 27.6).

4. **Tapez 2 dans la case Nombre de colonnes, 2 dans la case Nombre de lignes, puis cliquez sur OK.**

   Word dessine un tableau à deux colonnes dans le document (Figure 27.7).

5. **Pour obtenir une colonne de gauche plus étroite que celle de droite, cliquez sur la ligne verticale au milieu du tableau et faites-la glisser vers la gauche.**

   Ne vous inquiétez pas trop pour l'instant d'un positionnement précis. Vous pourrez facilement repositionner cette ligne du milieu.

6. **Supprimez les bordures des cellules du tableau. Tout d'abord, sélectionnez le tableau. (Le moyen le plus rapide est de**

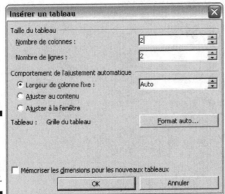

Figure 27.6 :
Insertion
rapide d'un
tableau dans
un document.

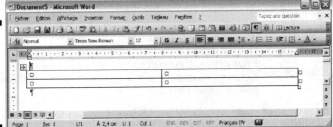

Figure 27.7 :
Commencez
par un
tableau
ordinaire à
deux
colonnes.

> cliquer sur la quadruple flèche dans le coin supérieur gauche
> du tableau, mais vous pouvez également choisir Tableau/
> Sélectionner/Tableau.) Choisissez ensuite Format/Bordure et
> trame/Bordures.

Word affiche la boîte de dialogue Bordure et trame correspondant au tableau (Figure 27.8).

**7. Dans l'angle supérieur gauche, cliquez sur Aucun. Cliquez
ensuite sur OK.**

Word supprime les bordures des cellules du tableau.

Si des lignes grises ne sont pas visibles autour de chaque cellule
de tableau, choisissez Tableau/Afficher le quadrillage pour les
faire apparaître. Ce quadrillage n'est là que pour vous aider
visuellement ; il n'est pas imprimé sur le document final. S'il
vous gêne, désactivez-le (Tableau/Masquer le quadrillage), mais
il est généralement utile pour remplir le tableau.

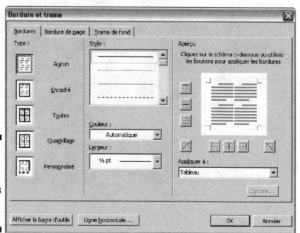

Figure 27.8 :
Supprimer
les bordures
encadrant les
cellules du
tableau.

8. **Remplissez le tableau et voyez comment tout s'aligne propre-ment.**

   Vous pouvez taper du texte, insérer des images, créer des listes à puces... quasiment tout ce que vous pouvez normalement faire dans un document.

Voici quelques conseils pour le travail avec les tableaux :

✔ Pour passer à la cellule suivante, appuyez sur Tabulation.

✔ Si vous appuyez sur Tabulation lorsque vous êtes dans la dernière cellule du tableau, Word crée une nouvelle ligne.

✔ Travailler avec des tabulation dans une cellule de tableau peut donner une sensation de claustrophobie. Pour insérer une tabulation, tapez Ctrl+Tabulation.

✔ Word a besoin d'une marque de paragraphe en dehors du tableau pour garder trace de la mise en forme de la section et du document, il est impossible de supprimer la dernière marque de paragraphe d'un document lorsqu'elle est précédée d'un tableau. Si cette marque de paragraphe vous pose problème – par exemple, elle peut avoir pour effet que Word ajoute une page à votre document – sachez qu'il est possible de formater le paragraphe en texte masqué. Sélectionnez la marque de paragraphe et choisissez Format/Police, cochez la case Masqué, puis cliquez sur OK.

Création de lettres d'information

Certaines personnes utilisent Word pour leurs lettres d'information. Cependant, cela demande beaucoup de temps à bricoler avec les paramètres, ce n'est donc pas très rentable à terme. Voici certains des écueils principaux de l'emploi des options de mise en forme étudiées dans ce chapitre pour créer des lettres d'information :

Tableaux : Les avantages et inconvénients sont nombreux. Le plus grand problème que j'aie rencontré est celui des cellules de tableau qui raccourcissent ou s'élargissent lorsqu'un peu de texte est ajouté ou effacé, ce qui défait toute la mise en page. (Si vous définissez les cellules pour avoir une taille spécifique, un autre problème survient puisque soit le texte est tronqué, soit de gros espaces sont visibles.)

Colonnes : Microsoft vous recommande, à répétition, d'utiliser les colonnes pour vos lettres d'information. Je prends cela comme une preuve que les personnes de chez Microsoft qui écrivent ces choses n'emploient jamais leur propre produit. Les colonnes peuvent être utiles si toute votre lettre d'information se compose d'un unique article qui s'écoule sans interruption de la première page à la dernière. Mais les colonnes ne conviennent pas du tout lorsque vous avez différents éléments dans la lettre d'information. Il est impossible de les équilibrer et sacrément difficile de les empêcher de glisser d'une page à l'autre, détruisant toute la mise en page.

Zones de texte liées : si j'en crois mon expérience, la partie la plus difficile de la configuration de lettres d'information à base de zones de texte liées se trouve dans le processus de placement des zones de texte dans la page. Cela ne se résume pas à tracer deux zones de texte dans une page et à lancer la commande Dessiner/ Aligner ou répartir. Une bonne mise en place prend énormément de temps. Si vous ne pouvez faire autrement qu'utiliser Word pour créer une lettre d'information, les zones de texte liées sont néanmoins la solution à retenir.

Gestion de listes en colonnes

Je déconseille fortement l'emploi des colonnes sauf dans un cas : lorsque vous devez gérer une liste d'éléments et que la liste rentre sur une seule page. La Figure 27.3 (voir plus haut) présente un bon exemple du type de liste dont il s'agit. Notez cependant ceci :

✔ **Vous avez très peu de contrôle** sur l'emplacement des ruptures de colonnes. Réaliser des modifications dans un document en colonnes est comme tenter d'apprivoiser un requin affamé.

✔ **Vous ne pouvez pas faire sauter le texte** d'un endroit à un autre. Le texte prend toute la place qu'il veut et vous ne pouvez faire que peu de choses à ce propos.

✔ **Le traitement en colonnes peut présenter un comportement** bizarre lorsque la liste rencontre un saut de page.

✔ **Les colonnes sont basées sur les sauts de section.** Vous ne voyez les sauts de section eux-mêmes qu'en mode Normal. Or vous ne voyez l'effet des sauts de section qu'en mode Page (ou en Aperçu avant impression). Les allers et retours entre les modes d'affichage deviennent vite pénibles.

Si vous rencontrez des problèmes au niveau d'un saut de page avec une liste en colonnes, transformez-la en tableau.

Pour mettre en page une liste en colonnes à l'intérieur d'un document contenant d'autres parties, suivez *précisément* ces instructions :

1. **Ouvrez un nouveau document Word. Même si vous disposez déjà de tous les éléments tapés et prêts pour la mise en forme, commencez avec un nouveau document Word tout propre.**

   Si vous commencez avec un document non vierge, mettons avec en-têtes et pieds de page, un million de choses peuvent aller mal lors de l'insertion des colonnes.

2. **Choisissez Affichage/Normal.**

   Démarrer en mode Normal de façon à voir les sauts de sections.

3. **Appuyez sur Entrée une dizaine de fois.**

4. **Cliquez près du haut du document, vers la troisième ou quatrième marque de paragraphe, et choisissez Insertion/Saut.**

   Word affiche la boîte de dialogue Saut (Figure 27.9).

5. **Au-dessous de Types de saut de section, cochez le bouton radio Continu, puis cliquez sur OK.**

   Word affiche la mention Saut de section (continu) dans le document, au début de la zone que vous allez utiliser pour les colonnes.

6. **Cliquez plus bas dans le document, disons quelques marques de paragraphes plus bas, et choisissez Insertion/Saut. Au-dessous de Types de saut de section, cochez le bouton radio Continu, puis cliquez sur OK.**

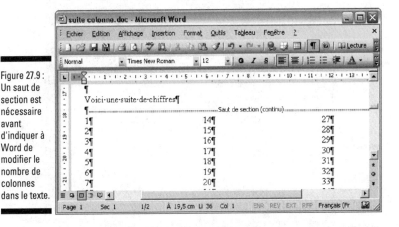

Figure 27.9 : Un saut de section est nécessaire avant d'indiquer à Word de modifier le nombre de colonnes dans le texte.

Vous avez maintenant deux sauts de section dans votre document et, entre les deux, quelques marques de paragraphes pour travailler (Figure 27.10).

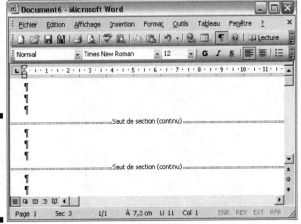

Figure 27.10 : La zone d'action des colonnes se trouve entre les sauts de sections.

7. Entre les deux sauts de section, copiez (ou tapez) le contenu devant être mis en page en colonnes.

Sur la Figure 27.11, j'ai copié une liste de chiffres à agencer en colonnes.

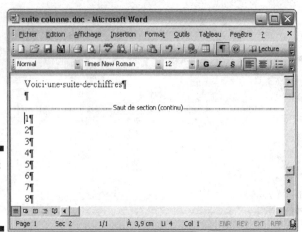

Figure 27.11 :
Insérez la
liste à
formater en
colonnes.

8. **Cliquez quelque part entre les deux sauts de section.**

9. **Choisissez Format/Colonnes.**

   Word affiche la boîte de dialogue Colonnes (Figure 27.12).

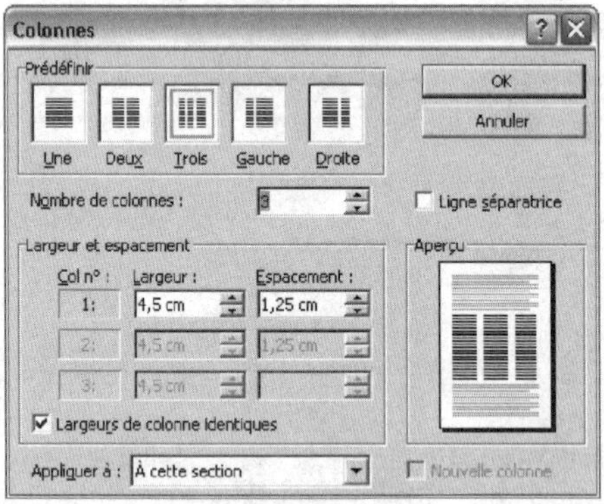

Figure 27.12 :
Indiquez le
nombre de
colonnes à
agencer
entre les
deux sauts
de section.

10. **Dans la case Nombre de colonnes, tapez le nombre de colonnes désiré (ou choisissez une des valeurs prédéfinies du haut), puis cliquez sur OK.**

    Word passe immédiatement en mode Page et affiche les colonnes (Figure 27.13).

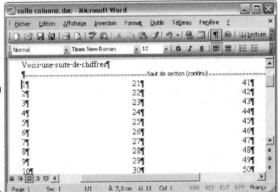

Figure 27.13 :
Word passe
en mode
Page pour
que vous
puissiez voir
les colonnes.

Remarquez la marque de saut de section juste avant le premier
élément de la liste en colonnes. Ne la supprimez pas ! La totalité
du contenu se trouvant plus haut serait sinon aussi agencée en
colonnes.

11. Pour en être plus sûr, choisissez Affichage/Normal.

Ne modifiez pas le document en mode Page car il est alors très facile
de déplacer, copier ou supprimer les sauts de sections. Restez en
mode Normal (Figure 27.12) pour achever vos modifications. Ne
revenez au mode Page que pour afficher le résultat de votre travail.

Lier du texte à l'aide de zones de texte

Lorsque vous voulez disposer du texte de manière complexe, avec le
texte pouvant s'écouler d'une partie du document dans une autre,
pensez aux zones de texte liées. Les colonnes sont peu pratiques. Les
tableaux conviennent si la mise en page est régimentée : éléments sur
la gauche alignés avec des éléments sur la droite, éventuellement des
choses au milieu. Néanmoins, si vous voulez couler du texte à travers
un document, dans une lettre d'information par exemple, les zones de
texte liées sont la solution.

En surface, les zones de texte liées sont des éléments simples :

1. Affichez la barre d'outils Dessin. Désactivez la zone de dessin.

Pour ce faire, choisissez Outils/Options, et, sous l'onglet
Général, cochez la case Créer automatiquement des zones de
dessin lors de l'insertion de formes automatiques.

2. **Tracez soigneusement les zones de texte là où vous désirez que le texte apparaisse.**

3. **Construisez les liens entre les zones de texte, pour indiquer à Word où placer le texte lorsqu'il devient trop long pour la première zone.**

4. **Placez une phrase comme *Suite en page XXX* en bas des zones de texte où le texte déborde.**

Néanmoins, comme si souvent dans Word, les problèmes sont dans les détails.

Voici la démarche générale que je recommande :

✔ Suivez les étapes ci-dessous pour comprendre le fonctionnement des zones de texte liées.

✔ N'essayez pas de construire votre propre lettre d'information. Au lieu de cela, récupérez-en une sur Office Online et adaptez-la à vos besoins. Pour rechercher un modèle de lettre d'information sur Office Online, tapez **modèles de lettre d'information** dans la case Aide dans l'angle supérieur droit de la fenêtre de Word, puis appuyez sur Entrée. Téléchargez ensuite ceux qui vous intéressent.

Pour créer des zones de texte liées :

1. **Cliquez sur l'icône Zone de texte dans la barre d'outils Dessin.**

2. **Cliquez-glissez dans le document (en fait dans la couche de dessin de votre document) pour créer une zone de texte.**

   La case sera semblable à celle sur la Figure 27.14.

3. **Cliquez de nouveau sur l'icône Zone de texte, et cliquez-glissez pour créer une seconde zone de texte (Figure 27.15).**

4. **Cliquez du bouton droit sur la bordure de la première zone de texte et choisissez Créer un lien entre les zones de texte.**

   Le pointeur de la souris prend la forme d'un pichet avec des lettres s'en écoulant.

5. **Cliquez dans la seconde zone de texte.**

   Les deux zones de texte sont maintenant liées. Tout texte placé dans la première zone et qui est trop long s'écoulera dans la seconde zone.

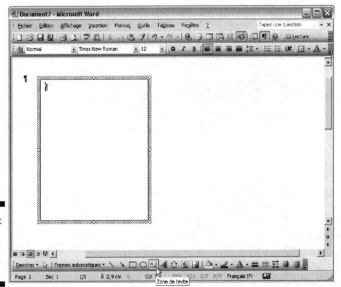

Figure 27.14 :
Commencez
par dessiner
une zone de
texte.

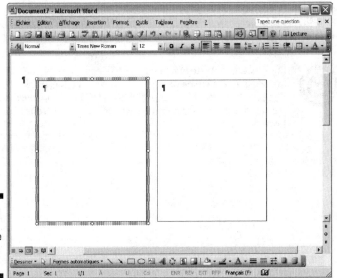

Figure 27.15 :
La seconde
zone de texte
sera liée à la
première.

6. Faites l'essai. Tapez (ou copiez) quelques longs paragraphes dans la première zone de texte.

L'excès reflue dans la seconde zone de texte (voir la Figure 27.16).

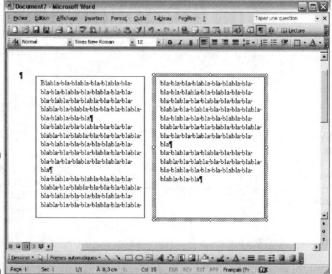

Figure 27.16 : Tout ce qui n'entre pas dans la première zone de texte reflue dans la seconde.

Pour insérer le texte *Suite en page XXX* en bas d'une zone de texte, utilisez *une autre* zone de texte. Dessinez-la au bas de la seconde zone de texte. Procéder ainsi empêche la mention *Suite en page XXX* de passer dans une autre zone de texte liée au cas où vous allongeriez le texte dans ces zones.

Chapitre 28

Liens rapides dans les documents

. . . .

Dans ce chapitre :

▶ Créer des liens à un clic pour naviguer dans vos documents.

▶ Créer des liens vers les titres via une table des matières.

▶ Créer des liens personnalisés.

. . . .

*U*ne des fonctions du Web faisant gagner un temps incroyable est la capacité de créer des *liens*. Ce sont des éléments incorporés, spéciaux, conçus de telle façon que vous êtes automatiquement transporté quelque part lorsque vous cliquez sur eux.

De nombreux utilisateurs de Word ne réalisent pas qu'il est possible de créer le même genre de liens dans Word en quelques clics : chaque fois que vous tapez une adresse Web, vous créez automatiquement un lien Internet.

Je parle de liens dans le document lui-même : des liens qui transportent le lecteur vers des endroits que vous pensez importants, tels que chapitres, sections, figures, entrées de glossaire, et références. Si vous suivez quelques règles, Word bâtira lui-même automatiquement un certain nombre de liens.

Création automatique d'une table des matières à liens

Si vous avez un document qui utilise les styles Titre *n*, la création d'une table des matières avec liens est simple :

1. **Cliquez où vous voulez insérer la table des matières (TdM).**

2. Choisissez Insertion/Référence/Tables et index/Table des matières.

Word affiche l'onglet Table des matières de la boîte de dialogue Tables et index (Figure 28.1).

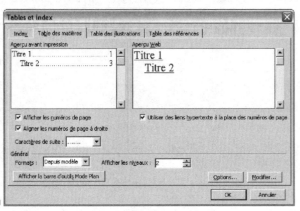

Figure 28.1 : Si vous utilisez les styles Titre n, une table des matières avec liens ne demande que quelques clics.

3. Dans la case Afficher les niveaux, choisissez les niveaux de Titre *n* à afficher dans la TdM.

A la Figure 28.1, j'ai réglé Afficher les niveaux sur 2, ce qui indique à Word que la table des matières doit inclure uniquement les paragraphes de style Titre 1 et Titre 2.

4. Cliquez sur OK.

Word crée une table des matières avec liens (Figure 28.2).

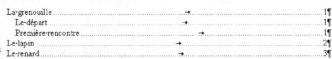

Figure 28.2 : Table des matières avec entrées liées pour les styles Titre 1 et Titre 2.

N'OUBLIEZ PAS

Si votre lecteur utilise Word 2003 ou 2002 (la version Word de Office XP), il faut qu'il Ctrl+clique pour suivre le lien. En revanche, si votre lecteur utilise Word 2000 ou Word 97 pour lire le document, un clic simple suffit pour aller à l'emplacement désigné par le lien.

Les liens créés automatiquement avec une table des matières suivent les éventuels déplacements des titres. Si vous glissez un titre à un nouvel emplacement, un Ctrl+clic sur le lien de la table des matières vous mène au nouvel emplacement. Si vous coupez et collez un titre à un nouvel emplacement, le Ctrl+clic dans la table des matières trouve également le nouvel emplacement.

En revanche, si vous copiez le titre à un nouvel emplacement, puis supprimez l'ancien titre, Word n'est pas assez intelligent pour trouver le nouvel emplacement. Ctrl+cliquer dans la table des matières vous mène alors au début du document.

Si vous déplacez un titre dans un document comportant une table des matières avec liens, reconstruisez la TdM pour garantir le fonctionnement des liens. Cette reconstruction de la TdM est simple : cliquez dans la TdM, puis appuyez sur F9 (met à jour le champ de la TdM). Vous pouvez aussi cliquer du bouton droit dans la TdM et choisir Mettre à jour les champs.

Liaison de texte vers les titres d'un document

La puissance de gestion des styles Titre *n* n'est pas confinée à la table des matières. Vous pouvez aussi créer des liens depuis du texte ordinaire vers des titres. Ainsi, dans un long document, vous pouvez insérer dans une section un lien qui mène le lecteur vers une autre section. Voici comment :

1. **Sélectionnez le texte désiré.**

2. **Cliquez sur l'icône Insérer un lien hypertexte dans la barre d'outils Standard.**

   L'icône Insérer un lien hypertexte représente la Terre et un maillon. Word affiche la boîte de dialogue Insérer un lien hypertexte (Figure 28.3).

3. **Dans la barre Lien hypertexte, à gauche, cliquez sur Emplacement dans ce document.**

   Dans la catégorie Titres, Word affiche la liste des paragraphes formatés en Titre *n* dans le document.

4. **Choisissez le paragraphe Titre *n* vers lequel le lien va mener, puis cliquez sur OK.**

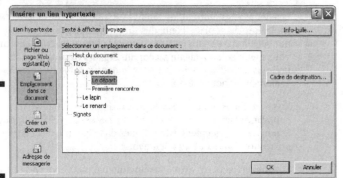

Figure 28.3 :
Il est très
facile de lier
un bout de
texte à un
style Titre n.

Word configure un lien vers le paragraphe Titre *n* que vous avez choisi. Ctrl+cliquez sur le texte lié, vous serez mené à ce paragraphe.

Ce genre de liaison souffre des mêmes problèmes que la table des matières avec liens : si vous manipulez trop les titres, les liens peuvent se rompre.

Création de liens personnalisés difficiles à rompre

Plus haut dans ce chapitre, j'ai décrit un moyen facile et rapide pour créer des liens dans un document en utilisant les styles Titre intégrés à Word. La procédure est simple mais sujette à erreur car les titres sont susceptibles d'être déplacés dans le document. À moins que vous vous chargiez de maintenir les liens, ils peuvent être rompus.

Voici un meilleur moyen. Il prend un peu plus de temps mais les liens seront difficiles à rompre :

1. **Cliquez sur un passage de texte (et/ou image) vers lequel vous voulez pointer.**

   Sélectionnez au moins plusieurs mots.

   Le futur lien mènera au début du texte que vous sélectionnez. Un clic sur le lien fera sauter le curseur de Word au début de la zone marquée par un signet. Je recommande de sélectionner plusieurs mots car un signet qui couvre une grande zone est plus difficile à supprimer accidentellement (ce qui endommagerait le lien) qu'un petit signet.

Il est aussi possible de poser un signet dans des cellules de tableau, sur des cellules entières ou des groupes de cellules. Vous pouvez même placer des signets dans la couche de dessin.

2. **Choisissez Insertion/Signet.**

Word affiche la boîte de dialogue Signet (Figure 28.4). (Un *signet* est un emplacement dans un document Word auquel on donne un nom, de façon à pouvoir faire facilement référence à cet emplacement.)

Figure 28.4 :
Posez
d'abord un
signet à
l'emplace-
ment vers
lequel le lien
pointera.

Si vous travaillez beaucoup avec les signets, indiquez à Word de les afficher. Choisissez Outils/Options/Affichage, cochez la case Signets, puis cliquez sur OK. Word affiche des crochets gris clair autour de chaque signet. Le nom du signet n'est pas affiché ; et si des signets se chevauchent, il est difficile de savoir où l'un commence et l'autre se termine. Cela présente au moins l'avantage de vous indiquer les emplacements de signets existant.

3. **Tapez un nom pour le signet (les espaces ne sont pas autorisés), puis cliquez sur le bouton Ajouter.**

Word colle un signet sur le texte (et/ou image) sélectionné.

4. **Sélectionnez le texte qui doit mener au signet.**

Les éléments dans la couche de dessin peuvent être liés et également mener vers des emplacements du document sous-jacent. Ce peut être pratique si vous voulez lier vers une figure se trouvant dans une autre partie du document.

5. **Cliquez sur l'icône Insérer un lien hypertexte dans la barre d'outils Standard.**

Word affiche la boîte de dialogue Insérer un lien hypertexte (Figure 28.5).

· **La·grenouille**¶

Il·était·une·fois·une·grenouille·qui·voulait·partir·en·voyage.¶

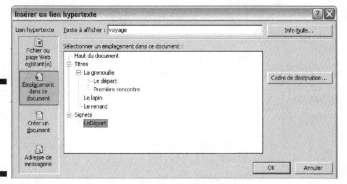

Figure 28.5 : La liaison vers un signet est également facile.

6. **Dans la barre Lien hypertexte, sur la gauche, cliquez sur Emplacements dans ce document.**

7. **Sur la droite, cliquez sur le signet vers lequel le lien doit mener, puis cliquez sur OK.**

Word configure un lien, le souligne, et le passe en bleu (Figure 28.6).

Pour savoir quels signets contient un document, choisissez Édition/Atteindre. Vous obtenez l'onglet Atteindre de la boîte de dialogue Rechercher et remplacer. Dans la case Atteindre, choisissez Signet (Figure 28.7). Word énumère les signets du document. Choisissez-en un et cliquez sur le bouton Atteindre. Word sélectionne alors le contenu du signet indiqué.

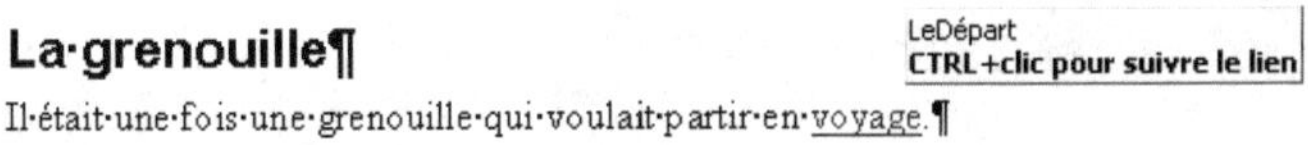

Figure 28.6 :
Le lien défini
via la boîte
de dialogue
de la
Figure 28.5.

La·grenouille¶

LeDépart
CTRL+clic pour suivre le lien

Il·était·une·fois·une·grenouille·qui·voulait·partir·en·voyage.¶

Figure 28.7 :
Cette boîte
de dialogue
donne la liste
des signets.

Sixième partie
Les dix commandements

Dans cette partie...

*B*ienvenue dans la partie la plus pragmatique de ce livre ! J'y ai regroupé un certain nombre de conseils, par groupes de dix, sur des thèmes différents. Je ne peux pas vous garantir absolument que ce soient les dix plus importants, mais j'aime bien cette idée : "Dix monuments dont personne n'a jamais entendu parler" ou "Dix planètes dans la prochaine version du système solaire", ou encore "Dix groupes de rock qui veulent embaucher Margaret Thatcher". Voilà le genre de choses qui fait marcher le monde. Autrement dit, c'est à ne jamais perdre de vue.

Chapitre 29

Les dix commandements de Word

- -

Dans ce chapitre :

▶ Tu ne taperas point d'espaces inutiles.

▶ Tu n'appuieras point sur Entrée à la fin de chaque ligne.

▶ Tu ne négligeras point ton clavier.

▶ Tu n'arrêteras ni ne redémarreras ton PC avant d'avoir quitté Word et Windows.

▶ Tu ne numéroteras point manuellement tes pages.

▶ Tu n'utiliseras point la touche Entrée pour commencer une nouvelle page.

▶ Tu ne fermeras point ton document sans l'enregistrer.

▶ Tu ne cliqueras point trop vite sur OK.

▶ Tu n'oublieras point de mettre en marche ton imprimante.

▶ Tu te souviendras d'enregistrer ton travail.

- -

*M*oïse a peut-être été le premier à inventer une liste de ce genre, mais la sienne a une caractéristique remarquable : elle est la seule sur laquelle on a fait plusieurs films. De plus, le film sur *Les dix plus mauvais jours de la Bourse* est loin d'avoir l'intensité dramatique de Charlton Heston divisant les eaux de la mer Rouge, entre autres.

Ce chapitre contient donc les dix commandements du traitement de texte. Je les ai définis en pensant à Word, mais vous pouvez tout aussi bien les appliquer à d'autres traitements de texte. Vous y retrouverez les règles et suggestions que j'ai présentées tout au long de ce livre, réunies en un seul chapitre bref et pratique. C'est bien plus léger que les tables de pierre rapportées par Charlton Heston du haut d'une montagne en carton-pâte.

Tu ne taperas point d'espaces inutiles

En règle générale, il ne devrait jamais y avoir un seul double espace dans un document Word, quel qu'il soit. Chaque fois que vous avez deux espaces ou plus qui se suivent, c'est sans doute que vous auriez dû utiliser la touche Tab à la place. La barre d'espace sert à séparer les mots dans une phrase. Pour aligner des éléments dans une liste, utilisez la touche Tab. Pour organiser des informations en lignes et en colonnes, utilisez un tableau (voyez le Chapitre 20).

Tu n'appuieras point sur Entrée à la fin de chaque ligne

Word fait automatiquement passer votre texte à la ligne suivante lorsque vous arrivez à la marge droite. Vous n'avez donc pas besoin d'appuyer sur Entrée à la fin d'une ligne, sauf pour commencer un nouveau paragraphe.

Pour continuer à la ligne suivante mais sans créer pour cela un nouveau paragraphe, appuyez sur Maj+Entrée pour insérer un caractère de *fin de ligne*.

Tu ne négligeras point ton clavier

Word est une application Windows, et Windows utilise abondamment la souris. Vous pouvez vous en servir pour beaucoup de choses, mais pour certaines il est plus rapide d'utiliser le clavier. Par exemple, lorsque je travaille sur plusieurs documents à la fois, j'utilise Alt+Tab pour passer de l'un à l'autre. De même, plutôt que d'aller chercher une commande dans un menu avec la souris, je me sers de Ctrl+S pour enregistrer rapidement un document et de Ctrl+P pour imprimer. Vous n'avez pas besoin d'apprendre tous les raccourcis clavier, mais il pourra vous être utile de connaître ceux que j'indique dans ce livre.

Tu n'arrêteras ni ne redémarreras ton PC avant d'avoir quitté Word et Windows

Il faut toujours quitter Word, et surtout Windows, dans les règles. Pour arrêter ou redémarrer votre PC, commencez par fermer toutes vos applications et enregistrer votre travail, et sélectionnez Démarrer/ Arrêter. Pour éteindre votre PC avec l'interrupteur de la face avant, attendez de voir apparaître le message "Vous pouvez maintenant éteindre votre ordinateur en toute sécurité". Si vous ne respectez pas cette règle, vous vous exposez à de terribles contrariétés. Croyez-moi.

Tu ne numéroteras point manuellement tes pages

Word dispose d'une commande de numérotation automatique des pages. Pour savoir comment l'utiliser, reportez-vous au Chapitre 14.

Tu n'utiliseras point la touche Entrée pour commencer une nouvelle page

On peut s'y laisser prendre, parce que ça marche : appuyez sur Entrée quelques dizaines de fois, et vous voilà dans d'une nouvelle page. C'est justement ce qu'il ne faut pas faire, et votre nouvelle page ne sera plus une nouvelle page dès que vous aurez modifié le texte qui la précède. Appuyez sur Ctrl+Entrée, c'est plus facile et c'est la bonne méthode. Cette commande insère un saut de page manuel dans votre document.

Pour en savoir plus, reportez-vous à la section "Commencer une nouvelle page", au Chapitre 14.

Tu ne fermeras point ton document sans l'enregistrer

Enregistrez toujours votre document avant de le fermer ou de quitter Word. Le raccourci le plus naturel de la commande Enregistrer est Ctrl+S, mais si vous avez du mal à vous en souvenir, vous êtes libre de préférer Maj+F12 qui fait la même chose. Chacun ses goûts.

Tu ne cliqueras point trop vite sur OK

Il y a dans Word pas mal de questions du type Oui/Non/OK. Si vous cliquez trop vite sur OK (ou si vous appuyez sur Entrée accidentellement), vous pouvez supprimer du texte ou des fichiers, ou effectuer une opération de remplacement que vous ne vouliez pas. Lisez attentivement ce qui est affiché sur votre écran avant de cliquer sur OK.

Certaines boîtes de dialogue ont un bouton Fermer au lieu d'un bouton OK. Un bouton Fermer permet de fermer une boîte de dialogue après y avoir simplement validé certaines options, mais sans aller nécessairement jusqu'au bout de son utilisation. Par exemple, vous pouvez sélectionner une imprimante dans la boîte de dialogue Imprimer, puis cliquer sur Fermer pour reprendre votre travail sans imprimer.

Et n'oubliez pas que, dans la plupart des cas, vous pouvez annuler votre dernière commande en appuyant sur Ctrl+Z.

Tu n'oublieras point de mettre l'imprimante en marche

La plus grande difficulté que l'on puisse rencontrer quand on veut imprimer, c'est de demander à Word d'imprimer quelque chose alors que l'imprimante n'est pas en marche. Avant de lancer une commande d'impression, commencez toujours par vous assurer que votre imprimante est bien en marche et prête à travailler.

Si un document ne s'imprime pas tout de suite, n'essayez pas (ou au moins, essayez de ne pas essayer) de répéter la commande d'impression. Chaque fois que vous lancez une commande d'impression, Word essaie d'imprimer le document correspondant. S'il lui faut un peu de temps pour y arriver, toutes vos commandes seront finalement exécutées, à moins que vous ne fassiez quelque chose pour les interrompre.

Tu te souviendras d'enregistrer ton travail

Enregistrez ! Enregistrez ! Enregistrez ! Enregistrez toujours votre travail. Chaque fois que votre esprit part en vadrouille, que vos doigts se jettent sur le clavier pour y appuyer sur Ctrl+S ! Tu respecteras ton document. Tu l'enregistreras.

Chapitre 30
Dix trucs vraiment bizarres

. . . .

Dans ce chapitre :

▶ Espaces et traits d'union insécables.

▶ L'Explorateur de documents.

▶ La commande Coupure de mots.

▶ Word fait des calculs.

▶ Les macros.

▶ L'obtuse commande Renvoi.

▶ Des recherches.

▶ Quand Word perd les pédales.

▶ Ces étranges "balises actives".

▶ La signature électronique.

. . . .

Dans ce programme, toutes les fonctions sont bizarres, mais certaines sont plus bizarres que d'autres. Voici la liste des dix que je trouve les plus bizarres. Je ne les ai pas classées dans un ordre particulier. Si vous avez du cœur au ventre, lisez.

Les insécables

Il y a deux touches curieuses sur votre clavier : la barre d'espace et la touche du trait d'union. Ce qu'elles ont de spécial, c'est que Word peut se servir de l'un ou l'autre de ces caractères pour placer la fin d'une ligne de texte. Une ligne peut se terminer par l'espace qui sépare deux mots, mais aussi par le trait d'union qui sépare les deux parties d'un mot composé.

Il arrive toutefois qu'on ne veuille pas qu'un certain espace ou un certain trait d'union corresponde à une fin de ligne. Par exemple, on ne voudra pas couper en deux un numéro de téléphone, présenté par groupe de deux ou trois chiffres séparés par des espaces. La même chose peut se produire avec un trait d'union. Pour ces situations-là, il existe un espace insécable et un trait d'union insécable.

Pour insérer un espace insécable au lieu d'un espace ordinaire, appuyez sur Ctrl+Maj+Barre d'espace.

Pour insérer un trait d'union insécable au lieu d'un trait d'union ordinaire, appuyez sur Ctrl+_ (le tiret de soulignement, sous le 8 du clavier principal).

L'Explorateur de documents

L'Explorateur de documents est là pour vous faciliter la navigation dans vos documents, à condition que vous utilisiez les styles de titre de Word. Sélectionnez Affichage/Explorateur de documents (ou cliquez sur le bouton Explorateur de documents dans la barre d'outils Standard), et un volet apparaît dans la partie gauche de la fenêtre, affichant ce qui n'est rien d'autre que le plan de votre document sur la base des styles de titre. Vous pouvez cliquer sur le signe + devant un titre pour faire apparaître les titres de niveau inférieur (comme avec le mode Plan), et si vous cliquez sur un titre, l'affichage du texte dans le volet de droite de la fenêtre passe automatiquement au titre correspondant.

Cette fonction peut être particulièrement utile. Pour moi, comme j'utilise les styles de titre, l'Explorateur de documents me donne rapidement une vue d'ensemble de la structure de mon document (comme un mode Plan en miniature, mais en permettant d'afficher et de modifier le texte en même temps). C'est une fonction superbe mais bizarre, raison pour laquelle je l'ai mise dans ce chapitre.

Pour fermer l'Explorateur de documents, faites comme pour l'ouvrir : sélectionnez Affichage/Explorateur de documents, ou cliquez sur le bouton dans la barre d'outils.

La coupure de mot

La coupure de mot est une commande qui choisit automatiquement le mot à couper à la fin d'une ligne et la manière de le couper, afin que le texte soit réparti plus harmonieusement sur la page. La plupart des gens ne l'utilisent pas, car la coupure de mot a tendance à ralentir la lecture. Si vous voulez vous en servir, sélectionnez Outils/Langue/ Coupure de mots. Si vous avez besoin d'aide, appuyez sur la touche F1.

Quand Word calcule

Les programmeurs de Word ont-ils jamais réalisé que le texte et les mathématiques sont deux disciplines bien distinctes ? Alors, pourquoi une fonction de calcul dans un traitement de texte ? Je ne sais pas. En fait, si vous avez des calculs à faire, il est plus facile de vous servir d'une calculatrice de poche.

Pour utiliser les facultés de calcul de Word, vous devez commencer par placer vos données dans un tableau. Placez ensuite le curseur dans la cellule où vous voulez faire apparaître le résultat du calcul. Sélectionnez Tableau/Formule. Word peut vous proposer une formule type, mais vous pouvez aussi lui dire ce que vous voulez faire avec vos données. Cliquez sur OK, et le résultat apparaît dans la cellule où se trouve le curseur.

Les macros

Selon la formule consacrée : les macros sortent du cadre de cet ouvrage.

Créer un renvoi

La commande Insertion/Référence/Renvoi vous permet d'insérer dans votre document quelque chose du genre "Reportez-vous à la section 'Créer un renvoi', au Chapitre 38". C'est une chose que vous pouvez faire manuellement si vous avez l'esprit aux normes de la notation scientifique. Heureusement, vous pouvez aussi avoir utilisé les styles de titre de Word pour identifier dans votre document ce à quoi vous voulez renvoyer. La commande Insertion/Référence/Renvoi vous permet de sélectionner le titre "Créer un renvoi" (ou celui que vous voulez) pour l'insérer directement dans votre texte au lieu d'avoir à chercher comment vous avez bien pu appeler cette section. Vous pouvez faire la même chose avec un numéro de page, un signet ou une figure, entre autres.

Les joies de la recherche

Au-delà de bien des fonctions très peu utiles, il y a l'excellent volet Rechercher. Il permet de se connecter à Internet pour trouver des ressources en ligne quand Word s'avère insuffisant.

Par exemple, si vous écrivez un document sur la Mésopotamie, appuyez sur la touche Alt. Avec l'autre main, pointez sur le mot "Mésopotamie" de votre texte. Immédiatement, vous êtes connecté à l'Internet et voyez un ensemble de références intéressantes sur ce thème. Attention ! Les informations peuvent être en anglais !

Comprendre les balises actives

Word essaie de deviner qui est qui dans votre document. Lorsqu'il pense avoir identifié quelqu'un, il souligne d'un pointillé violet le nom de la personne en question. Pour Word, cette personne est un contact, et le soulignement pointillé violet indique que Word a attaché une *balise active* à ce nom.

Si vous placez le pointeur sur la balise active, l'icône de balise active apparaît. Cliquez sur cette icône pour afficher le menu Balise active. Ça ne fonctionne que si vous avez installé Outlook (et non Outlook Express) sur votre ordinateur, et s'il est configuré et prêt à être utilisé comme base de données de contacts.

Pour désactiver les balises actives, sélectionnez Outils/Options de correction automatique, et cliquez sur l'onglet Balises actives. En bas de cet onglet, ôtez la coche de la case Afficher les boutons d'actions des balises actives, puis cliquez sur OK.

Mais qu'est-ce que c'est une "signature électronique" ?

Word 2003 permet d'associer des signatures électroniques à vos documents. Une *signature électronique* est un procédé largement accepté, permettant de garantir qu'un document électronique n'a pas été modifié depuis qu'il a été "signé" par son créateur. Il est largement utilisé pour les macros de Word (dont nous ne parlons pas dans ce livre). En associant une signature électronique à une macro, vous pouvez garantir aux personnes susceptibles de l'utiliser que c'est bien votre travail original, et que personne n'a pu le modifier sans votre autorisation.

Index

Titre	ISBN	Code
3DS Max 5 Poche pour les Nuls	2-84427-516-8	65 3689 0
Access 2002 Poche pour les Nuls	2-84427-253-3	65 3297 2
Access 2003 Poche pour les Nuls	2-84427-583-4	65 3781 5
Apprendre à programmer Poche pour les Nuls	2-84427-651-2	65 4084 3
AutoCAD 2005 Poche pour les Nuls	2-84427-689-X	65 0883 2
AutoCAD 2006 Poche pour les Nuls	2-84427-799-3	65 1047 3
Blogs Poche pour les Nuls	2-84427-763-2	65 1001 0
C# Poche pour les Nuls	2-84427-350-5	65 3410 1
C++ Poche pour les Nuls (2e éd.)	2-84427-649-0	65 4082 7
C++ Trucs et Astuces Poche pour les Nuls	2-84427-787-X	65 1040 8
Combattre les hackers Poche pour les Nuls	2-84427-660-1	65 4093 4
Créez des pages Web Poche pour les Nuls (3e éd.)	2-84427-538-9	65 3760 9
Créer un réseau à domicile Poche pour les Nuls	2-84427-657-1	65 4090 0
Créer un réseau sans fil Poche pour les Nuls	2-84427-533-8	65 3718 7
Créer un site Web Poche pour les Nuls (2e éd.)	2-84427-688-1	65 0882 4
Créer un site Web personnel Poche pour les Nuls	2-84427-765-9	65 1003 6
Dépanner et optimiser Windows Poche pour les Nuls	2-84427-519-2	65 3692 4
DivX Poche pour les Nuls	2-84427-462-5	65 3611 4
Dreamweaver 8 Poche pour les Nuls	2-84427-995-3	65 1213 1
Easy Media Creator 7 Poche Pour les Nuls	2-84427-695-4	65 0889 9
Excel 2002 Poche Pour les Nuls	2-84427-255-X	65 3299 8
Excel 2003 Poche Pour les Nuls (2e éd.)	2-75680-026-0	65 1228 9
Excel Trucs et astuces Poche pour les Nuls	2-84427-696-2	65 0890 7
Final Cut Express 2 Poche Pour les Nuls	2-84427-647-4	65 4080 1
Flash 8 Poche pour les Nuls	2-84427-994-5	65 1212 3
Gravure des CD et DVD Poche pour les Nuls (5e éd.)	2-84427- 813-2	65 1056 4
HTML 4 Poche pour les Nuls (2e éd.)	2-84427-731-4	65 0995 4
iMac Poche pour les Nuls (3 éd.)	2-84427-320-3	65 3362 4
InDesign CS2 Poche pour les Nuls	2-84427-819-1	65 1062 2
Internet Poche pour les Nuls (6e éd.)	2-84427-812-4	65 1055 6
iPod & iTunes Poche pour les Nuls	2-84427-762-4	65 1000 2
Java 2 Poche pour les Nuls (2e éd.)	2-84427-687-1	65 0881 6
JavaScript Poche pour les Nuls (2e éd.)	2-84427-716-0	65 0981 4
Linux Poche pour les Nuls (5e éd.)	2-84427-842-6	65 1075 4

Titre	ISBN	Code
Mac Poche pour les Nuls (2ᵉ éd.)	2-84427-319-X	65 3361 6
Mac OS X Poche pour les Nuls	2-84427-264-9	65 3308 7
Mac OS X Panther Poche pour les Nuls	2-84427-611-3	65 4059 5
Mac OS X Panther Trucs et Astuces Poche pour les Nuls	2-84427-662-8	65 4095 9
Mac OS X Tiger Poche pour les Nuls	2-84427-783-7	65 1016 8
Mac OS X v.10.2 Poche pour les Nuls	2-84427-459-5	65 3608 0
Money 2003 Poche pour les Nuls	2-84427-458-7	65 3607 2
Musique sur PC avec Windows XP Poche pour les Nuls	2-84427-764-0	65 1002 8
Nero 6 Reloaded Poche pour les Nuls	2-84427-792-6	65 1045 7
Nero 7 Premium Poche pour les Nuls	2-84427-843-4	65 1073 2
Office 2003 Poche pour les Nuls	2-84427-584-2	65 3782 3
Office 2003 Trucs et Astuces Poche pour les Nuls	2-84427-661-X	65 4094 2
Office 2004 Mac Poche pour les Nuls	2-84427-717-9	65 0982 2
Office XP Poche pour les Nuls	2-84427-266-5	65 3310 3
Outlook 2003 Poche pour les Nuls	2-84427-594-X	65 4051 2
PC Poche pour les Nuls (6ᵉ éd.)	2-84427-811-6	65 1054 9
PC Mise à niveau et dépannage Poche pour les Nuls	2-84427-518-4	65 3691 6
PC portable Poche pour les Nuls (2ᵉ éd.)	2-84427-840-X	65 1073 9
Photo numérique Poche pour les Nuls (6ᵉ éd.)	2-84427-805-1	65 1053 1
Photoshop 7 Poche pour les Nuls	2-84427-394-7	65 3491 1
Photoshop CS Poche pour les Nuls	2-84427-614-8	65 4062 9
Photoshop CS Trucs et Astuces Poche Pour les Nuls	2-84427-648-2	65 4081 9
Photoshop CS2 Poche pour les Nuls	2-84427-798-5	65 1046 5
Photoshop Elements 4 Poche pour les Nuls	2-84427-841-8	65 1074 7
PHP 5 Poche pour les Nuls	2-84427-656-3	65 4089 2
PHP et mySQL Poche pour les Nuls (2ᵉ éd.)	2-84427-591-5	65 3788 0
PowerPoint 3003 Poche pour les Nuls	2-84427-593-1	65 4050 4
Premiere Elements Poche pour les Nuls	2-84427-788-8	65 1041 6
TCP/IP Poche pour les Nuls	2-84427-367-X	65 3443 2
Registre Windows XP Poche pour les Nuls (le)	2-84427-517-6	65 3690 8
Remettre à neuf Windows XP Poche pour les Nuls	2-84427-766-7	65 1004 4
Réseaux Poche pour les Nuls (3è éd.)	2-84427-699-7	65 0893 1
Retouche photo pour les Nuls	2-84427-451-X	65 3577 7
Sécurité Internet Poche pour les Nuls	2-84427-515-X	65 3688 2
SQL Poche pour les nuls (2ᵉ éd.)	2-84427-726-8	65 0990 5

Titre	ISBN	Code
Unix Poche pour les Nuls	2-84427-318-1	65 3360 8
Utiliser un scanner Poche pour les Nuls	2-84427-463-3	65 3612 2
VBA Poche pour les Nuls	2-84427-378-5	65 3463 0
VBA pour Access Poche pour les Nuls	2-84427-703-9	65 0897 2
VBA pour Office Poche pour les Nuls	2-84427-592-3	65 3789 8
VBA pour Excel Poche pour les Nuls	2-84427-725-X	65 0989 7
Vidéo numérique Poche pour les nuls (la) (3 e éd.)	2-84427-610-5	65 4058 7
Visual Basic .net Poche pour les Nuls	2-84427-336-X	65 3386 3
Visual Basic 2005 Poche pour les Nuls	2-84427-786-1	65 1019 2
Visual Basic 6 Poche pour les Nuls	2-84427-256-8	65 3300 4
Windows 98 Poche pour les Nuls	2-84427-460-9	65 3609 8
Windows Me Poche pour les Nuls	2-84427-937-6	65 3199 0
Windows XP Poche pour les Nuls (5 e éd.)	2-84427-803-1	65 1051 5
Windows XP Trucs et Astuces Poche Pour les Nuls (2 e éd.)	2-84427-732-2	65 0996 2
Word 2000 Poche pour les Nuls	2-84427-965-1	65 3230 3
Word 2002 Poche Pour les Nuls	2-84427-257-6	65 3301 2
Word 2003 Poche Pour les Nuls (2 e éd.)	2-75680-025-2	65 1227 1